MINISTÈRE

DE L'AGRICULTURE, DU COMMERCE ET DES TRAVAUX PUBLICS.

CONSEIL SUPÉRIEUR

DU COMMERCE, DE L'AGRICULTURE ET DE L'INDUSTRIE.

ENQUÊTE.

TRAITÉ DE COMMERCE AVEC L'ANGLETERRE.

ACTES ET DOCUMENTS.

CONSEIL SUPÉRIEUR

DE L'AGRICULTURE, DU COMMERCE ET DE L'INDUSTRIE.

ENQUÊTE.

TRAITÉ DE COMMERCE AVEC L'ANGLETERRE.

ACTES ET DOCUMENTS.

PARIS.

IMPRIMERIE IMPÉRIALE.

M DCCC LXI.

TABLE SOMMAIRE.

Pages.

ENQUÊTE RELATIVE À L'EXÉCUTION DU TRAITÉ DE COMMERCE AVEC L'ANGLETERRE :

ACTES ET DOCUMENTS RELATIFS AU TRAITÉ DE COMMERCE CONCLU, LE 1er MAI 1861, ENTRE LA FRANCE ET LA BELGIQUE :

NOTE PRÉLIMINAIRE.

NOTE PRÉLIMINAIRE.

ORGANISATION DE L'ENQUÊTE.

En priant l'Empereur de vouloir bien l'autoriser à faire précéder d'une Enquête la négociation des arrangements complémentaires qui devaient assurer l'exécution du Traité conclu, le 22 janvier 1860, entre la France et l'Angleterre, le Ministre de l'agriculture, du commerce et des travaux publics s'exprimait en ces termes :

« J'ose vous promettre, Sire, que l'Enquête sera ce que Votre Majesté veut qu'elle soit : approfondie, sérieuse et sincère.[1] »

Cet engagement solennel, pris envers le Souverain et le pays, a été religieusement tenu : la preuve s'en trouve à chaque page de l'important recueil dont la publication, commencée il y a dix mois, est terminée aujourd'hui.

Avant que le Conseil Supérieur de l'agriculture, du commerce et de l'industrie se fût réuni pour procéder à la grande information dont son concours devait rendre l'autorité plus imposante, l'Administration s'était activement appliquée à en rechercher et à en réunir les éléments. Le recensement de toutes les industries était opéré avec soin dans chaque département, et la liste de tous les grands producteurs impartialement dressée par les soins du Commissaire général[2]. En outre, des

[1] Rapport à l'Empereur, inséré au Moniteur du 11 avril 1860.

[2] Un décret impérial, rendu le 11 avril 1860, sur la proposition du Ministre de l'agriculture du commerce et des travaux publics, a chargé M. Herbet,

commissaires spéciaux avaient reçu pour mandat de visiter les principaux districts manufacturiers de l'Empire et d'en étudier la situation et les intérêts, soit dans les conférences avec les chambres de commerce, soit dans des entretiens intimes avec les industriels. C'est ainsi que M. Ernest Baroche et M. Natalis Rondot avaient été chargés d'explorer, l'un les villes de fabrique où le coton et la laine subissent leurs nombreuses et diverses transformations, l'autre les départements dont la soie est la principale industrie.

Le même système d'exploration était étendu à l'étranger. Pendant que M. Legentil recueillait à Gand, à Courtrai, à Leeds, à Dundee et à Belfast, d'utiles informations sur la filature du lin et la fabrication de la toile, MM. Grüner et Lan, ingénieurs des mines, munis d'instructions préparées par M. Combes, membre de l'Institut, se livraient, dans le pays de Galles, en Écosse et dans le nord-est de l'Angleterre, à des recherches approfondies sur la situation de la métallurgie chez nos voisins devenus nos concurrents, et, par une comparaison exacte de leurs ressources et des nôtres, devaient puissamment aider l'Administration et le Conseil Supérieur à déterminer le degré de protection nécessaire à nos producteurs de fer, de fonte et d'acier.

Le Ministre de l'agriculture, du commerce et des travaux publics ne s'est pas borné à ces investigations : voulant que toutes les opinions pussent se manifester, tous les intérêts se produire dans le grand débat contradictoire qui allait s'engager, il a fait préparer, par les délégués spéciaux, entre lesquels avait été répartie l'étude des branches les plus importantes de l'industrie, des programmes comprenant chacune des ques-

ministre plénipotentiaire, des fonctions de Commissaire général du Gouvernement près le Conseil Supérieur.

Par arrêtés ministériels, MM. Arthur Le Roy, Arthur Le Grand, Gustave Rouher, de Vaufreland et Grandidier, auditeurs au Conseil d'État, et M. Guillaume de Clermont, attaché au département des affaires étrangères, ont été adjoints au Commissaire général.

tions que l'Enquête avait pour objet d'éclairer et de résoudre[1]. Ces programmes ont été répandus à profusion dans tous les grands centres manufacturiers, de manière que l'attention des industriels se trouvât appelée d'avance sur les points qui les concernaient davantage. En outre, ceux d'entre eux qui ne pouvaient se faire entendre devant le Conseil Supérieur trou-

[1] Voici la liste exacte des commissaires ou délégués spéciaux nommés par le Ministre de l'agriculture, du commerce et des travaux publics, pour assister l'Administration dans les travaux préparatoires de l'Enquête et pour suivre les débats du Conseil Supérieur et en éclairer les délibérations par des rapports présentant à la fois le résultat de leurs propres études et le résumé des opinions exprimées par les principaux témoins entendus :

INDUSTRIE MÉTALLURGIQUE.

M. Combes, Membre de l'Institut, Inspecteur général, Directeur de l'École impériale des mines ;

M. le général d'artillerie Guiod ;

M. Amé, Directeur de la douane de Paris. (La délégation de ce fonctionnaire a été postérieurement étendue à toutes les branches d'industrie.)

INDUSTRIE LINIÈRE.

M. Legentil, Membre du Comité consultatif des arts et manufactures.

INDUSTRIE DE LA LAINE.

M. Ernest Baroche, Maître des requêtes au Conseil d'État ;

M. Guillaume Petit, Président du conseil des prud'hommes de Louviers.

INDUSTRIE DU COTON.

M. Ernest Baroche.

INDUSTRIE DE LA SOIE.

M. Natalis Rondot.

PRODUITS ALCOOLIQUES ET SUCRE RAFFINÉ.

M. E. Peligot, Membre de l'Institut ;

M. Ernest Baroche.

PRODUITS CHIMIQUES.

M. Peligot ;

M. Barreswil, Commissaire expert au Ministère du Commerce.

VERRERIE.

M. Peligot.

ARTS CÉRAMIQUES.

M. Peligot ;

M. Salvétat, Chef des travaux chimiques à la Manufacture impériale de Sèvres.

INDUSTRIES DIVERSES.

(Ouvrages en peau et en cuir. — Vêtements confectionnés. — Caoutchouc. — Constructions navales, etc.)

M. Charles Lavollée.

vaient ainsi le moyen de suppléer à une disposition orale par l'envoi de notes écrites, qui, soigneusement insérées à la suite des procès-verbaux, ne devaient pas former une des parties les moins intéressantes du recueil.

Ces détails administratifs montrent quelle sollicitude pour la manifestation de la vérité a présidé à l'organisation de l'Enquête. Quelque profondes que fussent ses convictions sur la nécessité d'une réforme économique, le Gouvernement, loin de solliciter en leur faveur une approbation complaisante, a voulu les soumettre à l'épreuve d'une discussion loyale; et les adversaires même les plus ardents du système inauguré par la lettre impériale du 5 janvier ont été les premiers conviés à reproduire, devant le Conseil Supérieur, les observations que la plupart avaient déjà présentées dans d'autres lieux ou sous d'autres formes. Il suffit de jeter les yeux sur la liste des *douze cents* témoins convoqués par le Commissaire général, pour s'assurer qu'exécuteur fidèle de la pensée du Ministre, il n'a eu égard, dans les désignations, qu'à la notabilité de l'industriel, à l'importance de la personne ou des affaires.

Les convocations n'ont pas été limitées à la France. Il était naturel que, dans une Enquête qui devait porter en grande partie sur la situation, les ressources et le degré de développement de l'industrie britannique, ses représentants les plus considérables fussent appelés à fournir leur contingent d'informations. Leur concours était d'autant plus nécessaire, que la majorité des fabricants français s'est franchement déclarée hors d'état de faire connaître au Conseil les conditions du travail, le prix de revient et la valeur réelle des articles manufacturés dans le Royaume-Uni. La plupart, il est vrai, dénonçaient une supériorité redoutable, mais d'après des inductions vagues, des données conjecturales, et sans pouvoir justifier leur inquiétude par aucune preuve précise.

Il importait donc, pour que le débat fût complet et sincère, de mettre les producteurs étrangers en mesure de s'expliquer sur les avantages qui leur étaient attribués d'une manière générale, et de discuter ces différences de position par lesquelles on cherchait à motiver, en France, le maintien d'une protection plus ou moins forte.

Le Traité du 23 janvier 1860 devant être considéré, non comme un acte isolé et privatif, mais comme la base et la règle de nos relations futures avec celles des Puissances qui nous ont précédés ou qui paraissent destinées à nous suivre dans la même voie de réforme et de progrès, il a paru nécessaire d'inviter, indépendamment de l'Angleterre, la Belgique, la Suisse et l'Allemagne à se faire représenter à ces grandes assises de l'industrie.

Cet appel a été entendu, particulièrement en Belgique, et les dépositions des honorables délégués de Liége, de Charleroi, de Gand, de Verviers, etc., contribuent à donner à l'Enquête un caractère international qui en accroît l'intérêt et l'utilité.

Ordre des travaux de l'Enquête.

Après avoir indiqué l'organisation et l'esprit général de l'Enquête, il reste à en retracer les travaux. Elle n'a pas occupé moins de cinquante-quatre séances[1], dont quelques-

[1] Les dépositions des témoins ont été fidèlement recueillies par des sténographes, dont les notes, revisées avec soin par MM. Villedieux et Grôlier, secrétaires-rédacteurs au Conseil d'État, n'ont été livrées aux presses de l'Imprimerie impériale qu'après que le Commissariat général s'est assuré, par un nouveau contrôle, de leur exactitude.

S. Exc. M. le Ministre Président du Conseil d'État a bien voulu permettre que M. Michel Möring, chef du secrétariat général du Conseil d'État, assisté de M. Salin, sous-chef du bureau du secrétariat, fût chargé de surveiller tous les détails d'exécution de ce grand travail.

A l'aide de cette organisation, et grâce à l'activité de l'Imprimerie impériale, on est parvenu à remettre aux témoins, le lendemain de chaque séance, une épreuve de leur déposition imprimée, et à la faire reviser par eux-mêmes; il a été également possible d'achever, dans un délai rapproché de l'audition des derniers témoins, l'impression des sept volumes in-folio dont se compose la publication de l'Enquête.

unes se sont prolongées pendant cinq à six heures, et qui ont été consacrées, dans l'ordre suivant, aux industries comprises dans les stipulations du Traité :

1° Métallurgie dans toutes ses branches;
2° Filature et tissage du lin, du chanvre et du jute;
3° Industrie de la laine;
4° Industrie du coton;
5° Soie et soieries;
6° Sucres raffinés;
7° Produits alcooliques;
8° Produits chimiques;
9° Faïences et porcelaines;
10° Verrerie;
11° Ouvrages en peau et en cuir;
12° Vêtements confectionnés;
13° Tissus de caoutchouc et de gutta-percha;
14° Tissus de crins;
15° Tabletterie, bimbeloterie, etc.;
16° Carrosserie;
17° Constructions navales.

INDUSTRIE MÉTALLURGIQUE.

Appelée la première entre toutes les branches du travail national à subir l'épreuve du nouveau régime économique, l'industrie métallurgique occupe dans l'Enquête une place proportionnée à l'importance et à la multiplicité des intérêts qu'elle embrasse.

Le Conseil Supérieur lui a consacré vingt-deux séances, pendant lesquelles il a entendu près de deux cent cinquante témoins.

Cette longue et laborieuse instruction s'est naturellement divisée en autant de parties que la métallurgie compte de branches principales, et elle a successivement porté sur toutes lestra nsformations par lesquelles passe la matière brute avant d'arriver au dernier degré d'élaboration.

C'est ainsi que les propriétaires de hauts fourneaux et les maîtres de forges, classés selon le groupe métallurgique auquel ils appartiennent et leur méthode de fabrication, ont été les premiers admis à présenter des observations, généralement concertées entre eux, sur la quotité du droit qu'ils se croyaient fondés à réclamer pour maintenir un juste équilibre entre les producteurs de la France et ceux de l'Angleterre. Fonte, fer, acier et dérivé.

Le Conseil et le Ministre qui le présidait ont pu, en même temps, recueillir l'expression des vœux fort légitimes qu'ils adressaient au Gouvernement de l'Empereur, dans le but d'obtenir l'amélioration des voies de transport qui les desservent, et, par suite, l'abaissement de prix du combustible et du minerai qu'ils emploient.

Le droit sur le fer en barre ayant été fixé par le Traité même du 23 janvier, c'est sur le tarif de la fonte brute que s'est engagée la discussion : ouverte par les représentants des usines du Nord, de la Moselle et du bassin de la Loire, qui fabriquent exclusivement à la houille, elle a été continuée par les maîtres de forges de la Franche-Comté, des Vosges, de la Haute-Saône, etc., et ceux du centre, de la Champagne et de la Bourgogne, qui fabriquent, les uns au bois, les autres au bois et à la houille. Tous se sont appliqués à déduire le droit sur la fonte du droit sur le fer, et à rechercher le prix de revient et la valeur commerciale des deux produits, pour établir une corrélation entre les taxes qui devraient leur être respectivement imposées.

Le Conseil Supérieur a pu placer en regard de leurs appréciations celles présentées par les délégués de l'industrie métallurgique de l'Angleterre et de la Belgique, et entendre les maîtres de forges les plus considérables de ces deux pays s'expliquer à leur tour sur les conditions dans lesquelles leur concurrence si redoutée allait s'exercer sur le marché français.

Pour qu'aucun élément d'information et de contrôle ne manquât à cette partie si importante de l'Enquête, l'Administration a fait appeler, après les producteurs du fer, ceux qui l'achètent et ceux qui le vendent, les grands consommateurs et les grands négociants.

Dans la première classe se rangeaient naturellement la Marine impériale avec ses vastes établissements, les compagnies de chemins de fer et de navigation à vapeur, les constructeurs de navires, les fabricants de machines, les agriculteurs. Il était juste et nécessaire de donner la parole à ces grands intérêts qu'affectaient, à des degrés divers, les dispositions restrictives de notre tarif.

L'intervention du commerce dans le débat ne s'expliquait pas moins naturellement : qui pouvait mieux que lui éclairer le Conseil Supérieur sur l'importance relative des pays de production, les besoins des consommateurs, comme sur les prix qui devaient servir de base à l'établissement des droits de douane?

Enfin, la question des moyens et des frais de transport en France et en Angleterre ne pouvait être négligée.

Nos propriétaires de hauts fourneaux n'avaient pas manqué de faire ressortir le désavantage qui résultait pour eux, soit de l'imperfection des voies de communication en France, soit de l'exagération des tarifs de nos compagnies de chemins de fer et de canaux. Il était essentiel de faire constater si la supériorité qu'ils attribuaient, sous ce rapport, aux producteurs du Royaume-Uni était aussi réelle et aussi générale qu'ils le croyaient. Tel a été l'objet d'une mission spéciale confiée par le Ministre des travaux publics à M. Moussette, inspecteur principal des chemins de fer, et dont cet agent est venu rendre compte au Conseil Supérieur.

Toutes les branches de la production sidérurgique ont été soumises aux mêmes investigations.

L'*industrie du fer-blanc* a été représentée : du côté de la France, par les propriétaires ou les directeurs des grandes usines de Hayange, d'Imphy, de la Chandeau; du côté de l'Angleterre, par les chefs des principaux établissements du pays de Galles. Les premiers ont fait valoir, à l'appui du maintien d'un tarif énergiquement protecteur, les conditions défavorables dans lesquelles les plaçaient, vis-à-vis de leurs concurrents anglais, le prix plus élevé de la tôle, matière première de la fabrication, du combustible et de l'étain.

D'après les seconds, ces désavantages, en admettant qu'ils fussent réels, seraient plus que compensés par la qualité supérieure de nos fers-blancs, due à l'emploi exclusif du charbon de bois pour la conversion en fer noir du fer en barre.

Le rapport de MM. les ingénieurs Grüner et Lan, qui avaient compulsé les livres mêmes des usines les plus importantes du pays de Galles, a permis au Conseil Supérieur d'apprécier ces différences et de se rendre compte de l'écart existant entre les prix des fers-blancs en France et en Angleterre.

La *tréfilerie* a donné lieu au même examen comparatif. Les fabricants de la Franche-Comté, de la Haute-Saône, de la Côte-d'Or et de l'Orne ont signalé chez les Anglais deux causes de supériorité : le libre emploi du fer de Suède, fortement imposé chez nous, pour obtenir les fils de fer de première qualité; le bon marché des fers au coke pour produire les qualités inférieures qui suffisent à la généralité des besoins de la consommation. Le témoignage du chef de la tréfilerie la plus considérable de la Grande-Bretagne, et les documents par lesquels il l'a corroboré, tendraient à établir, au contraire, que, grâce en grande partie au taux moins élevé de la main-d'œuvre, la position du fabricant français serait plus avantageuse que celle du fabricant anglais.

L'importance et les progrès de la *fabrication de l'acier* ont été mis en relief par les nombreux représentants de cette belle industrie, qui sont venus déposer devant le Conseil Supérieur.

Il est impossible, après avoir entendu les propriétaires et les directeurs des établissements de la Loire, de l'Isère et de la Gironde, de n'être pas frappé des ressources et de la puissance des aciéries françaises, comme de l'énergie qu'elles se disposent à déployer contre la concurrence étrangère. Pour les aciers fins comme pour les aciers communs, les usines de Rive-de-Gier, de Firminy, d'Allevard, de Saint-Seurin, etc., améliorent de jour en jour leurs procédés de fabrication, et ne réclament, pour lutter avec Sheffield, que la compensation des inégalités naturelles ou factices, résultant soit de leur situation, soit de notre régime économique : compensation légitime que le Gouvernement de l'Empereur cherche de plus en plus à leur assurer.

On sait combien sont nombreux et variés les produits qui dérivent de la fonte, du fer et de l'acier. Le Conseil Supérieur n'a pas reculé devant la minutieuse enquête que comportaient toutes ces spécialités, dont la nomenclature suffirait à elle seule pour attester ce qu'il y a de fécond et de progressif dans l'industrie contemporaine.

La fabrication des ouvrages en *fonte moulée*, qui servent aujourd'hui à des usages si divers, et auxquels l'art français réussit à donner un cachet d'élégance et de distinction;

La *ferronnerie*, dont l'industrie du bâtiment et celle des chemins de fer multiplient les emplois;

La *serrurerie* qui, sous l'intelligente direction d'entrepreneurs de Paris, s'est fortement organisée dans un canton presque inconnu de la Picardie, et a transformé en un vaste atelier une modeste agglomération rurale;

La *clouterie*, soit mécanique, soit forgée à la main, deux spécialités que s'est appropriées le département des Ardennes, et pour lesquelles il rivalisera avec Birmingham et Charleroi, dès qu'il pourra obtenir la tôle ou la verge de fer aux mêmes conditions;

La *quincaillerie* comprenant les classes nombreuses des outils, limes, scies, burins, ciseaux, que nos usines de l'Alsace et de la Lorraine, etc., une fois pourvues de matières premières égales pour le prix et la qualité à celles employées en Angleterre et en Allemagne, excelleront à fabriquer, au grand avantage de notre classe ouvrière, qui n'a que trop longtemps souffert de l'imperfection de ses instruments de travail;

La *casserie*, redevable de la qualité supérieure de ses produits à l'habile emploi qu'elle fait des tôles et des fer noirs de la Franche-Comté;

Les manufactures d'*aiguilles* de l'Orne et des Vosges, dont les progrès ont été jusqu'à ce jour entravés par la cherté des aciers fins;

La *coutellerie*, que la même cause a réduite à un fâcheux état d'infériorité vis-à-vis de Sheffield, et qui n'attend, pour s'en relever, que la faculté de faire usage, comme sa puissante rivale, des premières marques de Suède;

L'*armurerie*, tristement déchue en France, malgré les avantages que semblerait devoir lui assurer une main-d'œuvre plus soignée et plus finie, et qui ne pourra se régénérer qu'en empruntant à la florissante fabrique de Liége son organisation et ses procédés économiques;

Toutes ces branches de la sidérurgie ont eu leurs représentants à l'Enquête, pris à tous les degrés de la hiérarchie industrielle, depuis le riche manufacturier jusqu'au petit fabricant; et si le Conseil Supérieur, qui les a tous écoutés avec une égale attention, a pu quelquefois être péniblement surpris par l'expression d'inquiétudes exagérées, et par l'aveu d'une infériorité heureusement contestable; s'il a observé avec regret une tendance excessive au découragement chez ceux-là même qui seraient le plus en mesure de soutenir la lutte; par contre, il a eu la patriotique satisfaction de constater, à côté de ces défaillances, une noble et légitime confiance dans les forces industrielles du pays et un viril sentiment de résolution, qui est la garantie du succès.

Métaux et ouvrages en métaux autres que le fer.

Les dernières séances de l'Enquête sur la métallurgie ont été remplies par les dépositions des industriels qu'occupe le travail du cuivre pur ou allié, du plomb, du zinc et des métaux plus précieux, comme l'or et l'argent, et par une information spéciale et approfondie sur les machines et mécaniques de toute nature.

L'industrie du *cuivre* et du *laiton* s'est fait représenterp ar les chefs d'importantes usines, principalement établies à Paris et dans les départements de la Seine-Inférieure, de l'Eure, de l'Orne et du Pas-de-Calais.

Pour obtenir le maintien de la protection dont ils jouissaient, les lamineurs ont insisté sur les conditions plus avantageuses dans lesquelles opèrent leurs concurrents de Swansea, richement approvisionnés de minerais indigènes ou exotiques, que le bon marché du combustible leur permet de fondre et de laminer à bas prix

La tréfilerie qui, comme la fabrication des aiguilles et des épingles, s'est particulièrement concentrée dans la petite ville de Laigle, a paru se préoccuper davantage de la concurrence allemande que de la concurrence anglaise, bien qu'elle réussisse à importer les toiles métalliques, dont elle fournit la matière première, sur le territoire même du Zollverein; indice d'une supériorité que ne peuvent qu'accroître les facilités d'approvisionnement que procureront à nos tréfileurs notre nouvelle législation douanière et l'exécution des chemins de fer projetés.

Pour les ouvrages en cuivre ou en laiton, *chaudronnerie, tubes, cylindres, mercerie*, etc., les fabricants français n'ont fait ressortir aucune différence sensible à leur désavantage.

Quant à l'industrie des *bronzes*, elle a déclaré, par un de ses organes les plus accrédités, qu'elle repoussait toute protection, et qu'elle applaudissait au Traité de commerce, non-seulement parce qu'il lui assurait le débouché considérable de l'Angleterre, mais encore parce qu'en s'étendant, comme c'était probable, aux autres nations de l'Europe, il ne tarderait pas à lui ouvrir des marchés fermés aujourd'hui ou, du moins, peu accessibles à ses produits. Ce qu'elle s'est bornée à réclamer, c'est la garantie internationale de la propriété des modèles, d'accord, en cela, avec les producteurs d'ouvrages et d'ornements en fonte de fer moulée, qui, eux aussi, ont fait entendre de vives et justes protestations contre le scandale des contrefaçons étrangères et la spoliation dont ils sont victimes. Le Gouvernement, qui avait déjà réservé les droits des uns et des autres dans le Traité avec l'Angleterre, ne s'appliquera pas moins énergiquement à en obtenir la consécration dans les autres conventions commerciales qu'il peut être appelé à négocier.

Les industries du *plomb*, du *zinc*, de l'*étain* se sont généralement accordées à reconnaître que la protection s'appliquant aux divers degrés d'élaboration par lesquels passent ces métaux pouvait être réduite dans une proportion assez notable.

Le droit de 5 francs sur le plomb brut n'a paru pouvoir se justifier par aucun intérêt sérieux; la réduction en a été considérée comme d'autant plus opportune que le cuivre, le zinc, l'étain et les autres métaux de première fusion sont admis en franchise, et que, d'un autre côté, des industries importantes, telles que celles des produits chimiques et de la cristallerie, emploient le plomb comme une de leurs matières premières, et ont un grand intérêt à se le procurer à un prix modéré.

Quant au laminage, il s'opère, en France et en Angleterre, dans des conditions à peu près identiques; et la différence, si elle existe, peut être compensée par un droit modique.

Il en est de même pour les *ouvrages en plomb pur* ou *allié*, comme pour *l'étain laminé, battu* ou *fabriqué*.

On sait que l'étain allié d'antimoine constitue ce qu'on appelle généralement le *métal britannique*. Le Conseil Supérieur a entendu avec intérêt les observations présentées par un grand importateur français sur ce produit remarquable des manufactures de Sheffield, de Birmingham et de Wolverhampton, produit qui se prête à de si nombreux usages, se transforme, sous la main habile de l'ouvrier, en modeste ustensile de ménage ou en objet d'art, et dont des considérations à la fois économiques et hygiéniques recommandent l'emploi.

L'industrie du zinc devait avoir pour représentant naturel le délégué de la Société de la Vieille-Montagne, puissante compagnie dont les établissements se partagent entre la France et la Belgique, selon la nature de ses opérations. Si ses fonderies, largement alimentées par les minerais indigènes et exotiques, sont situées aux environs de Liége, le droit prohibitif dont notre tarif de douane frappait le zinc laminé l'a mise dans l'obligation d'établir ses laminoirs dans des localités voisines de Paris, son principal marché. Tout en demandant que le laminage continuât à être protégé, le secrétaire général de la Société franco-belge et les lamineurs français n'ont pas prétendu justifier le maintien d'une taxe hors de toute proportion avec la valeur du produit et les frais de l'opération même.

Notre fonderie de zinc, si peu développée jusqu'à ce jour, s'est plainte avec raison de l'énormité de la surtaxe imposée aux minerais crus ou grillés, importés en France par navires étrangers, et en a énergiquement réclamé la suppression, comme la seule chance qu'elle eût de ne pas se voir entièrement écrasée par la concurrence des usines anglaises et belges, qui reçoivent leur matière première en franchise de tous pays et sous tous pavillons.

Des métaux, jusqu'à ce jour peu connus ou négligés, sont appelés à jouer un grand rôle dans l'industrie. Dans ce nombre, on peut citer le *nickel*, qui, allié dans des proportions diverses au cuivre, au laiton, au zinc, etc., constitue les compositions généralement désignées sous les noms d'*argenton, maillechort, métal allemand*. L'application des procédés électrochimiques à l'*argenton* a porté un coup fatal à l'industrie du *plaqué*, qui, d'ailleurs, est loin d'avoir prospéré sous le régime de la prohibition. L'usage de ses produits, trop souvent de qualité inférieure, tendait plutôt à décroître qu'à augmenter avant même la concurrence redoutable qu'est venue lui faire la galvanoplastie. Cet état de décadence n'a pas été dissimulé par les fabricants français de plaqué, dont les inquiétudes, déjà manifestées dans une enquête antérieure, paraissent s'être, dans l'intervalle, tristement confirmées. Il leur reste heureusement la ressource d'ajouter à leur fabrication, devenue secondaire, la branche beaucoup plus importante de l'orfévrerie au procédé *Ruolz;* l'incontestable succès obtenu par les manufacturiers habiles qui les ont devancés dans cette voie doit leur servir d'encouragement.

En effet, la vogue dont jouissent au dehors, grâce au bon goût, au cachet et à la qualité artistique de leurs produits, les maisons de Paris qui exploitent en grand le nouveau système d'argenture et de dorure, est attesté par le chiffre croissant de leurs exportations.

La même faveur est acquise à notre orfévrerie d'or et d'argent, à notre bijouterie, à notre joaillerie qui, pour l'élégance et l'ingénieuse variété des formes, ne connaissent pas de rivales en Europe, et qui, en raison même de cette cause de supériorité, n'auraient à craindre que le plagiat, si la prévoyance du Gouvernement ne s'appliquait à les garantir contre les tentatives d'une concurrence déloyale.

Le Conseil Supérieur avait réservé, pour la fin de l'Enquête sur la métallurgie, la grande *industrie des machines.*

Il a consacré trois longues séances à entendre les constructeurs qui en représentent avec le plus de distinction les nombreuses spécialités : machines à vapeur fixes, machines marines, locomotives, locomobiles, machines et mécaniques pour filature et tissage, machines-outils, machines agricoles, instruments aratoires, appareils pour les sucreries et les distilleries, presses hydrauliques, etc., etc.

L'attention donnée à l'examen des conditions dans lesquelles se trouve placée cette industrie s'explique par le rôle considérable qu'elle est appelée à jouer dans la réforme de notre système économique. En effet, toutes les branches de la production nationale sont intéressées à renouveler, à améliorer, à compléter leur matériel et à mettre leur outillage au niveau des procédés mécaniques inventés ou perfectionnés par les Anglais. La plupart d'entre elles ne peuvent soutenir la lutte, il est juste de le reconnaître, qu'autant que les mêmes armes seront mises à leur disposition. Il était donc du devoir du Gouvernement de chercher à faire disparaître cette cause d'inégalité qu'elles ont signalée à sa sollicitude; et le moyen naturellement indiqué consistait à laisser entrer plus librement les appareils mécaniques qui constituent un des principaux avantages de nos concurrents. Mais, en même temps, il eût été peu équitable qu'à cet intérêt, si puissant, si légitime qu'il soit, fût sacrifiée l'existence de nos constructeurs, et qu'ils fussent soumis, sans être en état d'y résister, à une compétition redoutable, lorsqu'on reconnaissait la nécessité de maintenir une protection plus ou moins forte en faveur des autres classes de producteurs. L'abaissement du droit sur les matières premières qu'ils emploient, fer, fonte, acier, cuivre, leur donnait une première et importante satisfaction. Il ne restait plus qu'à examiner dans quelle mesure il convenait de leur tenir compte de la différence qui subsistait encore entre eux et les constructeurs anglais, sous le double rapport du prix du combustible consommé et de celui des matières mises en œuvre.

Pour apprécier avec exactitude ce dernier élément, il importait de connaître le poids des métaux dominants, dans les différentes catégories de machines ou de pièces de machines, et de calculer le déchet qu'elles subissent dans leurs élaborations successives. C'est ce point essentiel qu'ont particulièrement discuté, dans leurs intéressantes dispositions, les chefs des grandes usines de Paris, qui fabriquent avec tant de succès les locomotives, les locomobiles, les chaudières, les machines-outils; de Lille, de Rouen et de l'Alsace, où, à la construction des machines à vapeur fixes, s'ajoute celle des métiers et mécaniques pour filature et tissage; enfin, du Havre, de Nantes et de Bordeaux, centres naturels de la production des machines et appareils de mer.

Cette dernière spécialité n'eût pas été suffisamment représentée, si le Conseil Supérieur n'avait fait appel aux lumières et à l'expérience de l'habile Directeur du Matériel au Ministère de la Marine, et de l'honorable Président de la Compagnie des Forges et Chantiers de la Méditerranée.

Il est un des grands établissements de France qu'on s'étonnera sans doute de ne pas voir figurer dans une enquête sur la construction des machines comme sur l'industrie du fer en général. S'il n'y occupe pas la place qui lui appartient, c'est que l'industriel éminent qui le dirige faisait partie du Conseil Supérieur, qu'il a été même plusieurs fois appelé à présider en l'absence de M. le Ministre du Commerce et de M. le Président du Conseil d'État.

Les avantages dont jouissent les constructeurs en Angleterre et qui réagissent sur les prix auxquels ils peuvent livrer leurs machines, avaient été trop fréquemment signalés dans l'Enquête, à l'appui d'une demande de protection énergique, pour qu'il n'y eût pas un grand intérêt à mettre en regard les chiffres respectivement donnés par les fabricants des deux pays. Les éléments de cette étude comparative ont été fournis, en ce qui concerne les machines à filer et à tisser, par le propriétaire du célèbre établissement de Oldham, dans le Lancashire, et, pour les locomotives et machines-outils, par le délégué d'une puissante maison de Manchester. Sans contester la différence qui résulte, en leur faveur, du prix moins élevé du combustible et des matières premières, ces industriels la trouvent, sinon entièrement compensée, du moins fort atténuée par le taux inférieur des salaires en France, et par les frais considérables d'emballage et de transport qu'ils ont à supporter pour l'expédition de produits aussi pondéreux et aussi encombrants que les leurs.

Une heureuse circonstance a favorisé la partie de l'information relative aux machines agricoles et aux instruments aratoires : elle a coïncidé avec l'exposition de l'agriculture, qui avait attiré à Paris, de tous les points de la France, les constructeurs les plus habiles et les agronomes les plus distingués. Les membres du Conseil Supérieur ont été mis à même d'apprécier l'importance, aussi bien pour notre économie rurale que pour nos fabricants eux-mêmes, de l'adoption d'un régime plus libéral, tendant à encourager et à généraliser l'emploi des appareils nouveaux ou perfectionnés, quelle qu'en soit l'origine.

INDUSTRIES TEXTILES.

L'Enquête sur les industries textiles a immédiatement suivi celle sur la métallurgie. Elle n'a été ni moins complète ni moins approfondie, et nous ajouterons qu'elle se trouve reproduite avec le même soin et la même sincérité dans les trois volumes qui la concernent.

Industrie linière.

C'est par l'industrie linière que s'est ouverte la seconde période de la session du Conseil Supérieur.

Cette industrie se divise en trois branches distinctes, selon la matière qu'elle met en œuvre, lin, chanvre et jute.

L'*industrie linière* proprement dite occupe le premier rang par son importance, qui ne peut que s'accroître avec l'extension progressive au tissage des moteurs et des procédés mécaniques, qu'on avait considérés d'abord comme exclusivement applicables à la filature. Le Conseil Supérieur a consacré six séances à l'audition des fabricants de fils et de toiles qui se sont présentés au nombre de soixante et dix. Le Commissariat général en avait convoqué cent quinze.

Les filateurs, établis pour la plupart dans les départements du Nord, du Pas-de-Calais, du Calvados, de Seine-et-Oise, etc., ont d'abord été entendus, et leur organe principal a résumé, dans sa réponse au questionnaire, la situation de la filature française, exposé ses causes d'infériorité vis-à-vis de l'industrie similaire du Royaume-Uni, et indiqué le degré de protection nécessaire, selon lui, pour les compenser. Parmi ces désavantages, il a notamment signalé le prix plus élevé, en France, du combustible, des machines et des matières premières.

Que les filateurs de Leeds, de Manchester, de Dundee et même de Belfast se procurent la houille à meilleur marché que ceux de Lille, d'Amiens, d'Essonnes et de Lisieux; qu'ils puissent monter leurs établissements dans des conditions moins coûteuses: ce sont là deux faits dont le Gouvernement de l'Empereur avait à tenir compte dans la fixation des droits applicables aux fils d'origine britannique. Ses efforts devaient tendre, d'ailleurs, à réduire, par des mesures laissées à son initiative, l'écart constaté entre les frais de production en France et en Angleterre. Ainsi, le dégrèvement décrété sur les machines et mécaniques, l'abaissement progressif du droit sur le charbon, l'amélioration des voies de transport, cet ensemble de dispositions concourt plus ou moins directement à l'équilibre qu'il entre dans les desseins comme dans les devoirs de l'Administration de réaliser; l'admission en franchise des lins de toute provenance, que nos filateurs avaient unanimement sollicitée, fait droit à une de leurs réclamations les mieux fondées, et retire à leurs compétiteurs un des éléments de la supériorité qu'ils leur attribuent.

Ces justes concessions ne leur étaient point encore acquises lorsqu'ils ont comparu devant le Conseil Supérieur. Il leur était donc permis de ne point les faire entrer dans leurs calculs et de ne raisonner que d'après la situation du moment et les faits connus. Il est probable qu'ils auraient montré plus de confiance s'ils avaient pu, dès cette époque, mieux apercevoir la pensée générale qui relie entre elles les diverses parties de notre nouveau système économique et les rend solidaires les unes des autres.

Indépendamment des causes d'infériorité qui résultent de la législation douanière et qu'il est, par conséquent, en son pouvoir de ne pas laisser subsister, il en est d'autres que les délégués de la filature française ont mentionnées et dont l'existence semble moins bien établie, ou qui ne sont que passagères. D'après eux, le prix de la main-d'œuvre serait moins élevé en Angleterre qu'en France, et le fileur anglais serait beaucoup plus habile, beaucoup plus laborieux que le nôtre. Ces deux assertions ont rencontré, dans le cours du débat, de sérieux contradicteurs. On a contesté d'abord l'exactitude d'une comparaison si désavantageuse pour notre classe ouvrière; on a ajouté qu'on ne voyait aucune raison pour que le travail, dans nos filatures, fût moins soigné, moins productif qu'en Angleterre, s'il y était aussi bien dirigé. En tout cas, la loi n'avait point à intervenir pour protéger, au détriment du consommateur, l'inhabileté ou le défaut d'application de l'ouvrier.

Quant au prix de la main-d'œuvre, il avait pu, sur quelques points de la France, lorsque la filature mécanique était encore à ses premiers essais, être supérieur à la moyenne, non de l'Angleterre, mais de l'Irlande. La nécessité de faire venir de Leeds, de Belfast, de Dundee, des contre-maîtres ou des ouvriers habiles, avait naturellement, au début, élevé le taux des salaires pour une certaine classe d'ouvriers; mais, depuis vingt ans que nous possédons de grandes usines pour filer mécaniquement le lin, nos manufacturiers devaient trouver, dans le pays même, des ressources suffisantes pour le recrutement de leur personnel sans être obligés de recourir, comme autrefois, à une immigration périodique de travailleurs étrangers.

Le Conseil Supérieur ne s'est pas borné à entendre les observations qui portaient sur la filature en général.

On sait que la fabrication des divers numéros de fils ne se trouve pas, en général, concentrée dans les mêmes établissements et dans les mêmes localités. Chaque district, chaque usine a sa spécialité correspondant au genre de tissu qui se fabrique dans son rayon. Ainsi, à Lille, un certain nombre de filatures s'appliquent de préférence à produire des numéros fins nécessaires pour la confection des toiles légères; elles doivent également fournir au retordage, branche importante de l'industrie lilloise, la classe de fils qu'il met en œuvre. Dans d'autres parties du département du Nord, dans la Somme et dans le Pas-de-Calais, la filature s'est occupée plus particulièrement de fournir les fils destinés à la fabrication des tissus plus communs et plus forts, consommés par les classes ouvrières, des toiles à voiles et pour emballage, etc. En Normandie, ce sont les numéros intermédiaires qui se filent et se consomment en plus grande quantité. Toutes ces spécialités de filatures s'établissent, fonctionnent et produisent dans des conditions rarement identiques : il convenait donc de faire de chacune d'elles une étude distincte qui permît d'apprécier leur situation respective.

Seize fabricants de toiles de lin se sont rendus à l'appel du Conseil Supérieur; la plupart appartenaient aux départements du Nord, du Calvados, de la Sarthe, de la Mayenne, etc.; mais tous ne se présentaient pas dans la même position ni avec les mêmes intérêts. Les uns étaient à la fois filateurs et tisseurs; les autres tisseurs seulement. Les premiers réclamaient un taux également élevé de protection pour les fils et les tissus; les seconds, naturellement plus préoccupés du tissage, se montraient favorables à un dégrèvement assez large sur les fils, leur matière première. Si l'on voulait arriver à une pondération équitable, il importait de rechercher quelles étaient les opérations nécessaires pour convertir le fil en toile, et à quel chiffre pouvait se monter la dépense occasionnée par cette transformation, en ayant égard au genre et à la qualité du tissu. C'est cet élément essentiel pour la fixation du droit que le Conseil Supérieur s'est efforcé de dégager des réponses qui lui ont été faites. Il a tenu également à se rendre compte de l'influence que paraissait appelée à exercer, sur l'industrie de la toile, le tissage mécanique, déjà fortement organisé en Angleterre, peu répandu encore et à l'état d'essai en France. Ce changement radical dans les procédés de fabrication, cette substitution des machines mues par la vapeur aux métiers à la main ne donnait-elle pas un nouvel avantage à l'industrie anglaise, plus familiarisée que la nôtre avec les engins mécaniques, et se les procurant, ainsi que la houille, à un prix moins élevé?

Des renseignements fournis par des industriels recommandables des deux pays ont éclairé le Conseil sur l'importance réelle et les chances de développement du tissage mécanique, dont l'organisation, dans le principe, fort coûteuse en France, deviendra plus économique avec la réduction du droit sur les métaux et les machines, et contre lequel, d'ailleurs, le tissage à la main pourra longtemps encore lutter avantageusement, grâce à l'habileté de nos tisserands et au bon marché de la main-d'œuvre dans les campagnes.

La fabrication *des coutils, du linge ouvré et damassé, de la batiste et du linon; la rubanerie et la passementerie*, ont été l'objet de communications intéressantes, que devaient plus tard consulter avec profit les négociateurs des conventions complémentaires du Traité du 23 janvier.

La question du blanchiment des fils et des toiles se liait trop intimement à celle des produits chimiques pour qu'elle pût être négligée.

De même que nos filateurs et nos tisseurs ont demandé la suppression du droit sur le lin, de même nos blanchisseurs ont réclamé avec tout autant de raison le dégrèvement du chlorure de chaux, du sel de soude et des autres ingrédients qu'ils consomment. Un d'entre eux, qui se trouve à la tête d'un établissement considérable dans la Sarthe, a établi, avec beaucoup de précision, les prix comparatifs en France et en Angleterre des divers éléments dont se compose le prix de revient du blanchiment.

L'*industrie du chanvre* n'occupe dans l'Enquête qu'une place restreinte, comme son emploi qui, depuis le progrès de l'industrie du lin, ne s'étend guère au delà de la fabrication des toiles communes, des cordes et cordages, des filets de pêche. Dans les départements de l'Ouest, siége principal de son exploitation, elle trouve une excellente matière première qui lui permet de livrer à la consommation des produits dont la qualité défie toute concurrence.

L'admission en franchise des chanvres étrangers lui sera profitable, en ce sens qu'elle modérera la hausse constante des prix des chanvres indigènes, qui ralentit l'essor de la fabrication.

L'*industrie du jute*, substance que le génie industriel de l'Angleterre est allé chercher dans l'Inde et dont il a su tirer un utile parti, a été naturalisée en France par des manufacturiers intelligents, qui ont lutté, tous avec courage, quelques-uns avec succès, contre les obstacles que leur présentaient le travail d'une matière jusqu'alors inconnue, la nécessité d'un outillage coûteux et l'obligation, en l'absence de relations suivies avec le Bengale, de s'approvisionner dans les entrepôts britanniques, quelque énorme que fût la surtaxe imposée à cette provenance. Les délégués de cette nouvelle industrie ont pris acte de la situation difficile qui leur était faite et de la supériorité de leurs concurrents d'Écosse, pour demander une protection qui rétablît l'équilibre et la faculté de tirer leur matière première des ports anglais, sans avoir à subir les effets d'une cause factice de renchérissement.

Sans révoquer en doute l'exactitude des informations recueillies par les représentants de notre industrie linière sur la redoutable organisation et les puissantes ressources de nos voisins, le Conseil Supérieur a cru devoir admettre les membres des Chambres de commerce de Belfast, de Dundee, de Dunfermline, etc., à s'expliquer eux-mêmes sur la situation de la filature et du tissage dans le Royaume-Uni. Il a également désiré que l'industrie belge, à laquelle devaient, selon toute apparence, s'étendre les stipulations du Traité anglo-français, fût appelée à faire connaître dans quelle mesure lui avait profité le régime spécial consenti en sa faveur par nos précédentes conventions, et quel prix elle attachait à leur renouvellement.

Les délégués des Chambres de commerce de Courtrai et de Roulers se sont chargés de répondre à cette question que rendait fort délicate l'éventualité d'une négociation prochaine.

Enfin l'Enquête sur l'industrie linière ne pouvait être close sans que les organes du commerce des toiles fussent entendus. Des négociants considérables de la place de Paris sont venus soumettre au Conseil Supérieur des observations puisées dans une longue pratique de cette branche d'affaires et dans une expérience personnelle des goûts et des besoins des diverses classes de consommateurs.

Industrie de la laine.

Dirigée dans l'ordre indiqué par la nature même des faits, l'Enquête sur l'industrie lainière a pris la laine à l'état brut pour la suivre dans ses nombreuses transformations et dans l'ingénieuse variété de ses emplois. Le commerce est venu d'abord exposer les conditions dans lesquelles il effectue, tant en France qu'à l'étranger, l'achat de la matière première; et de ses calculs, appuyés de factures, est ressortie la différence qui peut exister, sous ce rapport, entre le manufacturier français et le fabricant anglais, différence sensiblement réduite par l'admission en franchise des laines de toute provenance.

Après les négociants, les industriels qui s'occupent spécialement des premières préparations de la laine, dégraissage, lavage et peignage, etc., ont apporté au Conseil Supérieur, avec des renseignements détaillés sur leurs opérations, une évaluation approximative de la surcharge résultant pour eux du prix plus élevé des machines et du combustible. Ils ont reconnu d'ailleurs qu'en ce qui concerne l'outillage, s'il est plus coûteux en France qu'en Angleterre, il est au moins aussi parfait.

Grâce à l'habileté de nos constructeurs, qui se sont approprié, par d'heureuses améliorations, les procédés en usage chez nos voisins et souvent même les ont devancés, le peignage mécanique semble avoir atteint, à Saint-Denis, à Roubaix, à Reims, à Fourmies, etc., la dernière limite du progrès.

La filature de la laine peignée n'est pas moins avancée, comme le prouve la préférence obtenue par ses produits sur les marchés étrangers. Aussi, quoique la broche leur revienne à 25 ou 30 p. o/o de plus qu'elle ne coûte à Bradford ou à Huddersfield, nos filateurs n'ont réclamé, à titre de compensation, que l'établissement d'un droit assez faible, à l'exception toutefois de ceux de l'Alsace qui croient avoir besoin d'une protection plus énergique, justifiée, selon eux, par la concurrence éventuelle de l'Allemagne où les qualités propres au peigne sont abondantes et le prix de façon très-modéré. Ils se montrent particulièrement préoccupés de la crainte de voir affluer les fils retordus et teints, qu'emploie la tapisserie à la main, et pour lesquels les fabriques de la Saxe et de Berlin sont justement renommées.

L'esprit d'invention de nos constructeurs, de M. Mercier, ingénieur mécanicien à Louviers, entre autres, ne s'est pas moins heureusement appliqué à la filature de la laine cardée qu'à celle de la laine peignée. Pour la première comme pour la seconde, le seul désavantage que nous ayons vis-à-vis de l'Angleterre est toujours, comme pour la généralité des industries, le prix plus élevé du combustible et des machines. Les filateurs à façon d'Elbeuf n'ont pas signalé d'autres causes sensibles d'infériorité, ni d'autres titres à la protection.

Lorsque le Conseil Supérieur est arrivé au tissage, il n'a guère eu à constater que des faits analogues: fabrication intelligente, consciencieuse, attentive à tous les progrès, mais placée jusqu'à présent dans de moins bonnes conditions économiques que l'industrie anglaise.

Ces différences se trouvent plus ou moins exactement appréciées dans les dépositions des manufacturiers qui ont été successivement entendus.

Les fabriques d'Elbeuf, de Louviers, de Sedan, dont les produits consistent en *draps unis et en étoffes façonnées,* ont fourni les premiers groupes de témoins. La majorité d'entre eux s'est montrée plus inquiète de la concurrence de l'Angleterre pour les tissus communs que pour les tissus fins, fantaisies et nouveautés, et elle a donné pour motif de son appréhension le succès avec lequel les fabricants du West-Riding ont réussi à carder ensemble la laine avec le coton, et à produire, très-économiquement, des étoffes destinées à la consommation des classes populaires.

Les manufacturiers de Lisieux, de Vire, de Romorantin, se sont d'autant plus vivement associés à cette impression, que leur spécialité se rapproche davantage de l'article anglais. Quelques déposants, toutefois, ont regardé comme peu probable que les consommateurs français, habitués aux étoffes de laine pure, s'accommodent facilement d'un tissu mélangé de coton qui, s'il a l'avantage du bon marché, n'a pas celui de la durée. En outre, un grand nombre de nos manufactures du Midi, dans les départements de l'Hérault, du Tarn, par exemple, sont parvenues à livrer au commerce des draps tout laine à un prix au-dessous duquel auraient peine à descendre les fabriques anglaises qui font le mélange dont on vient de parler.

Une autre préoccupation a paru dominer quelques-uns de nos industriels. Supposant que le tissage mécanique à la vapeur est plus répandu en Angleterre qu'il ne l'est par le fait, ils y ont vu, pour leurs concurrents, une nouvelle cause de supériorité. Mais d'habiles fabricants des deux pays ont contesté le bénéfice de ce mode de travail et se sont accordés à dire qu'après en avoir fait un assez long essai, ils n'y avaient pas trouvé d'économie. Le renchérissement de la main-d'œuvre aura peut-être pour conséquence d'en populariser l'emploi en France aussi bien qu'en Angleterre, où le tissage de la laine, loin d'être, comme celui du coton, concentré dans de vastes établissements, est encore aujourd'hui assez généralement disséminé dans les campagnes.

Il y a cependant des exceptions pour certaines classes d'articles unis, pour les *flanelles*, par exemple, qui, à Reims comme à Rochdale, se fabriquent dans les grandes usines qui ont substitué depuis longtemps déjà les métiers mécaniques mus par la vapeur aux métiers à la main : transformation inévitablement plus coûteuse, en raison de circonstances connues, dans la première de ces deux villes que dans la seconde. Aussi ceux des membres de la Chambre de commerce de Reims qui avaient pour mission de défendre l'industrie de la flanelle ont-ils exprimé le vœu qu'elle fût mise sous la sauvegarde d'un droit élevé. Pour les qualités communes, ils ont même réclamé le maximum de protection qu'accorde le Traité de commerce, alléguant, à l'appui de cette demande, qu'indépendamment de leurs autres avantages, les manufacturiers anglais trouvent en abondance, dans le pays même, la laine la plus propre à cette fabrication. Pour les qualités fines et demi-fines, l'industrie rémoise se contente d'une protection plus faible; elle a même déclaré qu'elle serait prête à y renoncer si elle n'appréhendait l'introduction, par la voie de l'Angleterre, des flanelles de Saxe dont elle a peut-être trop facilement admis la supériorité.

C'est encore la Saxe qui l'inquiète pour ses tissus de laine peignée, bien que la faveur avec laquelle ils se placent au dehors semble indiquer qu'ils défient toute rivalité.

En effet, les *mérinos* de Reims s'exportent pour tous les pays du monde, y compris la Grande-Bretagne. Les établissements dont cet article est la spécialité n'auraient donc pas besoin d'être protégés, si les manufactures saxonnes ne produisaient un tissu dit *cobourg*, qui, quoique fort inférieur, pourrait, à cause de la modicité de son prix, remplacer le mérinos dans la consommation. Nous n'avons pas encore, il est vrai, de traité de commerce avec le Zollverein; mais il est probable que le régime conventionnel, dont l'Angleterre a le bénéfice aujourd'hui, sera prochainement étendu à l'Allemagne, et, en attendant, ses marchandises pourraient nous arriver par les ports du Royaume-Uni. Telles sont les considérations qu'on a fait valoir devant le Conseil pour obtenir une protection en faveur d'une industrie qui, dans l'état actuel des choses, ne paraît en avoir nullement besoin. Il est juste de dire que des représentants de la même fabrique et de districts voisins, producteurs d'articles similaires, ont manifesté des tendances plus libérales et une plus ferme confiance dans leurs forces comme dans le goût éclairé de leur clientèle. Les dépositions des fabricants de *mousseline de laine*, de *baréges*, etc., respirent, en général, le même sentiment de sécurité, que justifie la préférence acquise à leurs produits sur les marchés des deux mondes; s'ils s'attendent à une lutte sérieuse pour les articles unis, ils espèrent conserver l'avantage pour les nouveautés, les fantaisies dont ils ont presque le monopole et que fera rechercher de plus en plus le développement, dans toutes les classes, des habitudes de luxe et d'élégance.

L'industrie de Roubaix est moins rassurée, bien que, dans

les nombreux articles qu'elle produit, tissus de pure laine ou mélangés de coton, d'alpaga, de poils de chèvre, de soie et même de lin, nulle fabrique étrangère ne l'égale pour l'habileté avec laquelle elle combine toutes ces matières diverses : sa députation cependant a exprimé de vives inquiétudes sur les conséquences du Traité de commerce, et considéré comme fort dangereuse l'admission des articles de Bradford, particulièrement de l'*orléans*, tissu de chaîne coton, trame laine, qui se transforme de cent manières différentes. Elle a motivé l'opinion qu'elle était chargée de soumettre au Conseil Supérieur par l'énumération de tous les avantages que possèdent les manufacturiers du West-Riding: expérience consommée dans cette grande industrie des mélanges des substances textiles, qui est, en quelque sorte, leur création; possession d'un vaste marché de laines indigènes et exotiques essentiellement propres à ces mélanges; prix moins élevé des chaînes de coton qui entrent dans la composition des étoffes, sans parler de l'économie sur la teinture, les apprêts, la houille, les appareils mécaniques, et de l'abondance des capitaux.

Parmi les tissus de laine qui servent à l'habillement, les *châles et la bonneterie* avaient leur place marquée dans l'Enquête. Les fabricants de châles de Paris, ceux du département du Gard ont déclaré unanimement qu'habitués à triompher de la concurrence anglaise sur les marchés étrangers, ils ne la redoutaient pas davantage sur le marché intérieur. Pour des articles qui se tissent à la main, la consommation de la houille est peu importante, et le faible avantage que peuvent avoir de ce chef les manufacturiers de la ville de Paisley, centre d'une industrie qui appartient presque exclusivement à l'Écosse, est plus que compensé par l'élévation du taux des salaires et la rareté de dessinateurs habiles.

Nos fabricants de bonneterie de laine n'envisagent pas avec la même confiance l'avenir que leur réserve l'application du Traité de commerce. Ils regardent l'invention des métiers circulaires mus par la vapeur comme essentiellement favorable aux manufactures de Leicester et très-désavantageuse à nos fabriques de Picardie, qui en sont encore, à l'exception d'une seule, aux métiers rectilignes. Ce qui ajoute à leurs inquiétudes, c'est le développement considérable qu'a pris, en Angleterre, la production des articles de bonneterie de laine et de coton, mélange dans lequel nos voisins ont parfaitement réussi, tandis qu'il a été jusqu'à ce jour essayé sans beaucoup de succès en France.

De leur côté, les délégués de la Chambre de commerce de Leicester contestent que l'emploi du métier circulaire soit aussi répandu dans leur district qu'on le prétend ici, et déclarent que, pour la bonneterie de fantaisie qui se fait au crochet et dont la consommation tend de plus en plus à s'accroître, l'avantage demeurerait plutôt aux fabricants français, qui donnent des salaires moins élevés aux nombreux ouvriers qu'ils occupent dans les campagnes.

Le Conseil Supérieur a été surpris d'entendre les fabricants de *couvertures de laine* de Paris et d'Orléans demander que les articles similaires anglais fussent frappés d'un droit spécifique équivalant à 30 p. o/o de la valeur, lorsqu'il n'existe aucune différence sensible entre les deux pays ni pour le prix de la matière première ni pour le prix de la main-d'œuvre.

Il est vrai que dans quelques établissements du West-Riding fonctionnent des métiers mus par la vapeur, mais les manufacturiers français déclarent eux-mêmes qu'appliqué à la fabrication des couvertures de laine, le tissage mécanique donne peu de profit. Il est donc permis de croire que, si leurs concurrents vendent à des prix inconnus en France, c'est qu'ils se contentent de moindres bénéfices ou qu'ils emploient des déchets et des qualités inférieures; beaucoup d'entre eux aussi, en mélangeant le coton avec la laine, livrent au commerce des articles communs dont le bon marché n'est qu'apparent pour le consommateur.

C'est également par un mélange de fils de coton, quelquefois de jute, que la fabrique de *tapis*, en Angleterre, réussit à produire dans des conditions économiques, dont l'industrie française est loin d'approcher. Le tissage mécanique est venu ajouter aux avantages que donnent aux manufacturiers d'Halifax, de Kidderminster, de Durham, etc., la possession de vastes débouchés et la répartition des frais généraux sur une très-large production. En comparant cette situation à la leur, les délégués d'Aubusson, de Beauvais, de Tourcoing, de Nîmes, se sont crus fondés à demander une protection variant de 20 à 30 p. o/o selon les genres de tapis, plus forte pour les tapis ordinaires, plus faible pour les tapis de luxe qui empruntent leur valeur moins à la matière première qu'à l'élégance du dessin et au fini du travail; reconnaissant d'ailleurs que la différence des habitudes en France et en Angleterre, et celle du climat sont pour les producteurs des deux pays de naturelles et inévitables causes d'inégalité contre lesquelles les dispositions douanières restent impuissantes.

La fabrique de *velours d'Utrecht* et celle de dentelles de laine, une des spécialités de l'industrieuse ville d'Amiens, n'ont pas dissimulé davantage l'inquiétude que leur causait la concurrence britannique; concurrence tout éventuelle, puisque, de l'aveu même de ceux qui la redoutent, l'Angleterre est encore à l'essai pour l'un et l'autre de ces articles, dans la fabrication desquels nous, au contraire, nous sommes tellement avancés, que nous les exportons.

L'industrie toute parisienne de la *passementerie de laine* ne partage point ces appréhensions; loin de là, elle attend avec la plus grande confiance les effets du Traité de commerce, et se réjouit hautement d'une convention qui lui facilite le placement de ses produits sur un marché dont elle apprécie l'importance.

Dans le cours de l'Enquête sur la laine, le Conseil Supérieur a reçu, indépendamment du témoignage des industriels français, qui avaient été convoqués au nombre de cent soixante, la déposition de vingt-quatre manufacturiers ou négociants étrangers, organes pour la plupart de Chambres de commerce importantes. Nous citerons, entre autres : les délégués de Bradford, de Huddersfield, de Batley et de Hickmondwicke, pour les tissus de laine pure ou mélangée, les articles en alpaga et en poils de chèvre ; les représentants d'Halifax et de Kidderminster pour les tapis de toute espèce, les principaux fabricants de bonneterie de Leicester ; enfin le président et les membres les plus notables de la Chambre de commerce de Verviers qui sont venus expliquer les causes des progrès et de la situation florissante de l'industrie lainière en Belgique.

Industrie du coton

L'industrie du coton occupe une place trop considérable dans l'économie des sociétés modernes; elle est trop intimement liée à leur puissance et à leur richesse; les intérêts qu'elle représente sont trop nombreux et trop divers pour que le Conseil Supérieur n'ait pas abordé avec un sentiment tout particulier de sollicitude cette partie de l'Enquête qui s'ouvrait au milieu des plus vives préoccupations; car aucune des autres branches du travail national ne s'était peut-être montrée aussi émue, aussi alarmée du Traité de commerce avec l'Angleterre. Il importait donc essentiellement d'aller au fond de ces inquiétudes et de s'éclairer sur les causes qui les avaient produites, comme sur le compte qu'il était juste d'en tenir dans la fixation des droits destinés à remplacer la prohibition. Il n'était pas moins nécessaire d'examiner avec soin si la réforme économique affectait au même degré, de la même manière, les diverses fabrications entre lesquelles se divise l'industrie cotonnière, filature, tissage, impression, etc., et de rechercher les moyens d'établir entre des intérêts souvent opposés une équitable pondération.

C'est pour réunir et mettre sous les yeux du Conseil ces éléments d'appréciation que le Commissariat général a convoqué cent quatre témoins appartenant pour la plupart aux grands centres de l'industrie cotonnière, Rouen et la Normandie, Mulhouse et l'Alsace, Lille et les départements du Nord.

La première série de questions concernait naturellement la filature, et l'honorable industriel de Rouen qui a été entendu le premier a exposé en détail les conditions d'infériorité dans lesquelles ses confrères et lui croient être placés vis-à-vis de l'Angleterre.

Les causes constitutives de l'inégalité qui existe entre les filateurs des deux pays ont été longuement discutées, et cette inégalité a paru, comme pour toutes les autres branches d'industrie, principalement déterminée par des différences plus ou moins considérables dans le taux de l'intérêt de l'argent, le prix de la matière première, du combustible et des machines, les aptitudes de la classe ouvrière, l'importance de la production et l'étendue des débouchés. Par suite de ces différences, et selon la déclaration de ces témoins, la broche de filature, outillage, moteur et bâtiment compris, qui pourrait être établie en Angleterre à raison de 25 francs, ne reviendrait pas en Normandie à moins de 47 francs. Il y aurait pour les mêmes causes un écart de 8 francs dans les frais d'entretien annuel d'une broche.

Les dépositions des filateurs de l'Alsace et du Nord présentent avec celles des filateurs de la Normandie une étroite concordance que peuvent expliquer tout à la fois la conformité des intérêts et une entente préalable qu'aura facilitée la distribution des questionnaires. Elles se résument également par une demande de protection variant de 20 à 30 p. o/o, selon le degré de finesse des fils.

Les calculs et les conclusions des uns et des autres ont soulevé de sérieuses objections parmi les délégués de la Chambre de commerce de Manchester, qui, des nombreux avantages qu'on leur attribuait, n'ont reconnu comme réels que le bon marché relatif en Angleterre du combustible et des machines, faisant observer d'ailleurs que le taux moins élevé des salaires en France et la durée plus longue des journées de travail rétablissaient l'équilibre. Ils n'ont pas admis que les filateurs anglais aient retiré, en moyenne, dans ces derniers temps, plus de 10 p. o/o de leurs capitaux; et, en outre, ils ont prétendu qu'on s'exagérait beaucoup, de ce côté du détroit, l'importance des établissements dans le Lancashire, ainsi que la supériorité, sous le rapport des bénéfices, des grandes usines sur les petites, lesquelles, mieux surveillées en général et conduites avec plus d'économie, donnent souvent plus de profit.

Un éminent industriel de l'Alsace, qu'une longue pratique et des études approfondies ont mis à même de connaître la condition respective de la filature en France et dans la Grande-Bretagne, a cru pouvoir confirmer presque en tous points les renseignements présentés au Conseil par les membres de la Chambre de commerce de Manchester, et opposer aux inquiétudes qui se manifestaient autour de lui une confiance fondée sur la position nouvelle faite à notre industrie cotonnière par l'ensemble des réformes économiques qu'a décrétées la prévoyante sagesse de l'Empereur et dont la plupart des autres témoins ne semblent pas avoir tenu un compte suffisant dans leur évaluation du prix de la matière première actuellement admise en franchise, de celui de la houille aujourd'hui dégrevée, du coût des machines qui ne sont plus soumises, comme les métaux, qu'à des droits très-modérés, enfin des frais de transport que tendent à réduire les améliorations incessantes apportées par le Gouvernement à nos voies de communication.

Bien qu'on puisse différer d'opinion sur le *quantum* de protection nécessaire à la filature française pour soutenir la concurrence britannique, on est généralement d'accord sur ce point que les numéros fins ont plus besoin d'être protégés que les gros numéros, qui n'exigent ni une façon aussi coûteuse ni un outillage aussi compliqué, dont le transport est plus dispendieux, et dans la production desquels la matière première constitue l'élément principal. Ceux des filateurs de Lille et de Mulhouse qui s'occupent spécialement de retordage ont estimé que le prix de revient s'élève en France au double de ce qu'il est en Angleterre, et considéré l'industrie des fils retors comme compromise si elle n'obtenait pas le maximum de 30 p. o/o, converti en droits spécifiques; quelques-uns même ont exprimé le regret que le Traité de commerce ne leur permît pas de demander davantage, appréhendant qu'à l'exemple de l'Allemagne et de la Belgique, qui ont établi un tarif insuffisant sur les numéros élevés, la France ne fût forcée d'en délaisser la fabrication et de se borner à celle des filés communs.

Le Conseil Supérieur devait entendre quelques jours après les fabricants de mousselines de Tarare et les fabricants de tulles du Pas-de-Calais et du Nord se plaindre amèrement des prétentions exorbitantes de la filature française, de l'irrégularité et de l'infériorité de sa production, et déclarer que si le droit sur les cotons filés au-dessus du n° 143 métrique n'était pas fortement abaissé, ils se verraient hors d'état de lutter contre les manufactures de Manchester, de Glasgow et de Nottingham.

Cet antagonisme entre la filature et le tissage ne pouvait manquer de se reproduire dans le cours de l'Enquête sur l'industrie du coton. Un assez grand nombre d'industriels réunissent, il est vrai, les deux branches dans leur établissement, et ceux-là, tout naturellement, ont dû les représenter comme solidaires l'une de l'autre et repousser une distinction contraire à leurs intérêts. Aussi, en réclamant pour le tissage une protection égale à celle qu'ils avaient sollicitée pour la filature, ont-ils cherché à la justifier par les mêmes arguments et à établir que les conditions d'inégalité entre les tisseurs anglais et français étaient les mêmes qu'entre les filateurs des deux pays, provenaient des mêmes causes et appelaient le même remède. L'emploi de plus en plus général du métier mécanique pour toutes les espèces de tissus de coton ne pouvait qu'assurer davantage encore, ont-ils dit, la supériorité de celle des deux nations qui est la plus avancée dans la construction et l'usage des machines et la mieux approvisionnée en combustible.

Cette thèse, présentée au nom des fabricants de *calicots* de la Normandie, a été également soutenue dans l'intérêt des manufactures de *percales*, de *jaconas*, d'*organdis*, etc., de Saint-Quentin et de Mulhouse; mais il résulte des renseignements donnés par des industriels qui ne sont pas à la fois filateurs et tisseurs, que, dans les départements de la Seine-Inférieure, de l'Eure, du Calvados, de l'Aisne et de la Somme, le tissage à la main est encore fort répandu et même presque exclusivement employé pour les *tissus de couleur*, les *coutils*, les *piqués*, surtout pour les produits de goût, et que, s'alliant dans les campagnes aux occupations rurales, il aurait des chances sérieuses de se maintenir le jour où la filature française lui fournirait les qualités et les numéros de fil dont il a besoin, et se verrait obligée par la concurrence étrangère de réduire ses prix.

La grande industrie des *impressions*, qui fait tant d'honneur à la France et dont les expositions universelles de Londres et de Paris ont constaté l'immense supériorité, a eu pour principaux organes devant le Conseil les fabricants d'*indiennes* de Rouen et les fabricants de *toiles peintes* de Mulhouse, qui ont demandé à leur tour que le Gouvernement, en arrêtant les bases des tarifs applicables à leurs articles, ne perdît point de vue le prix élevé auquel leur reviennent les éléments de leur fabrication, et particulièrement les tissus écrus, les produits chimiques, les teintures. Les uns et les autres, dans l'énumération des avantages dont jouit l'industrie rivale du Lancashire, n'ont pas oublié de comprendre l'économie que lui permet de réaliser sur les frais de dessin et de gravure l'importance de sa production, qui se règle nécessairement sur l'étendue de ses débouchés tant à l'intérieur qu'au dehors, les imprimeurs anglais pouvant, sans surcroît de dépenses, reproduire dans des proportions presque illimitées les mêmes dispositions qu'ils empruntent souvent au bon goût de nos dessinateurs.

Les imprimeurs de l'Alsace ont profité de l'occasion qui leur était offerte pour rappeler le vœu qu'ils avaient itérativement exprimé d'obtenir la libre entrée, à charge de réexportation en toiles peintes, des tissus de coton étrangers, surtout des tissus les plus courants et les plus ordinaires, parce que, pour les tissus fins et légers, ils se croyaient plus en mesure de concourir avec l'Angleterre et la Suisse sur les grands marchés de l'Europe et de l'Amérique. La faculté qu'ils sollicitaient devait avoir cet heureux résultat d'assurer la production et la vente sur une plus large échelle, de garantir le travail dans nos établissements exposés aujourd'hui aux vicissitudes de la mode, et de réduire sensiblement leurs frais généraux en les répartissant sur une somme plus considérable de produits [1].

Après avoir interrogé dans ses grandes divisions notre industrie cotonnière et mis ses délégués en présence de leurs émules du Royaume-Uni, de l'Allemagne, de la Suisse, de la Belgique, fournissant ainsi à tous l'occasion de s'expliquer loyalement sur leur position respective, et préparant les voies à de futures négociations commerciales, le Conseil Supérieur a porté son examen sur quelques catégories particulières de tissus qui, sans avoir l'importance des articles de grande consommation, avaient droit cependant à son intérêt. La fabrication des *velours de coton* est une de ces spécialités qu'il pouvait d'autant moins laisser dans l'oubli, qu'elle opère en ce moment sa transformation et substitue à son ancien outillage

[1] Un décret impérial tout récemment rendu a donné pleine satisfaction au vœu des imprimeurs de l'Alsace.

les nouveaux procédés mécaniques : époque de transition laborieuse et difficile, heureusement traversée à Mulhouse, mais qui se prolonge à Amiens sous l'empire d'anciennes habitudes. Des efforts énergiques, tentés dans ces dernières années, font entrevoir, bien que trop isolés encore, un terme prochain à la crise et la reconstitution sur des bases plus larges et plus solides d'une industrie qui s'était endormie dans la dangereuse sécurité du monopole.

L'importante fabrique de *coutils* et de *damassés* de coton, à Flers et à Condé-sur-Noireau, en est également aux essais de tissage mécanique, mais elle a trouvé jusqu'à ce jour, dans l'habileté bien dirigée de sa population ouvrière, dans le prix peu élevé de la façon, des éléments de résistance et de vitalité pour le tissage à la main.

C'est encore le taux modéré des salaires qui permet aux fabricants de *mouchoirs* et d'*articles à pantalon*, de Mayenne et de Cholet, de retarder le moment où ils devront se servir de métiers mécaniques et de nouveaux moteurs; mais cette transformation, entravée présentement encore par la cherté du combustible, leur sera rendue plus facile par l'ouverture des voies de communication que leur a promises le Gouvernement et qui les rapprocheront des bassins houillers.

Les *gazes*, *mousselines brochées*, et autres articles de Saint-Quentin, continuent de se tisser généralement sur des métiers à bras, tandis que, dans le Royaume-Uni, les produits similaires se font mécaniquement, et par suite plus économiquement. C'est sur cette différence que nos industriels établissent leurs calculs et se fondent pour demander le maximum de protection, dont ils admettent d'ailleurs la réduction graduelle, lorsque, par l'effet de la réforme générale du tarif, leurs frais d'établissement et de fabrication se rapprocheront davantage des conditions dans lesquelles se trouvent placés les manufacturiers anglais.

La fabrique de Tarare, qui livre au commerce une si grande

variété d'articles, *mousselines et gazes unies et façonnées, tarlatanes, broderies en pièces, robes brochées, etc.*, a longtemps eu une organisation exceptionnelle. Les soixante mille ouvriers qu'elle occupe, vivent disséminés dans les départements voisins, principalement dans les régions montagneuses, et alternent, selon les saisons, le travail du tissage avec celui des champs. Les délégués de cette intéressante fabrique n'ont pas dissimulé au Conseil Supérieur que ce régime, qui a ses avantages au point de vue de la moralité de la classe ouvrière et de la vie de famille, aura de la peine à se maintenir en présence de la grande industrie avec ses puissantes ressources, son outillage perfectionné, ses moyens de production prompte et régulière, et devra graduellement se modifier et se plier aux nécessités économiques de l'époque. Déjà, grâce à une intelligente et courageuse initiative, des tissages mécaniques ont été montés sur le modèle de ceux de Glasgow dans les départements de la Loire et du Rhône, et les premiers résultats obtenus sont très-encourageants pour l'avenir.

Les fabricants de *broderies* des Vosges, de Nancy et de Saint-Quentin, sans avoir tous le même degré de confiance dans la supériorité de l'industrie française, ont été d'accord pour demander que les articles similaires de l'Angleterre et de la Suisse ne fussent pas imposés à plus de 10 p. 0/0 de la valeur, l'expérience du passé ne leur prouvant que trop qu'un droit plus élevé ne ferait qu'encourager la contrebande et que nuire aux intérêts mêmes qu'il aurait pour objet de protéger.

La *bonneterie de coton*, industrie qui se partage entre le département de l'Aube et celui de la Somme, aura incontestablement à souffrir de la concurrence de l'importante fabrique de Nottingham, si elle ne lui emprunte pas ses procédés de travail, et principalement ses métiers rectilignes rotatifs et ses grands métiers circulaires, mus les uns et les autres par la vapeur. Il résulte des déclarations des délégués de Troyes et de Moreuil, que les métiers à la main sont encore à peu près les seuls qui fonctionnent dans ces deux districts. La qualité inférieure des fils de coton que la bonneterie française a été forcée jusqu'à ce jour d'employer est une autre cause de désavantage signalée dans les mêmes dépositions; mais l'introduction prochaine des fils anglais la fera disparaître, et nos fabricants auront bientôt à leur disposition une matière première meilleure et moins chère, soit qu'ils la prennent en Angleterre, soit, ce qui est plus probable, que les filateurs français se mettent en mesure de leur fournir des produits plus satisfaisants. En second lieu, si pour les articles de bonneterie ordinaire et de grande consommation, l'emploi des métiers mécaniques à vapeur est préférable sous tous les rapports, il est à peu près impossible pour la bonneterie fine et de fantaisie, et, à Nottingham comme à Troyes, elle se fabrique sur les métiers à la main. Le salaire, qui est un des éléments principaux des prix de revient de cette catégorie d'articles, étant moins élevé en France que dans le Royaume-Uni, les manufacturiers de l'Aube et de la Somme se trouvent, dès lors, dans ces conditions favorables invariablement acquises à l'industrie française en général, toutes les fois que le travail manuel ne peut pas être remplacé par les agents mécaniques.

Industrie de la soie.

Depuis le commencement de l'Enquête sur les industries textiles, le Conseil Supérieur n'avait eu que trop souvent le regret d'observer, chez un grand nombre de déposants, une fâcheuse tendance à s'exagérer à la fois et leur faiblesse et la puissance de leurs rivaux. L'industrie de la soie lui a donné la satisfaction d'entendre un autre langage. Par ses organes les plus autorisés, elle s'est déclarée assez forte pour ne redouter aucune concurrence, et, dans la crainte qu'un droit fiscal ne fût considéré au dehors comme une protection déguisée, elle a même adjuré le Gouvernement de laisser entrer librement, sans les grever de la moindre taxe, les soieries étrangères, et de reconnaître par une réciprocité complète le traitement si libéral dont l'Angleterre nous avait spontanément assuré la jouissance sur son vaste marché. Ces conclusions, développées dans un mémoire remarquable de la Chambre de commerce de Lyon, et auxquelles avaient adhéré nos principales fabriques de tissus de soie, simplifiaient singulièrement la tâche du Conseil Supérieur; il ne lui restait plus à examiner que la situation de quelques industries accessoires, moins bien préparées à la lutte ou moins confiantes dans ses résultats.

Ainsi la filature de *bourre de soie* ou de *fleuret* a réclamé le maintien d'un droit compensant les différences que constitue, à son préjudice, le plus bas prix en Angleterre de la houille et des machines. Elle s'est, d'ailleurs, plus préoccupée de la Suisse qui, se refusant à reconnaître les droits des inventeurs brevetés, lui dérobe impunément ses procédés de fabrication et ajoute à ce bénéfice illicite le double avantage d'une main-d'œuvre moins rétribuée et d'une force motrice hydraulique peu coûteuse. C'est surtout de la part des établissements situés dans les départements de Seine-et-Oise, du Loiret, du Nord et du Haut-Rhin que sont venues les réclamations les plus vives en faveur, non-seulement du maintien, mais même de l'aggravation de la protection actuelle. Les filateurs de Lyon, tout en faisant observer que les Anglais étaient mieux placés pour l'achat des déchets de soie de la Chine et des Indes, n'ont guère insisté que sur le besoin et le droit qu'ils avaient d'être défendus contre la concurrence déloyale des manufacturiers suisses.

En ce qui concerne l'Angleterre, qui possède 180,000 broches et produit annuellement près de 550,000 kilogrammes de fils de bourre de soie, les filateurs de fantaisie de Leeds, de Bradford et de Rochdale n'ont pas admis qu'ils fussent placés dans des conditions meilleures que les fabricants français, que la matière première qu'ils étaient obligés de tirer en grande partie de France leur revînt à meilleur compte, et qu'ils pussent produire à plus bas prix. Ils ont ajouté que l'exportation des fils anglais consiste en numéros que les filatures françaises ne produisent pas ou ne produisent qu'en quantité insuffisante; qu'elles ne seraient donc pas lésées par la suppression d'un droit qui porte un grave préjudice aux manufactures de Lyon, de Nîmes, particulièrement à celles qui fabriquent les foulards.

Du côté de la Suisse, les arguments présentés par des filateurs de Bâle sont à peu près les mêmes. La qualité et la beauté de leurs fils de schappe serait l'unique cause de la faveur qu'ils rencontrent en France; car, pour les achats de matières premières, ils se regardent comme moins avantageusement placés que les filateurs français, et, pour le matériel et les salaires, dans une condition à peu près égale.

On a dit plus haut que nos grandes fabriques de soieries s'étaient prononcées pour la libre entrée des produits similaires étrangers. Ce n'est pas seulement, il faut le dire, le sentiment de leur supériorité qui leur a inspiré cette résolution, c'est aussi une juste confiance dans l'efficacité des mesures que prendra le Gouvernement de l'Empereur, tant pour leur assurer, par la création de services de navigation à vapeur, un approvisionnement large et régulier en soies de Chine, que pour mettre la propriété de leurs dessins, servilement copiés au dehors, sous la garantie d'une législation internationale. A ces conditions, les fabricants d'étoffes de soie pure, unies, façonnées, brochées, acceptent la concurrence de tous les pays du monde. Quelques-uns, toutefois, font une réserve pour un certain nombre d'articles spéciaux qu'ils ne se croient pas encore en mesure de produire aussi bien ou au même prix que les Anglais. Le *crêpe façon d'Angleterre* est du nombre. Sans rivale pour le *crêpe de soie, façon de Lyon*, la fabrique française n'a pas réussi jusqu'à ce jour dans ses essais d'imitation du tissu ferme et solide, presque toujours teint en noir, qui, chez nos voisins, sert à la confection des vêtements de deuil.

L'industrie des *tulles de soie*, qui se divise en *tulles unis* et en *tulles façonnés*, est une de celles qu'inquiète la concurrence anglaise.

Pour les tulles unis, les appréhensions manifestées par les fabricants lyonnais ont paru reposer sur des motifs sérieux. Tandis qu'à Nottingham et à Tiverton tous les métiers sont mus par la vapeur et ont emprunté à la mécanique ses perfectionnements les plus nouveaux et ses procédés les plus ingénieux, on ne travaille à Lyon qu'avec des métiers à bras trop peu solides et trop usés pour supporter un autre moteur. On conçoit que des fabricants qui en sont réduits à un matériel aussi défectueux aient demandé qu'on leur laissât le temps d'en opérer la transformation et de se préparer à une lutte qui, engagée aujourd'hui, les trouverait sans défense, et dans laquelle ils risqueraient de succomber.

La fabrication du tulle façonné est en meilleure position. Si elle n'a pas encore, notamment à Lyon, un outillage égal à celui des manufactures anglaises, elle possède une évidente supériorité pour le dessin, le goût, l'invention, qui font la principale valeur de ces articles. A Calais et à Saint-Pierre-lès-Calais, où l'on s'occupe de préférence des tulles brochés et brodés au métier, le matériel est neuf et construit d'après les meilleurs systèmes. La fabrique calaisienne a fait de tels progrès, qu'elle réussit à exporter même en Angleterre. Elle a réclamé néanmoins, par l'organe de ses délégués, une protection équivalant à 15 p. o/o de la valeur, protection qui serait loin de lui être nécessaire, si l'on admet l'exactitude des renseignements présentés au nom de la Chambre de commerce de Nottingham.

En présence du chiffre croissant de ses exportations, de la faveur acquise sur tous les marchés du monde à ses produits, des avantages que lui assure, en Angleterre, le Traité de commerce du 23 janvier 1860, la fabrique de *rubans* de Saint-Étienne semblait pouvoir s'associer aux sentiments de confiance et de satisfaction exprimés par la Chambre de commerce de Lyon. Ce n'est donc pas sans surprise que le Conseil Supérieur a entendu les représentants de l'industrie stéphanoise protester, dans les termes les plus vifs, contre tout dégrevement, et même accuser l'insuffisance du tarif actuel. Ce n'est pas, il est vrai, la crainte de la compétition des rubaniers anglais qui a provoqué leurs doléances. Le Conseil aurait été d'autant plus fondé à ne pas s'en émouvoir, qu'il avait recueilli, de la bouche des manufacturiers de Coventry, les plaintes les plus vives sur leur situation qu'était venue aggraver l'admission en franchise des rubans français; mais c'est l'invasion des produits de la Suisse, sous le couvert de l'Angleterre, que les délégués de Saint-Étienne ont représentée comme imminente, et qu'ils ont adjuré le Gouvernement de repousser par des droits efficacement protecteurs. Pour motiver leur insistance, ils ont dénoncé la spéculation frauduleuse de la fabrique de Bâle, qui, se faisant livrer au rabais des copies de leurs dessins, peut réduire son prix de vente de tout le bénéfice que lui procure cette économie sur les frais généraux. Si, pour les rubans de soie façonnés, ils redoutent les Suisses, les Allemands leur inspirent une égale appréhension pour les *rubans de velours unis et mélangés*. Dans cette spécialité, les manufactures de Crefeld, d'Elberfeld et de Vierzen auraient atteint un degré de perfection auquel on serait loin d'être parvenu à Saint-Étienne.

Les autres branches secondaires de l'industrie de la soie, *bonneterie*, *passementerie*, fabrication de *dentelles* ou *blondes*, *etc.* se sont en général abstenues d'envoyer des représentants à l'Enquête; quelques-uns des industriels convoqués par le Commissariat général ont adressé au Conseil Supérieur des notes écrites, presque toutes conçues dans l'esprit libéral qui caractérise le manifeste de la fabrique de Lyon.

Industrie des vêtements confectionnés.

Après avoir considéré les tissus de toute nature comme matières premières, le Conseil Supérieur devait les suivre à l'état de vêtements confectionnés et s'éclairer sur les conditions dans lesquelles cette transformation s'opère respectivement, en France et en Angleterre. Il a donc fait appeler devant lui les chefs des principales maisons de Paris qui exploitent cette branche de commerce, devenue depuis quelques années très-importante et très-lucrative, et les observations qu'ils lui ont soumises ne pouvaient lui laisser aucun doute sur l'inutilité de protéger la main-d'œuvre qui, pour le prix comme pour l'habileté et le goût, défie toute comparaison, et sur la convenance de se borner à appliquer aux vêtements le droit de l'étoffe principale dont ils sont formés. Les déposants se sont déclarés, d'ailleurs, fort satisfaits d'un arrangement commercial qui avait pour eux ce double avantage, d'une part, d'accroître et de varier les sources de leur approvisionnement, de l'autre, de leur donner un accès plus sûr et plus facile au grand marché de l'Angleterre.

Industrie du caoutchouc.

Les *ouvrages en caoutchouc*, qui se combinent généralement avec des tissus en pièces, rentraient jusqu'à un certain point dans l'Enquête sur les industries textiles. Les fabricants français entendus ont affirmé que leurs prix de vente s'élevaient de 20 à 25 p. 0/0 au-dessus des prix anglais. D'après eux, cette différence proviendrait de ce qu'ils sont forcés de payer beaucoup plus cher que leurs concurrents le caoutchouc, qu'ils ne reçoivent pas directement, comme eux, des pays de production, les tissus sur lesquels il s'applique, la benzine qui sert à le dissoudre, la houille dont la consommation est considérable. Le maintien d'un droit fort élevé leur a donc paru nécessaire pour établir l'équilibre entre les producteurs des deux pays.

Industrie du crin.

L'industrie du *crin* se trouve dans une situation peu florissante; mais les quelques fabricants qu'elle occupe encore n'ont attribué ni au tarif ni à la concurrence étrangère le ralentissement de leurs affaires; ils ne lui ont pas assigné d'autre cause que l'inconstance de la mode qui a remplacé, dans la confection des articles d'ameublement, le tissu de crin par des étoffes de laine et de coton. Aussi se sont-ils montrés peu préoccupés du droit qui pourrait être établi à l'entrée des produits similaires des rares manufactures du Royaume-Uni ou de l'Allemagne, et ont-ils attaché plus d'importance à la suppression du droit différentiel sur les crins bruts, importés en France par navires étrangers ou provenant des entrepôts.

INDUSTRIES DIVERSES.

On vient de voir, par ce qui précède, que les industries textiles n'ont pas tenu, dans l'Enquête, moins de place que la métallurgie avec ses nombreuses ramifications. Le Conseil Supérieur, en poursuivant le cours de ses travaux, ne devait plus se trouver en présence d'intérêts aussi considérables. Cependant les branches de fabrication qu'il lui restait à étudier pour accomplir son programme n'étaient pas sans importance.

Sucres raffinés.

La *raffinerie du sucre*, sur laquelle se sont d'abord dirigées ses investigations, absorbe de grands capitaux, s'exerce dans de vastes usines pourvues d'un matériel coûteux, alimente par les produits qu'elle reçoit ou qu'elle exporte notre navigation nationale, et contribue, par la nature même de ses opérations, au développement de notre commerce extérieur. Comme elle soutient avec succès, sur tous les marchés du monde, la concurrence des autres pays producteurs, et notamment celle de l'Angleterre, on aurait pu supposer qu'elle se serait bornée à demander que les raffinés étrangers, à leur importation en France, fussent soumis aux droits de douane et de consommation intérieure imposés à nos propres produits, et acquittassent, en outre, une surtaxe calculée sur la prime qu'ils peuvent recevoir à la sortie, sous le nom de *drawback*. Dans ces termes, l'équilibre était maintenu, puisque les différences résultant, au profit de la raffinerie anglaise, du prix de la houille et du mobilier industriel, sont insignifiantes et compensées, d'ailleurs, par le taux moins élevé des salaires dans nos usines.

Les raffineurs de Paris, de Rouen, de Marseille, du département du Nord n'ont pas cru cependant qu'ils seraient suffisamment protégés par un tarif qui ne tiendrait compte que de l'inégalité provenant des encouragements plus ou moins directs accordés à leurs concurrents par la législation économique de leur pays. La faculté dont jouissent ceux-ci, de s'approvisionner à toutes les sources et de recevoir aux mêmes droits les sucres de toute origine et importés sous tout pavillon, a été considérée par les délégués de la raffinerie française comme les plaçant dans une évidente infériorité et comme les autorisant à solliciter de ce chef une protection spéciale. Pour rendre leur réclamation plus plausible, ils ont raisonné dans l'hypothèse où ils tireraient presque exclusivement les sucres bruts des entrepôts étrangers et acquitteraient invariablement les droits les plus élevés du tarif; tandis qu'ils ont sous la main et en abondance, d'une part le sucre colonial, de l'autre le sucre de betterave, qui manque à la raffinerie anglaise. Enfin ils ont discuté les bases du rendement légal dans les divers États voisins et prétendu qu'elles y étaient plus favorables qu'en France aux exportateurs. Les représentants de la Chambre de commerce d'Anvers ont pris part à cette controverse, dont les éléments sont si obscurs et si confus, et dans laquelle les opinions les plus contradictoires peuvent se donner librement carrière. Les raffineurs anglais n'ont pas répondu à l'appel que leur avait adressé le Conseil Supérieur; indice significatif de leur désintéressement dans la question.

Produits alcooliques.

On compte, en France, deux espèces tout à fait différentes de produits alcooliques: les *eaux-de-vie de vin*, et les *alcools de betterave ou de grains*.

Les premiers, surtout dans leurs qualités supérieures, ne redoutent aucune concurrence, et les chefs des plus importantes maisons des deux Charentes et de l'Hérault ont accueilli le Traité de commerce avec l'Angleterre comme un bienfait pour leurs contrées, tout en appelant la sollicitude du Gouvernement sur l'abus des mélanges et la falsification de leurs produits.

Les alcools de betterave ou de grains se trouvent dans d'autres conditions: ils ont, dans le Royaume-Uni, leurs similaires qui sont appréciés par les consommateurs français. Il n'y a donc pas lieu d'être surpris que nos distillateurs de la Seine-Inférieure, du Nord, de l'Aisne, se soient montrés moins satisfaits et moins rassurés que les producteurs d'eaux-de-vie de Cognac ou d'esprits de Montpellier. La plupart d'entre eux ont exprimé la crainte de ne pouvoir, à moins d'être protégés par le maximum du droit, accepter la lutte contre la distillerie anglaise, qui dispose librement d'un vaste marché de céréales de toute provenance, et à laquelle l'agriculture et l'alimentation du bétail offrent un emploi lucratif de ses résidus. D'après leurs renseignements, cette organisation, à la fois industrielle et rurale, lui assurerait un double bénéfice, en même temps que la jouissance d'une prime élevée favoriserait l'écoulement de ses produits au dehors.

Une déposition importante s'est trouvée en désaccord avec les appréciations et les vœux de la majorité des distillateurs. L'industriel dont elle émane, qui a fondé, dans les environs de Saint-Quentin, une grande usine pour la distillation des mélasses, a repoussé le maintien d'un droit protecteur comme une entrave au mouvement de nos exportations et comme un signe d'infériorité pour nos produits alcooliques. Cette protection, ont dit les distillateurs d'Écosse entendus après lui, serait d'autant moins justifiée, qu'en Angleterre la distillation des grains est soumise à des restrictions d'accise qui la rendent très-onéreuse et ne lui permettent d'exporter pour la France que dans des années exceptionnelles où la récolte des vins a été mauvaise.

L'industrie des produits chimiques se divise en un si grand nombre de branches, que la liste des témoins appelés à la représenter devant le Conseil Supérieur ne comprend pas moins de cent noms. En tête de cette liste figure naturellement l'honorable Président de la Chambre de commerce de Lille, dont la longue et savante déposition peut être acceptée comme l'exposé de la situation et le programme des vœux de l'importante industrie qu'il a, plus qu'aucun autre, contribué à faire progresser en France. Autour de lui se sont rangés les propriétaires et les directeurs des grandes usines qui se sont établies sur tous les points de l'Empire pour satisfaire aux besoins si variés de la consommation, et dont la production annuelle est évaluée à trente-cinq millions de francs. Produits chimiques.

Si, au point de vue de la science, l'industrie française des produits chimiques, toujours à la recherche des innovations et des perfectionnements, ne craint point d'être surpassée au dehors, elle est forcée de reconnaître, vis-à-vis de l'Angleterre, l'infériorité de son organisation économique. Cette infériorité tient à des causes auxquelles il est heureusement possible de remédier : c'est le bon marché des combustibles et du sel qui donne la prééminence à la fabrique anglaise. S'il n'est pas permis d'espérer que nos fabricants obtiennent jamais la houille au même prix que leurs rivaux, ils pourront, du moins, la payer moins cher à mesure qu'ils verront s'abaisser la taxe dont elle est grevée, et se réduire les frais de transport sur nos voies de communication améliorées et complétées. Quant au sel, base principale de leurs produits, il dépend de la législation de le leur procurer à meilleur compte et de leur accorder une immunité dont profiteront avec eux les nombreuses industries qui sont leurs tributaires : le blanchiment, la teinture et l'impression des différentes matières textiles; la fabrication du verre, du papier, du savon, etc. En attendant la réforme appelée par leurs vœux unanimes, et devenue une des conséquences nécessaires du Traité de commerce, ils ont repoussé tout dégrèvement trop radical et demandé que des taxes spécifiques, équivalant à l'ensemble des charges qu'ils subissent, fussent imposées aux articles anglais.

Les écarts constatés entre les fabriques des deux pays, pour les produits dérivés du sel, n'existent pas pour les produits dont le soufre et les pyrites de fer fournissent les éléments. Le soufre de Sicile coûte moins cher en France qu'en Angleterre, et, dans quelques départements du Midi, on a réussi à le remplacer avec avantage par les pyrites dont nous possédons de riches gisements. Aussi, exportons-nous de l'*acide sulfurique* en Espagne, en Suisse et même à Londres, en concurrence avec les usines de Newcastle et de Glasgow. On conçoit que, dans ces conditions, un droit protecteur ne puisse pas se justifier.

Pour les autres acides, les acides *nitrique, muriatique, tartrique, oxalique, stéarique, etc.*, comme pour les produits chimiques d'une consommation moins générale que ceux à base de soude, les témoins entendus ont été d'avis que la protection à leur accorder devait varier en raison du prix auquel reviennent, en France et en Angleterre, les matières premières qui entrent dans leur composition. Un chimiste distingué, qui a fondé, auprès de Paris, un établissement de premier ordre pour la fabrication des produits chimiques à l'usage de la médecine et des études scientifiques, a déclaré que l'industrie anglaise n'est, sous aucun rapport, supérieure à la nôtre, et que le marché français pouvait lui être ouvert sans inconvénient; mais qu'il n'en est pas de même du côté de l'Allemagne qui a pris les devants sur nous, et dont aujourd'hui déjà nous sommes tributaires pour les sels de *morphine*, la *strichnine*, *l'atropine*, et, en général, pour les principaux agents employés dans la thérapeutique.

L'industrie des *matières colorantes* et des *extraits de bois de teinture* s'est généralement prononcée en faveur du régime restrictif qui lui a assuré, jusqu'à ce jour, un monopole onéreux pour les consommateurs de ses produits. Les droits qu'elle a proposés sur quelques articles en dépassent la valeur. Le motif qu'elle a fait valoir à l'appui de ses prétentions, c'est que la cherté du combustible et le transport plus coûteux des matières premières augmentent le prix de revient en France.

Les fabricants de *savons*, se basant sur la différence du prix de la soude, des huiles de graines et des corps gras, ont demandé une protection qui peut paraître exagérée, si l'on considère la supériorité de leurs produits et le chiffre de leurs exportations.

La savonnerie marseillaise, tout en constatant que les articles similaires anglais contiennent jusqu'à 60 p. o/o d'eau et de matières inertes, a excipé de cette infériorité même de qualité pour soutenir qu'il était indispensable de leur imposer un droit spécifique équivalant à 30 p. o/o de la valeur.

Les fabricants de savons de toilette ont été beaucoup plus modérés dans leurs demandes : un d'eux même a déclaré qu'il n'avait pas besoin d'être protégé sur le marché intérieur où la parfumerie française ne rencontrerait jamais de rivale, et que tout ce qu'il désirait, c'était que le Gouvernement le garantît à l'étranger, par des conventions internationales, contre les contrefacteurs de ses produits.

Verrerie. L'industrie du verre comprend divers genres de produits fabriqués avec les mêmes matières, dans des conditions à peu près identiques, et auxquels, par conséquent, si l'on excepte quelques articles spéciaux, un régime commun paraît applicable. Sous le double rapport de l'habileté de fabrication et de la qualité des produits, la France n'est inférieure à aucun pays en Europe Les glaces sorties de nos grands établissements de Saint-Gobain, de Cirez, de Montluçon, l'emportent pour la blancheur sur celles des manufactures anglaises; nos verres à vitre ont la même supériorité. Pour la cristallerie, l'élégance de la forme, la richesse de la taille, la régularité du travail lui assurent, sur les marchés extérieurs, une préférence marquée.

Malheureusement, selon nos fabricants, l'élévation du prix de revient neutraliserait tous ces avantages et justifierait le maintien d'une protection assez forte. Les délégués des verreries de toute nature, *glaces* et *miroirs, verres à vitre, bouteilles, cristaux, etc.* ont présenté au Conseil Supérieur le calcul des différences considérables existant entre les deux pays, et provenant, comme pour la plupart des autres industries, du prix du combustible et des matières premières. Le délégué de la Compagnie de Saint-Gobain, Chauny et Cirey a évalué de 15 à 20 p. o/o l'écart qui résulte, du chef de la houille seulement, entre le prix de revient français et le prix de revient anglais. La cherté des sels de soude en France rend la situation de nos fabricants de glace plus défavorable encore vis-à-vis de l'Angleterre et surtout de la Belgique qui, contiguë à notre territoire, ne supporte point de frais de transport élevés pour atteindre nos grands centres de consommation.

C'est également la concurrence belge qu'ont paru redouter le plus les fabricants de verres à vitre et de bouteilles. Le district de Charleroi, possédant en abondance la houille, les fondants, les terres réfractaires pour fours et creusets, a développé sa production avec une exubérance qui deviendrait menaçante pour nos verreries du Nord, si elles n'étaient pas suffisamment protégées

La gobeleterie, particulièrement celle en verre ordinaire, ne croit pas davantage pouvoir lutter, si ce n'est à l'abri d'un tarif protecteur, contre les manufactures de Belgique et d'Allemagne.

Quant à la cristallerie de luxe, elle est parvenue, à Baccarat, à Saint-Louis, à Clichy, à un degré de perfection qui devrait la rassurer contre toute rivalité étrangère, si elle ne se trouvait pas placée, comme les autres branches de l'industrie du verre, dans des conditions onéreuses de fabrication.

Produits céramiques.

Le tarif des douanes a divisé les produits céramiques en cinq classes principales, qui représentent autant de genres différents de fabrication, à savoir : 1° la *poterie grossière*, comprenant les cornues, les creusets, les tuyaux de drainage, les ustensiles de ménage vernissés ou non ; 2° les *faïences communes*, à glaçure stanifère 3° la poterie de grès ordinaire ; 4° la *faïence fine*, ou poterie de terre de pipe et de grès fin ; 5° la *porcelaine*.

Pour les trois premières classes, l'industrie française n'a point fait entendre de réclamations. Les poteries communes se consomment généralement dans les pays où elles se fabriquent et ne sont guère susceptibles d'être expédiées au dehors, du moins avantageusement ; elles ont trop peu de valeur pour pouvoir supporter des frais d'emballage et de transport. Mais il n'en est plus de même lorsqu'on arrive à la classe des faïences fines : l'Angleterre se trouverait, pour les produire, dans des conditions que nous ne saurions égaler. Ses usines sont établies au centre même d'un riche bassin houiller et reçoivent, du comté de Cornouailles, du kaolin de première qualité. Les produits chimiques, particulièrement l'acide borique, les matières servant à la confection du vernis, les couleurs, leur reviendraient à bien meilleur compte qu'aux faïenciers français. Toutes ces différences ont été chiffrées par les propriétaires ou directeurs des grands établissements de Sarreguemines, de Creil, de

Montereau, de Longwy, de Choisy-le-Roi, et leur ont paru justifier l'application aux produits anglais du droit le plus élevé qu'autorise le Traité de commerce.

La France reprend ses avantages pour la porcelaine, et constate sa supériorité en exportant. La porcelaine dure, transparente, est une spécialité que nous envie le Staffordshire, qui ne réussit à produire que de la porcelaine tendre, inférieure pour la qualité, et impropre au service de table et aux destinations usuelles.

L'habileté de nos décorateurs rehausse encore la valeur de nos produits. Cependant, les délégués de la fabrique de Limoges ont manifesté la crainte que les faïences anglaises, à cause de leur prix peu élevé, de la variété infinie de leurs formes, et de l'engouement des consommateurs pour tout ce qui est nouveau, ne vinssent diminuer la vente de leurs propres articles sur le marché intérieur, dont ils avaient eu jusqu'à ce jour le monopole. Aussi, sans réclamer, comme nos faïenciers, le maximum de la protection, ont-ils représenté un droit de 15 à 20 p. o/o comme nécessaire à la prospérité de leur industrie.

Cuirs et peaux.

L'industrie des *cuirs et peaux* n'a pas longtemps arrêté l'attention du Conseil Supérieur. Le chiffre croissant de ses exportations accuse une situation florissante, et ses délégués n'ont pu demander que les produits dont elle affronte avec succès la concurrence sur les marchés étrangers fussent écartés du marché français. Plusieurs d'entre eux n'auraient pas même hésité à se prononcer en faveur de la franchise absolue, si elle avait dû être circonscrite à l'Angleterre et s'ils n'avaient été arrêtés par l'éventualité d'un arrangement commercial avec l'Allemagne, dont la compétition pourrait être d'autant plus sérieuse qu'elle possède en abondance les peaux les plus propres à certains genres de fabrication, et que, pour en réserver l'emploi à sa propre industrie, elle les frappe de droits de sortie. En outre, quelques-uns de nos tanneurs ont appréhendé les conséquences de la levée récente de la prohibition à la sortie de nos écorces à tan. Dans cette situation, ils ont, ainsi que les fabricants de *cuirs vernis* pour chaussures et pour sellerie, et les fabricants de *maroquins*, exprimé le vœu que le droit à inscrire dans le Traité de commerce avec l'Angleterre ne fût pas abaissé au-dessous de 10 p. o/o, se montrant, d'ailleurs, disposés à y renoncer ou du moins à le voir réduire le jour où les matières premières qu'ils tirent principalement de l'Allemagne en sortiraient librement.

Il était naturel que la *ganterie*, qui a tout à gagner à l'abaissement du tarif des peaux, prît l'initiative d'une proposition plus libérale et se déclarât pour l'admission en franchise des produits similaires étrangers. Les gantiers de Paris et de Grenoble ont apprécié les avantages que leur procurait la suppression, consacrée par le Traité de 1860, des droits qui grevaient encore, dans le Royaume-Uni, leurs produits si recherchés par les consommateurs.

Les fabricants de *chaussures* se sont prononcés dans le même sens.

Tabletterie. — Carrosserie

Les renseignements communiqués au Conseil Supérieur sur les ouvrages en bois et en ivoire lui ont démontré qu'ils n'avaient pas besoin d'être protégés contre la concurrence anglaise, mais que, dans l'intérêt du Trésor, il convenait de les soumettre à un droit fiscal n'excédant pas 10 p. o/o de la valeur.

Le même droit a paru suffisant pour la *carrosserie*, bien que nos fabricants de voitures aient prétendu qu'en raison du prix plus élevé en France des matières premières, et même de la main-d'œuvre, ce qui est beaucoup plus contestable, ils avaient à redouter l'importation sur une grande échelle des voitures anglaises. Il leur a été répondu que, même en admettant leurs calculs, on devait supposer que les frais de transport, d'emballage, de commission, d'assurance, etc., dont seraient grevées les voitures importées d'Angleterre, constitueraient à eux seuls, en dehors de toute taxe, une protection très-réelle pour la carrosserie française.

Bâtiments de mer et Embarcations.

Le régime des droits applicables à l'admission en France des navires de construction étrangère touchait par plus d'un point aux intérêts de notre commerce maritime et de notre puissance navale; mais de si graves questions ne pouvaient être discutées incidemment, avec tous les développements qu'elles exigent, et le Conseil Supérieur, sans en méconnaître l'importance, s'est borné à provoquer les explications des constructeurs qui ont répondu à son appel, sur les points qui rentraient plus directement dans le programme de ses études comme dans le cercle de leur spécialité. Ce qu'il était d'abord essentiel de déterminer, c'était le prix de revient, en France et en Angleterre, des navires en bois et en fer complets et armés, ou de leur coque seulement. Tout en reconnaissant qu'ils n'étaient pas en mesure d'indiquer d'une manière précise les conditions de la construction navale dans le Royaume-Uni, et de fournir les éléments d'une comparaison exacte, la plupart des déposants ont conclu à l'établissement de droits élevés, pour sauvegarder la grande et nationale industrie qu'ils représentent. Sans être à même de prouver que le prix de la construction du navire en bois est plus élevé dans les chantiers britanniques que dans les nôtres, ils ont craint que les bâtiments construits en Amérique ou au Canada ne fussent amenés en Angleterre et frauduleusement ensuite réexpédiés en France, pour y être vendus au rabais à des armateurs qui recherchent plutôt le bon marché que la solidité et la durée de leur instrument de travail.

Ceux des industriels de nos grands ports de mer, du Havre, de Bordeaux, de Nantes, qui construisent de préférence des navires en fer ont pris pour motif et pour base du droit énergiquement protecteur qu'ils réclamaient la cherté des matériaux employés dans ces constructions, fer, tôle, cornières, etc. On a pu leur faire observer que les dégrèvements stipulés en faveur des produits métallurgiques avaient déjà réagi sur le marché français, et que l'écart qu'ils avaient signalé entre les prix courants des deux pays ne pouvait manquer de se réduire de plus en plus.

Ainsi s'est trouvée terminée, par l'information relative aux bâtiments de mer, l'Enquête générale sur les nombreuses industries comprises dans le Traité du 23 janvier. Présidée presque constamment par le Ministre de l'Agriculture, du Commerce et des Travaux Publics, elle n'a pas duré moins de quatre mois.

A la suite de l'Enquête, le Conseil Supérieur a délibéré sur les propositions formulées, dans des rapports écrits, par les Commissaires spéciaux du Gouvernement; la discussion de ces propositions a occupé dix séances. L'attention soutenue des Membres du Conseil Supérieur pendant ces longs débats, la part active qu'ils y ont prise, témoignent hautement de l'importance qu'ils attachaient à la mission que leur avait confiée l'Empereur, comme de leur profonde et sérieuse sollicitude pour les grands intérêts engagés dans la réforme de notre régime économique.

ACTES ET DOCUMENTS

RELATIFS

AU TRAITÉ DE COMMERCE AVEC L'ANGLETERRE

ET A SON EXÉCUTION.

LETTRE

DE SA MAJESTÉ L'EMPEREUR

AU MINISTRE D'ÉTAT.

Palais des Tuileries, le 5 janvier 1860.

MONSIEUR LE MINISTRE,

Malgré l'incertitude qui règne encore sur certains points de la politique étrangère, on peut prévoir avec confiance une solution pacifique. Le moment est donc venu de nous occuper des moyens d'imprimer un grand essor aux diverses branches de la richesse nationale.

Je vous adresse, dans ce but, les bases d'un programme dont plusieurs parties devront recevoir l'approbation des Chambres et sur lequel vous vous concerterez avec vos collègues, afin de préparer les mesures les plus propres à donner une vive impulsion à l'agriculture, à l'industrie et au commerce.

Depuis longtemps on proclame cette vérité qu'il faut multiplier les moyens d'échange pour rendre le commerce florissant; que sans concurrence l'industrie reste stationnaire et conserve des prix élevés qui s'opposent aux progrès de la consommation; que, sans une industrie prospère qui développe les capitaux, l'agriculture elle-même demeure dans l'enfance. Tout s'enchaîne donc dans le développement successif des éléments de la prospérité publique! Mais la question essentielle est de savoir dans quelles limites l'État doit favoriser ces divers intérêts et quel ordre de préférence il doit accorder à chacun d'eux.

Ainsi, avant de développer notre commerce étranger par l'échange des produits, il faut améliorer notre agriculture et affranchir notre industrie de toutes les entraves intérieures qui la placent dans des conditions d'infériorité. Aujourd'hui, non-seulement nos grandes exploitations sont gênées par une foule de règlements restrictifs, mais encore le bien-être de ceux qui travaillent est loin d'être arrivé au développement qu'il a atteint dans un pays voisin. Il n'y a donc qu'un système général de bonne économie politique qui puisse, en créant la richesse nationale, répandre l'aisance dans la classe ouvrière.

En ce qui touche l'agriculture, il faut la faire participer aux bienfaits des institutions de crédit, défricher les forêts situées dans les plaines et reboiser les montagnes, affecter tous les ans une somme considérable aux grands travaux de dessèchement, d'irrigation et de défrichement. Ces travaux, transformant les communaux incultes en terrains cultivés, enrichiront les communes sans appauvrir l'État, qui recouvrera ses avances par la vente d'une partie de ces terres rendues à l'agriculture.

Pour encourager la production industrielle, il faut affranchir de tout droit les matières premières indispensables à l'industrie et lui prêter exceptionnellement et à un taux modéré, comme on l'a déjà fait à l'agriculture pour le drainage, les capitaux qui l'aideront à perfectionner son matériel.

Un des plus grands services à rendre au pays est de faciliter le transport des matières de première nécessité pour l'agriculture et l'industrie; à cet effet, le Ministre des Travaux Publics fera exécuter le plus promptement possible les voies de communication, canaux, routes et chemins de fer qui auront surtout pour but d'amener la houille et les engrais sur les lieux où les besoins de la production les réclament, et il s'efforcera de réduire les tarifs, en établissant une juste concurrence entre les canaux et les chemins de fer.

L'encouragement au commerce par la multiplication des moyens d'échange viendra alors comme conséquence naturelle des mesures précédentes. L'abaissement successif de l'impôt sur les denrées de grande consommation sera donc une nécessité, ainsi que la substitution de droits protecteurs au système prohibitif qui limite nos relations commerciales.

Par ces mesures, l'agriculture trouvera l'écoulement de ses produits; l'industrie, affranchie d'entraves intérieures, aidée par le Gouvernement, stimulée par la concurrence, luttera avantageusement avec les produits étrangers, et notre commerce, au lieu de languir, prendra un nouvel essor.

Désirant avant tout que l'ordre soit maintenu dans nos finances, voici comment, sans en troubler l'équilibre, ces améliorations pourraient être obtenues :

La conclusion de la paix a permis de ne pas épuiser le montant de l'emprunt. Il reste une somme considérable disponible qui, réunie à d'autres ressources, s'élève à environ 160 millions. En demandant au Corps législatif l'autorisation d'appliquer cette somme à de grands travaux publics et en la divisant en trois annuités, on aurait environ 50 millions par an à ajouter aux sommes considérables déjà portées annuellement au budget.

Cette ressource extraordinaire nous facilitera non-seulement le prompt achèvement des chemins de fer, des canaux, des voies de navigation, des routes, des ports, mais elle nous permettra encore de relever en moins de temps nos cathédrales, nos églises, et d'encourager dignement les sciences, les lettres et les arts.

Pour compenser la perte qu'éprouvera momentanément le Trésor par la réduction des droits sur les matières premières et sur les denrées de grande consommation, notre budget offre la ressource de l'amortissement, qu'il suffit de suspendre jusqu'à ce que le revenu public, accru par l'augmentation du commerce, permette de faire fonctionner de nouveau l'amortissement.

Ainsi, en résumé :

Suppression des droits sur la laine et les cotons;

Réduction successive sur les sucres et les cafés;

Amélioration énergiquement poursuivie des voies de communication;

Réduction des droits sur les canaux, et, par suite, abaissement général des frais de transport;

Prêts à l'agriculture et à l'industrie;

Travaux considérables d'utilité publique;

Suppression des prohibitions;

Traités de commerce avec les puissances étrangères.

Telles sont les bases générales du programme sur lequel je vous prie d'attirer l'attention de vos collègues qui devront préparer sans retard les projets de lois destinés à le réaliser. Il obtiendra, j'en ai la ferme conviction, l'appui patriotique du Sénat et du Corps législatif, jaloux d'inaugurer avec moi une nouvelle ère de paix et d'en assurer les bienfaits à la France.

Sur ce, je prie Dieu qu'il vous ait en sa sainte garde.

NAPOLÉON.

RAPPORT

DE S. EXC. M. LE MINISTRE DES AFFAIRES ÉTRANGÈRES

A SA MAJESTÉ L'EMPEREUR,

SUR LA PROMULGATION

DU TRAITÉ DE COMMERCE AVEC L'ANGLETERRE.

SIRE,

Les ratifications données par Votre Majesté sur le Traité de commerce conclu et signé à Paris, le 23 janvier dernier, entre ses plénipotentiaires et ceux de Sa Majesté la Reine du Royaume-Uni de la Grande-Bretagne et d'Irlande, ont été échangées à Paris, le 4 de ce mois, contre les ratifications analogues de Sa Majesté Britannique.

Je soumets à la signature de Votre Majesté le décret destiné à autoriser, suivant l'usage, la publication et l'exécution de ce Traité : l'importance des modifications que cet acte doit apporter aux relations commerciales de la France avec l'Angleterre me détermine à proposer à l'Empereur de permettre, en même temps, la publication, sans réserve, du rapport par lequel les deux négociateurs, Son Excellence M. le Président du Conseil d'État, chargé alors par intérim du portefeuille des Affaires étrangères, et Son Excellence M. le Ministre de l'Agriculture, du Commerce et des Travaux Publics, ont rendu compte à Votre Majesté de l'exécution du mandat qu'elle avait daigné leur confier.

Je suis avec respect,

Sire,

De Votre Majesté,

Le très-humble, très-obéissant serviteur
et fidèle sujet,

THOUVENEL.

Paris, le 10 mars 1860.

RAPPORT

A SA MAJESTÉ L'EMPEREUR,

PAR LEURS EXCELLENCES

M. BAROCHE,

PRÉSIDENT DU CONSEIL D'ÉTAT,
CHARGÉ PAR INTÉRIM DU DÉPARTEMENT DES AFFAIRES ÉTRANGÈRES,

ET

M. ROUHER,

MINISTRE DE L'AGRICULTURE, DU COMMERCE ET DES TRAVAUX PUBLICS,

PLÉNIPOTENTIAIRES DE SA MAJESTÉ.

SIRE,

Nous avons l'honneur de présenter à la haute appréciation de Votre Majesté le Traité de commerce que nous avons signé, à la date d'hier, avec les plénipotentiaires de Sa Majesté la Reine du Royaume-Uni de la Grande-Bretagne et de l'Irlande.

Nous demandons à l'Empereur la permission de lui soumettre les faits qui ont précédé cette importante convention et les considérations générales qui en justifient l'économie.

NÉGOCIATIONS ANTÉRIEURES AU TRAITÉ DU 23 JANVIER 1860.

I.

A différentes époques, sous des formes alternativement officieuses ou officielles, la pensée d'unir la Grande-Bretagne à la France, par un traité de commerce, a été échangée entre les Gouvernements de ces deux grandes nations.

Le traité de navigation du 26 janvier 1826, qui a posé le principe de l'égalité de traitement entre les marines marchandes des deux puissances pour l'importation et l'exportation des produits respectifs de chaque pays, était le prélude naturel d'une négociation commerciale. Les opinions libérales en matière de douane, exprimées par plusieurs hommes d'État de la Restauration, les premiers pas faits, dès 1824, par Huskisson, dans la voie des réformes économiques, conduisaient logiquement les esprits à cette négociation.

Cependant ce fut seulement après la révolution de 1830, et dans le cours de l'année 1832, que furent agités et discutés des projets de convention destinés à développer les rapports commerciaux entre ces deux peuples, engagés autrefois dans des luttes qui ont ébranlé le monde, et rapprochés désormais par des liens d'amitié et d'intérêt.

Si les convictions économiques de plusieurs ministres du gouvernement de Juillet pouvaient donner quelque chance de succès à ces tentatives, les temps leur étaient peu favorables. L'ordre public était alors mal assuré, les agitations de la rue étaient fréquentes. Ces préoccupations intérieures détournèrent l'attention des questions internationales.

Des communications officielles ne furent échangées entre les deux Gouvernements qu'à la fin de 1839. Au nombre des propositions des commissaires anglais, inspirées, disaient-ils, par « le désir de placer le commerce de la France et de l'Angleterre sur ce pied juste et stable qui résulte de ce que chaque nation vend les marchandises qu'elle est le plus à même de produire, » la première et la plus capitale était celle-ci : Réduction des droits sur les eaux-de-vie, les vins et les soieries importés dans la Grande-Bretagne, mais à des taux infiniment supérieurs aux chiffres admis par le Traité actuel, et, en compensation, remplacement des prohibitions qui frappent les tissus de laine et de coton de toute sorte, la coutellerie et la quincaillerie, par des droits *ad valorem* de 20 p. o/o.

Les doctrines du cabinet français n'étaient pas, en 1839, aussi libérales que celles professées en 1832; l'application d'un système électoral très-restrictif, le développement du régime parlementaire avaient produit leurs fruits et préparé la subordination des intérêts généraux à des intérêts privés. Des influences redoutables s'étaient organisées contre toute modification de tarifs, elles avaient paralysé l'union douanière avec la Belgique, elles devaient paralyser tout projet d'alliance avec le Zollverein et faire peser leur domination sur le gouvernement de Juillet jusqu'à sa dernière heure. Aussi les commissaires français restreignirent-ils beaucoup le champ de la négociation; toutefois, ils n'hésitaient pas à consentir à la levée des prohibitions sur la coutellerie, les plaqués, la quincaillerie, la verrerie, la poterie et certains articles manufacturés en laine; ils proposaient de remplacer ces prohibitions par des droits variant entre 20 et 30 p. o/o de la valeur. Nos négociateurs inclinaient même à un tarif plus réduit à l'égard des fils de lin et de chanvre.

Les complications diplomatiques produites par la question d'Orient, la tiédeur que cette difficulté amena dans les relations de l'Angleterre et de la France, interrompirent les négociations. Elles furent inutilement reprises en 1843 : le traité, qui devait engager les deux nations pour douze années, ne fut pas conclu.

II.

De nouvelles communications ne devaient être échangées entre le cabinet de Saint-James et le cabinet français qu'après une nouvelle période décennale; dans le cours de ces dix années, des faits considérables, sous le rapport économique, s'accomplirent en Angleterre. Les grandes réformes douanières commencées par Huskisson, dès 1824, furent reprises en 1842 et poursuivies avec la plus infatigable énergie. Il serait peut-être utile, à titre d'enseignement, de retracer ici l'histoire des luttes, des résistances, des inquiétudes profondes soulevées par ces réformes, et, en même temps, de présenter le tableau des immenses résultats que ces changements ont produits dans le régime industriel et commercial de la Grande-Bretagne; mais, d'une part, ces faits ont acquis un haut degré de notoriété; de l'autre, nous serions appelés à marquer en même temps les différences qui existent dans les conditions industrielles des deux pays et doivent se reproduire dans leur législation. Or, un tel travail dépasserait les limites de ce rapport.

Il suffit de résumer cette œuvre de plusieurs législatures et de plusieurs années dans les propositions suivantes :

Suppression des droits sur les matières brutes et les objets de première nécessité;

Réduction des taxes sur les articles de grande consommation, combinée de manière à étendre le commerce et à profiter aux consommateurs, sans diminuer d'une manière définitive le revenu;

Entière abolition des droits sur les articles ne produisant qu'un revenu insignifiant, couvrant à peine les dépenses de perception;

Retrait des drawbacks rendus inutiles par l'entrée en franchise des matières premières;

Diminution graduelle des tarifs sur les objets manufacturés;

Enfin, abolition des droits différentiels dont n'avait plus besoin la marine britannique et qui ne servaient, dès lors, qu'à entraver le commerce, à exhausser les prix et à limiter la consommation.

L'un des derniers actes de cette réforme, le bill qui, en 1849, prononça le rappel de l'acte de navigation de Cromwell, motiva la reprise des négociations entre la France et l'Angleterre.

Ce bill conférait au gouvernement britannique la faculté de prendre des mesures de représailles contre les nations qui refuseraient à la marine anglaise la réciprocité du traitement que la nouvelle législation conférait à toutes les marines étrangères. Le cabinet anglais insista pour qu'il fût fait des adoucissements identiques dans nos lois de navigation. Mais une question préjudicielle d'interprétation et d'application des règles de réciprocité posées par le traité du 26 janvier 1826 occupa les deux chancelleries jusqu'en 1852. A cette époque, la pensée du développement des stipulations du traité de 1826 fut abandonnée, et le désir de voir se multiplier nos relations commerciales fut de nouveau manifesté par les deux cabinets.

III.

Le mémorandum adressé, le 24 septembre 1852, par lord Cowley, au ministre des affaires étrangères, posait le projet de négociation sur les bases les plus larges; « le traité à intervenir devait régler toutes les questions commerciales d'après les principes d'une juste et libérale réciprocité, et les remaniements du tarif français devaient être assez complets pour donner une vive impulsion aux échanges entre les deux pays. »

Le ministre du commerce, auquel ce mémorandum fut communiqué, formula son opinion dans une dépêche remarquable sous la date du 17 novembre 1852. Il souscrivait à des réductions sérieuses de droits sur de nombreux articles, en réclamait de non moins importantes dans le tarif anglais, et indiquait, en terminant, que les relations commerciales des deux pays seraient appelées à profiter bientôt de la levée des prohibitions et d'autres modifications considérables formulées dans un projet de loi, soumis alors à l'examen du Conseil d'État.

La révision spontanée faite, en 1853, par le parlement britannique des droits qui grevaient quelques-uns des principaux articles de notre industrie, et surtout nos produits agricoles, dont l'exportation est une si puissante source de richesse pour nos provinces de Bretagne et de Normandie; la reprise de nos conférences commerciales avec la Belgique, bientôt suivies de la signature d'un traité avec cette puissance; enfin la détermination prise par le Gouvernement français, sous l'influence de considérations politiques, d'ajourner la levée des prohibitions, interrompirent naturellement le cours de cette négociation.

IV.

Ces efforts réitérés, depuis trente ans, pour accroître les relations entre les deux plus grandes puissances industrielles du monde étaient l'expression d'une nécessité pour ainsi dire impérieuse. Des timidités, des indifférences, des incidents imprévus, pouvaient bien faire ajourner la solution; mais chaque jour écoulé la rendait plus inévitable, et les réformes économiques opérées par toutes les autres nations lui imprimaient même un caractère d'urgence.

Une circonstance particulière est venue donner à ces relations, tour à tour reprises et abandonnées, l'activité la plus sérieuse. Certaines annuités de la dette anglaise, s'élevant à 53,650,000 francs, prennent fin en 1860. L'extinction de cette charge rend possibles de fortes réductions sur certains articles du tarif britannique. Des communications officieuses nous ayant permis de penser que ces réductions pouvaient profiter principalement aux produits français, Votre Majesté a autorisé, dès le mois de novembre dernier, les ministres compétents à négocier les bases d'un traité de commerce avec les plénipotentiaires de la Grande-Bretagne.

En donnant cette autorisation, l'Empereur a nettement déterminé le caractère et le but de cette négociation : l'unique préoccupation des représentants de la France devait être l'étude loyale, consciencieuse, approfondie, des intérêts industriels, commerciaux et de consommation de ce pays. Aucune considération politique d'un ordre accidentel, temporaire, ou même permanent, ne devait se mêler à notre examen ou exercer une influence sur nos appréciations. Que l'amélioration des relations commerciales ait pour corollaire le développement des liens d'amitié entre les peuples, c'est là un grand bienfait pour la civilisation. Votre Majesté, qui a toujours montré une si ferme volonté de maintenir intacte l'alliance anglaise, à travers tant de difficultés et de défiances, n'était certes pas indifférente à cette nouvelle garantie donnée à la paix du monde. Mais elle a compris, dès le premier jour de la négociation, que ce puissant élément de sécurité ne serait plus qu'éphémère et ne tarderait pas à dégénérer en une cause dissolvante, si un intérêt industriel ou commercial pouvait être sacrifié en compensation d'un intérêt politique.

C'est à ce point de vue large, élevé, national, que nous avons dû poursuivre la conclusion du Traité signé le 23 janvier, et que nous sommes appelés aujourd'hui à en exposer les stipulations. Nous croyons d'ailleurs inutile de retracer l'histoire des négociations qui ont préparé cette convention, et qui ont restreint ou développé, suivant les appréciations respectives, les propositions originairement échangées.

TARIF BRITANNIQUE.

I.

Les réductions de droits spontanément opérées par la législation anglaise limitent, sans doute, le nombre des avantages conventionnels qui peuvent être stipulés en faveur de l'industrie française. Cependant le tarif anglais présente encore des taxes assez nombreuses et parfois assez élevées sur les objets manufacturés et sur certains produits naturels. Quelques parties de ce tarif forment même, par leurs dispositions peu libérales, un contraste fâcheux avec l'ensemble de cette législation douanière. La négociation avec la Grande-Bretagne a embrassé presque tous ces articles. Le Traité s'occupe successivement :

1° De tous les objets manufacturés comprenant les articles de Paris, la bijouterie, l'orfévrerie, les modes, la ganterie, les fleurs artificielles, etc., etc.

2° Les tissus de soie de toute nature ;

3° Les vins ;

4° Les eaux-de-vie.

L'examen rapide du régime économique auquel sont actuellement soumis les principaux articles compris sous les quatre classifications qui précèdent, la vérification, à l'égard de chacune d'elles, de l'importance de nos exportations en Angleterre, peuvent seuls faire apprécier la portée des stipulations intervenues et démontrer la légitimité de nos espérances dans l'avenir.

II.

Notre commerce spécial d'exportation en Angleterre s'est élevé, pour l'année 1858 (valeurs actuelles), à la somme de 426 millions. Les produits naturels représentent 206 millions, et les objets manufacturés 220 millions. Ce dernier chiffre comprend : 1° les articles d'orfèvrerie et de bijouterie actuellement grevés d'un droit *ad valorem* de 10 p. o/o, pour 6 millions; 2° les ouvrages en peau, grevés de droits compliqués qui varient de 1 à 10 p. o/o, pour 32 millions, y compris les peaux préparées, qui sont exemptes de droit; 3° les ouvrages en bronze ou en imitation de bronze, assujettis à une taxe de 24 fr. 60 cent. par 100 kilogrammes, pour 4 millions; 4° les modes et les fleurs artificielles, frappées d'un droit de 50 fr. 40 cent. par mètre cube à l'emballage, et les plumes de parure apprêtées, tarifées à 8 fr. 27 cent. le kilogramme, pour 3,500,000 francs; 5° une série d'autres articles tels que l'horlogerie, la tabletterie, la parfumerie, les gants, les nombreux articles de l'industrie parisienne, admis jusqu'à ce jour à des droits moyens qui varient de 5 à 10 p. o/o, pour une somme non inférieure à 15 ou 18 millions.

Or, tous ces objets manufacturés, qui représentent dans le mouvement de notre exportation pour la Grande-Bretagne au moins 60 millions, seront admis, à partir du 1er avril prochain, à des droits inférieurs de moitié à ceux actuels. Dans deux ans, au plus tard, ces articles seront importés en franchise absolue, exempts de toute perception fiscale et de toutes formalités douanières toujours dispendieuses, sauf toutefois l'orfèvrerie, qui payera un droit représentatif du droit de marque auquel est assujettie l'orfèvrerie anglaise.

Ainsi notre bijouterie, si recherchée pour l'élégance de ses formes et la délicatesse de son travail, pourra faire une redoutable concurrence aux ouvrages moins élégants, moins habilement montés, qui sortent des mains des joailliers anglais. Les bronzes que l'habileté de nos fabricants transforme en objets d'art, les articles d'ornement en fer et en acier, la bimbeloterie, la tabletterie, la maroquinerie, les modes, en un mot toutes les nouveautés qu'enfante la fantaisie parisienne et dont les grandes Expositions de 1851 et de 1855 n'ont fait qu'accroître la vogue en Angleterre, seront, à une époque prochaine, rayés de la liste des produits imposés.

De telles dispositions seront nécessairement populaires; l'industrie de Paris, qui emploie 15,000 à 16,000 ouvrières à la fabrication des fleurs artificielles et des objets de mode ou à la préparation des plumes de parure, qui utilise 40,000 ouvriers à la confection d'objets d'une variété infinie et d'un goût inimitable; la ganterie du département de l'Isère, qui a étendu ses relations bien au delà de nos frontières, trouveront dans ces débouchés sans entraves de nouveaux éléments de travail et de richesse et donneront un nouvel essor à nos relations internationales.

III.

Les articles que nous venons d'énumérer ne représentent pas, à l'égard des objets manufacturés, l'élément principal du Traité intervenu avec la Grande-Bretagne.

Les droits fixés par les tarifs anglais sur les soieries varient de 5 à 15 p. o/o. Ils ont produit, en 1857, au trésor britannique un revenu de 6,275,000 francs.

Nos exportations en Angleterre, pour cet article seul, se sont élevées, en 1858, à la somme considérable de 104 millions de francs.

Lors des négociations de 1853, nous avions demandé et nous n'espérions pas obtenir la réduction des droits sur les soieries au taux maximum de 10 p. o/o *ad valorem*. Sous l'impression des longues luttes soutenues par cette spécialité de l'industrie anglaise, tantôt pour résister à la levée de la prohibition, tantôt pour éviter des abaissements de tarifs, nous comprenions tout ce que pouvait avoir de redoutable la concurrence, sans protection, avec notre magnifique industrie de Lyon et de Saint-Étienne, dont le monde civilisé admire les produits.

Le Traité stipule l'admission, en franchise absolue, de tous les tissus de soie. Le cabinet de Saint-James n'aura pas, pour cette concession, à apaiser les inquiétudes ou à combattre les réclamations des fabricants de soieries. Ceux de Manchester ont constaté, depuis longtemps, qu'à chaque abaissement de tarif et à chaque effort nouveau exigé de leur énergie, leur fabrication a augmenté, et leur commerce intérieur et extérieur s'est développé. Aussi demandaient-ils à une date récente au parlement anglais l'admission en franchise de tous les tissus de soie de fabrique étrangère; l'existence de ces droits n'était à leurs yeux qu'une accusation permanente d'infériorité et une cause de dépréciation de leurs produits sur les marchés étrangers.

Combien ce désir de lutte est éloigné des défiances inquiètes de quelques industriels français, défiances augmentées par les doctrines excessives dont ils ont été nourris pendant quarante ans! Quoi qu'il en soit, la rare perfection des produits de cette branche industrielle, qui a grandi à l'abri d'un régime libéral et qui est l'une de nos gloires, nous assure les plus précieux débouchés sur un marché que sa richesse rend accessible à tous les articles de luxe.

IV.

L'exportation de nos produits naturels obtient du Traité du 23 janvier des avantages non moins considérables. Le droit à l'importation des vins en Angleterre est encore aujourd'hui de 151 fr. 33 cent. par hectolitre, c'est-à-dire d'environ 300 p. 0/0 de la valeur moyenne du vin en France.

Aussi nos exportations n'ont-elles pour objet que des vins de qualité supérieure et ne font-elles que des progrès insensibles, si même elles ne restent stationnaires. De 1827 à 1858, elles se sont élevées du chiffre de 29,000 à celui de 44,000 hectolitres, et représentent une valeur actuelle de 15 millions. Nous fournissons à la Grande-Bretagne environ un sixième de sa consommation, qui a été, en 1858, de 271,000 hectolitres[1].

L'administration financière de l'Angleterre s'était constamment refusée à provoquer la réduction du droit sur les vins, moins dans une pensée de protection pour les brasseries et les distilleries indigènes, que dans un but fiscal. Elle considérait le vin comme un objet de luxe exclusivement réservé aux classes riches, et croyait qu'un abaissement du tarif ne déterminerait qu'une augmentation peu sensible pour la consommation, et dès lors une perte sèche pour l'Échiquier.

Ce qui pouvait être exact pour une réduction insignifiante ne l'était pas pour un dégrèvement considérable. Aussi demandions-nous, dès 1853, que le droit fût réduit des quatre cinquièmes, c'est-à-dire fixé à 1 shilling ou 28 francs par hectolitre. Cette combinaison est acceptée aujourd'hui par les plénipotentiaires de la Grande-Bretagne.

De 5 shillings par gallon la taxe est immédiatement réduite à 3. Dans quatorze mois, le droit sera réduit à 1 shilling pour les vins contenant moins de 15 p. 0/0 à l'épreuve. Ce droit constitue la taxe normale pour les vins français. S'il s'élève par une gradation modérée jusqu'à 2 shillings, proportionnellement à la quantité de spiritueux contenue dans le vin, cette gradation a pour seul but d'éviter au trésor britannique les conséquences de l'importation des vins fortement alcoolisés, dont la distillation pourrait faciliter une fraude au droit de douane ou d'accise sur les eaux-de-vie.

Une si large réduction dépassera certainement les espérances de

[1] Il convient de remarquer que l'année 1858 a vu décroître dans une forte proportion l'importation du vin en Angleterre. Le chiffre, en 1857, avait été de 487,000 hectolitres.

nos contrées viticoles; elle était nécessaire pour opérer une révolution dans les habitudes du public anglais et populariser l'usage des vins de France dans le Royaume-Uni..

Depuis longues années, le vin, cette boisson que son abondance et son prix mettent à la portée de presque tous en France, est exclusivement accessible aux classes riches en Angleterre; les autres sont obligées de s'en abstenir à raison de l'élévation des prix. Les raisonnements n'ont pas fait défaut pour justifier cette injuste exclusion. La population anglaise n'a pas le goût du vin, a-t-on dit, elle lui préfère les boissons chaudes, la bière et même toutes les liqueurs connues sous le nom de *british wine* ou *fruit wine*, et que l'on obtient par la fermentation de grains ou de fruits avariés.

De telles objections ne résistent pas à l'examen. Comment le peuple anglais aurait-il manifesté ses sentiments de préférence, puisque l'élévation du droit fiscal ne lui permettait pas de faire de comparaison? Comment peut-on supposer que, ramenées par la libéralité du nouveau tarif à des prix souvent inférieurs à ceux des boissons frelatées, les boissons naturelles ne seront pas reconnues meilleures au goût et plus avantageuses à la santé? Évidemment le régime économique a été la cause directe et absolue qui a circonscrit et contenu dans les proportions les plus minimes la consommation du vin dans le Royaume-Uni.

Il suffit, pour s'en convaincre, de vérifier quelle est, par tête et par an, la consommation du vin dans les principaux États de l'Europe.

En voici le tableau :

Autriche	57 litres.
Espagne	33
Portugal	100
Suisse	56
France	100
Angleterre	1 litre 13 cent.

N'est-il pas évident qu'une énorme réduction du prix doit faire pénétrer progressivement l'usage de nos vins dans des classes de consommateurs qui, aujourd'hui, ignorent presque entièrement le goût et la qualité de nos produits? Notre sol a été si richement doté par la nature, qu'il peut fournir des vins pour toutes les fortunes et pour tous les climats.

La puissance productive de ceux de nos départements qui cultivent la vigne est, d'ailleurs, assez grande pour satisfaire aux exigences d'une consommation croissante.

Cette stipulation du Traité est donc un grand fait économique, qui peut exercer l'action la plus sérieuse sur la richesse agricole de la France. Elle se combine, d'ailleurs, avec une autre non moins efficace et non moins féconde, la clause relative à l'exportation des eaux-de-vie de France.

V.

La consommation des spiritueux a été dans le Royaume-Uni, pendant la période quinquennale de 1854 à 1858, de 143,123,000 gallons, soit 6,498,000 hectolitres.

Les spiritueux étrangers ne figurent dans ces chiffres que pour la modique quantité de 8,902,000 gallons ou 404,000 hectolitres. La consommation des spiritueux est d'ailleurs progressive dans la Grande-Bretagne. Elle s'est élevée à 1,283,000 hectolitres en 1858, et la France a importé, pendant cette année, 47,387 hectolitres, représentant une valeur de près de 17 millions de francs.

Ce chiffre si faible paraîtra encore considérable si on se rappelle les conditions si différentes que fait la législation de la Grande-Bretagne aux spiritueux de fabrication nationale et aux spiritueux étrangers. Le droit qui grève ces derniers est de 15 shillings par gallon ou 412 fr. 72 cent. par hectolitre. Il était, il y a peu d'années, de 619 francs par hectolitre, et, depuis ce premier dégrèvement, notre importation en eau-de-vie a augmenté de 50 p. o/o.

Le droit d'accise sur les spiritueux de fabrication nationale est de 8 shillings seulement par gallon, soit 218 fr. 10 cent. par hectolitre.

Or, le nouveau régime placera nos importateurs dans des conditions de rigoureuse égalité avec les distillateurs anglais.

Le droit de douane inscrit au tarif britannique ne sera plus un droit de protection, mais un simple impôt de consommation, égal à celui perçu sur les produits indigènes.

La surtaxe de 2 pence ou 20 centimes par gallon n'est rien autre chose que la représentation d'une charge imposée aux producteurs indigènes par le mode de perception de l'accise [1].

[1] L'article 7 du Traité avait posé le principe que les droits à l'importation *pourraient être augmentés des sommes qui représenteraient les frais occasionnés aux producteurs britanniques par le système de l'accise.* Ces frais avaient été évalués par l'article 8 à 2 pence par gallon d'eau-de-vie. Un examen plus approfondi a fait reconnaître qu'ils devaient être fixés à 5 pence, et a motivé l'article additionnel au traité, intervenu le 25 février dernier. D'un autre côté, en vertu des résolutions adoptées par le parlement britannique, l'échelle qui fixe la quotité des droits à l'importation des vins de France a été améliorée

Nous sommes convaincus, Sire, que ces conditions nouvelles et libérales ouvrent les plus larges débouchés à nos spiritueux des Charentes et du Midi.

Nos espérances ne reposent pas sur les mêmes considérations que celles que nous invoquions à l'égard des vins. Il ne s'agit pas de modifier des goûts et des habitudes anciens, de provoquer, par des abaissements considérables de prix, le développement d'une consommation restreinte jusqu'à ce jour. Il s'agit seulement de faire entrer les produits français en sérieuse concurrence avec les produits similaires de la Grande-Bretagne. Une expérience prochaine fera connaître dans quelle proportion la production française pourra contribuer à l'approvisionnement de ce marché nouveau; mais y aurait-il quelque illusion à espérer que les eaux-de-vie de vin se substitueront, dans une large mesure, au gin, au wiski et à toutes les liqueurs qui s'obtiennent par la distillation des grains?

VI.

L'ensemble de ces dispositions sera le point de départ de relations commerciales plus vives et plus fécondes entre les deux pays. Le passé est ici une garantie de l'avenir. Depuis que la Grande-Bretagne a commencé ses réformes douanières sur les objets manufacturés, c'est-à-dire depuis 1825, le mouvement de nos exportations en Angleterre des articles de cette nature s'est accru de 24 à 220 millions ou de 900 p. o/o, et certes nul n'alléguera que la prospérité du Royaume-Uni ait eu à souffrir de ce développement progressif de nos exportations : tant il est vrai que cette vaste circulation, qui s'effectue à travers les mille canaux du commerce et de l'industrie, dément toujours d'égoïstes alarmes et répand partout la richesse et la fertilité!

Les admissions en franchise et les réductions proposées par le Traité touchent à une masse d'articles représentant 240 millions dans les 426 qui constituent, pour 1858, le chiffre de nos exportations dans la Grande-Bretagne. Pourquoi la loi de progression que nous venons de rappeler ne réglerait-elle pas nos relations ultérieures avec cette nation? Comment pourrions-nous douter de ce que la logique et l'expérience enseignent et consacrent?

en ce sens que le droit de 1 shilling s'appliquera, non plus aux vins contenant moins de 15 p. o/o à l'épreuve, mais aux vins contenant moins de 18 p. o/o. En outre, les droits à l'importation sur les papiers de tenture et sur le carton disparaîtront par suite de la suppression du droit d'accise sur ces produits.

TARIF FRANÇAIS.

I.

Nous abordons, Sire, les modifications apportées au tarif français. Elles peuvent se résumer ainsi :

1° Levée des prohibitions;

2° Remplacement de ces prohibitions par des droits qui ne pourront excéder, en aucun cas, 30 p. o/o de la valeur pendant la première période du Traité, et 25 p. o/o pendant la seconde, qui commence le 1er octobre 1864;

3° Remaniement des tarifs grevant certains articles non prohibés, et dont la plupart n'atteignent pas aujourd'hui la limite maximum que nous venons d'indiquer;

4° Diminution des droits sur la houille et le coke;

5° Réduction des droits actuels sur les fontes, les fers et les aciers.

II.

Presque inconnues dans le célèbre tarif de 1664, préparé par Colbert, édictées par la loi de brumaire an v comme une mesure temporaire que le retour de la paix devait faire disparaître, les prohibitions ont été condamnées par tous les gouvernements qui, depuis plus de trente ans, se sont succédé en France. Bien que les efforts faits en 1816, en 1834, en 1846, en 1852 et en 1856, pour affranchir notre commerce de cette législation enfantée par les malheurs de la guerre, aient été stériles, cette conviction soutenue, persistante, de pouvoirs d'origines diverses, doit produire une impression sérieuse sur les esprits sincères et consciencieux. C'est qu'en effet, placés par les correspondances des agents consulaires au milieu de ce grand mouvement de relations commerciales qui constituent la vie, la richesse, la civilisation des peuples, mouvement qui ne représente pas aujourd'hui une circulation annuelle inférieure à 20 milliards; désintéressés de tout calcul privé ou égoïste, ou plutôt uniquement préoccupés du développement des richesses de leur pays et du bien-être des populations, les gouvernements sont en position de juger avec impartialité ces graves questions économiques et de leur donner les solutions les plus favorables aux intérêts publics.

Quelle que soit la valeur de ces considérations, nous n'hésitons pas à dire que la levée des prohibitions douanières est justifiée à la fois :

Par les principes;

Par les faits relatifs à l'industrie française;

Par ceux que nous révèlent les industries étrangères.

III.

Les principes, Votre Majesté les a proclamés avec l'autorité qui appartient à un grand souverain : « Il faut multiplier les moyens d'échange pour rendre le commerce florissant; sans concurrence, l'industrie reste stationnaire et conserve des prix élevés qui s'opposent aux progrès de la consommation. » Or, les prohibitions, que sont-elles, si ce n'est la paralysie de tout mouvement commercial de l'extérieur à l'intérieur et l'affaiblissement de la concurrence qui, dans cette double manifestation de la vie commerciale des peuples, *l'importation et l'exportation*, n'est vraie, complète, sincère, qu'à la condition d'être internationale?

A l'égard des objets manufacturés, quels sont donc les moyens d'échange que notre législation douanière laisse vis-à-vis de nous à la Grande-Bretagne? Quelle est l'intensité, de la part de l'Angleterre, de cette concurrence destinée à maintenir la modération des prix et à empêcher leur élévation factice ou accidentelle? Nos états de douanes indiquent, pour 1858, une importation en France par l'Angleterre d'articles fabriqués représentant une valeur de 18 millions et demi répartis sur un grand nombre de produits, tandis que les exportations de la France pour la Grande-Bretagne, pendant la même année, s'élèvent, en objets manufacturés, à 220 millions. Ainsi l'Angleterre envoie à la France une valeur, en articles fabriqués, douze fois moindre que celle qu'elle lui achète. Est-ce là une base sérieuse à des relations commerciales entre deux grands peuples? Peut-on attribuer à cette importation restreinte, qui représente à peine la soixantième partie, non de notre production manufacturière intérieure, mais de nos exportations en objets manufacturés; peut-on, disons-nous, lui attribuer ou lui reconnaître l'efficacité nécessaire pour aiguillonner l'industrie nationale, pour la décider à abandonner son outillage arriéré, à employer ces machines perfectionnées qui ménagent les forces humaines et semblent avoir conservé dans leur merveilleux organisme une partie du génie de celui qui les inventa? Peut-on atteindre ce but que Votre Majesté poursuit au profit du grand nombre, le *bon marché* des choses nécessaires à l'habitation, à l'habillement de l'agriculteur, de l'artisan, de l'ouvrier?

Et cependant les prohibitions, les tarifs assez élevés pour devenir prohibitifs, ne constituent qu'une charge ou qu'un impôt grevant la masse des consommateurs, non au profit de l'État, mais au profit des manufactures. Ils ne se justifient que comme une transaction temporaire qui impose à tous des sacrifices exceptionnels, en échange de l'espérance légitime et certaine d'un abaissement graduel dans les prix de consommation. Que si la transaction, par son défaut d'équilibre et de mesure, favorise les hausses de prix, vient en aide à certaines inerties et conduit à cet étrange résultat, que la marchandise fabriquée à l'intérieur est payée plus cher par le régnicole que par l'étranger chez lequel elle est exportée, les règles les plus élémentaires de justice et de haute équité ne sont-elles pas violées?

Or, qui ignore que l'industrie française a été conduite, par les exagérations du régime économique qu'on défend en son nom, à vendre en France ses produits à un prix beaucoup plus élevé que celui auquel elle les vend sur les marchés étrangers? Lorsqu'une législation conduit à des conséquences aussi préjudiciables à la consommation indigène, la réforme n'est pas seulement utile, elle est inévitable.

IV.

Aussi bien, ceux-là même qui ont apporté dans l'examen de ces problèmes économiques l'esprit le plus sympathique au maintien du système actuel ne disaient-ils pas, dès 1834, que « l'emploi du tarif, bon *temporairement*, doit finir quand l'éducation de l'industrie est finie, quand elle est adulte...; que toute industrie qui a atteint sa croissance doit cesser d'être protégée...? »

Or, ramenée à ces termes, la question n'est plus qu'une question de fait qui se pose ainsi : Le degré de virilité auquel est parvenue l'industrie française autorise-t-il et la levée des prohibitions et leur remplacement par des tarifs modérés?

Interrogeons les faits, non ceux relatifs au commerce intérieur, puisque la lutte avec les produits étrangers n'est pas encore établie, mais ceux relatifs à notre commerce extérieur que ne règle ni ne protége notre législation douanière.

La totalité de nos exportations pour 1858 s'est élevée, au commerce spécial, à 1,887 millions (valeurs actuelles).

Quelle est, dans cet ensemble de nos opérations commerciales, l'importance de nos exportations d'articles dont les similaires sont prohibés en France?

En voici le tableau :

Tissus	de laine	151,400,000f
	de coton[1]	67,500,000
	de soie[2]	8,500,000
	de poil et de crin	300,000
Fils de laine et de coton		6,400,000
Linge et habillement		46,800,000
Peaux préparées et ouvrées		70,500,000
Sucre raffiné		49,800,000
Ouvrages en métaux		34,000,000
Poterie et verrerie		7,100,000
Médicaments composés		9,200,000
Produits chimiques		8,600,000
Garancine		9,000,000
Savon		7,300,000
Coutellerie		2,500,000
Tabletterie		2,700,000
Plaqués		400,000
Voitures		2,400,000
Total		484,400,000[3]

[1] L'exportation pour l'Algérie et pour nos colonies figure pour 21 millions dans ce chiffre de 67 millions.

[2] On sait que nous exportons pour bien plus de 8 millions et demi de soieries (pour 379 millions en 1858); mais il est entendu qu'on ne fait figurer ici que les valeurs applicables aux spécialités de l'article dont nous prohibons les similaires. Cette observation concerne également la plupart des autres marchandises.

[3] Si l'on étudie nos exportations en Angleterre d'articles dont nous prohibons les similaires en France, la démonstration n'est ni moins nette, ni moins rassurante; nous donnons la nomenclature des principaux articles :

Tissus	de laine	26,700,000f
	de coton	4,200,000
	de soie (tulle)	500,000
Fils de laine et de coton		400,000
Linge et habillement		3,500,000
Peaux préparées et ouvrées		20,200,000
Sucre raffiné		3,600,000
Ouvrages en métaux		2,600,000
Poteries et verreries		600,000
Garancine		2,000,000
Savon		300,000
Produits chimiques		500,000
Médicaments composés		500,000
Tabletterie		400,000
Total		66,000,000

Ainsi, les articles dont nous prohibons les similaires en France représentent plus du quart de nos exportations totales. N'y a-t-il pas, aux yeux des hommes sincères et que ne séduisent pas de vains sophismes, un signe de virilité et de force dans ces ventes considérables faites par nos industriels sur les marchés étrangers, en pleine et libre concurrence avec tous les produits industriels des autres nations, faites souvent même en concurrence avec les produits protégés de la nation chez laquelle ils importent, malgré des frais toujours élevés de transport et les risques d'un crédit commercial difficile à vérifier? Quelle contradiction plus flagrante peut se produire entre les réalités de l'industrie et la législation qui la régit? Comment la concurrence internationale, modérée par des tarifs, pourrait-elle être désastreuse sur le marché français pour nos industriels, lorsque ceux-ci affrontent sans péril et avec avantage la concurrence libre sur des marchés étrangers?

V.

Nous avons dit que la situation des autres puissances apportait un nouvel et précieux élément à l'appui de nos convictions. Et, en effet, les autres nations, bien moins avancées que nous dans toutes les branches d'industrie et de commerce, ont réformé courageusement, et depuis plusieurs années, leur régime économique, et toutes ont vu grandir, à chaque réforme, leur industrie nationale et leurs relations commerciales avec les autres peuples. Pour toutes, l'expérience a donné un éclat nouveau à cette vérité, qu'au-dessus de la concurrence intérieure dont nous ne dénions ni les grands résultats ni les bienfaits, la concurrence internationale révèle des forces, met en mouvement des intelligences et des activités qui, sans elle, seraient restées inertes, impuissantes, ignorées de ceux-là même qui sont appelés à en enrichir le pays.

VI.

Nous avons examiné la levée des prohibitions au point de vue exclusif de l'industrie. Elle intéresse cependant aussi la moralité publique. Nous nous contenterons d'indiquer ce côté de la question en rappelant les paroles prononcées, il y a vingt-cinq ans, par un homme d'État à la tribune française : « Supprimer les prohibitions, disait-il, c'est remplacer une importation frauduleuse et stérile par une importation loyale et productive. Il y a là profit pour tout le monde : pour l'État, qui recueille le produit des droits; pour le commerce, qui n'est plus tenté d'employer les voies illicites; pour la morale publique, qui souffre toujours de cette provocation continuelle que des lois trop rigoureuses adressent à la fraude. »

Lorsque ces paroles étaient prononcées, la thèse se présentait dépouillée de tout ménagement, de toute compensation. Aujourd'hui elle est solidaire de ce grand ensemble de mesures dont Votre Majesté a posé les bases, et qui, toutes, doivent ouvrir des sources nouvelles de prospérité à l'agriculture, au commerce et à l'industrie. La levée des prohibitions est compensée, pour ainsi dire, par les sacrifices que s'impose le Trésor public de tous les droits sur les matières premières, et par une concurrence plus énergique établie sur le prix des houilles; par l'abaissement graduel du prix des denrées de grande consommation, et par l'exécution de ces grands travaux publics destinés à rendre plus facile et moins coûteuse la circulation des matières qu'emploie l'industrie comme des articles qu'elle produit, travaux qui auront pour résultat de développer l'activité et de vivifier la richesse dans tous nos centres manufacturiers.

VII.

Si nous cédions à nos impressions personnelles, peut-être ne pousserions-nous pas plus loin l'examen de cette théorie des prohibitions, qui ne compte plus, il faut bien le reconnaître, que de rares défenseurs dans le pays; cependant, comme Votre Majesté a reçu de la Constitution la prérogative souveraine de donner force de loi aux Traités de commerce qu'elle revêt de sa ratification, nous éprouvons quelques scrupules à laisser sans réponse certaines objections soulevées au nom des partisans du maintien des prohibitions.

Ces objections se résument dans trois principales :

1° Inoffensive pendant les temps normaux, la levée des prohibitions exposera l'industrie française, au moment des crises commerciales, à une véritable invasion des produits britanniques. Cette invasion amènera d'irréparables désastres pour les chefs d'industrie et pour les classes ouvrières, dont le bien-être est solidaire de celui de l'industrie elle-même. A l'appui de ces appréhensions, on évoque le souvenir du traité de 1786 et des funestes conséquences qu'il aurait eues pour l'industrie française.

2° Les prohibitions ne pourraient être remplacées que par des tarifs élevés; or, des droits considérables sont un encouragement à la contrebande. Sans doute, la prohibition ne paralyse pas ce commerce interlope, mais le droit de perquisition qui fait partie de ce système a une double valeur, comminatoire et effective.

3° Ces tarifs, d'ailleurs, ne seront-ils pas exposés à une instabilité inquiétante pour les capitaux, décourageante pour les entreprises industrielles? Un simple décret ne pourra-t-il pas en venir troubler l'économie de la manière la plus imprévue et la plus funeste?

VIII.

Les réponses nous semblent faciles:

Si la France était la première à entrer dans cette voie des réformes, la logique des raisonnements pourrait laisser quelque incertitude dans les esprits; mais nous avons été devancés dans la carrière par presque toutes les autres nations. Les mêmes préoccupations se sont produites, les mêmes craintes ont été manifestées; les industries ont prédit leur ruine et ont abrité leurs intérêts derrière ces sympathies si profondes et si légitimes que doit exciter le sort des populations laborieuses. Quels ont été les enseignements de l'expérience et du temps? Si le péril signalé eût été sérieux, il aurait dû se réaliser déjà plusieurs fois sur les marchés ouverts à l'importation des marchandises britanniques, et se manifester avec une intensité d'autant plus grande que le nombre de ces marchés était plus restreint. Or, qu'on interroge, non pas quelques faits accidentels bruyamment exploités ou certaines opérations insignifiantes et dues à des circonstances particulières, mais l'ensemble des mouvements commerciaux. Qu'on étudie les états de la douane anglaise, notamment pendant la longue crise commerciale qui s'est manifestée en 1857; on verra combien a été considérable l'abaissement des exportations britanniques comparativement aux temps normaux.

En France, si restrictif que soit notre système économique, tous les objets manufacturés ne sont pas placés sous le régime de la prohibition. Les époques de malaise commercial ont-elles donné à l'importation des marchandises non prohibées un développement exceptionnel et ruineux? Qu'on parcoure les volumineux documents de nos douanes; qu'on se livre à de patientes investigations des chiffres que ces documents contiennent, et qui ne sont rien autre chose que l'histoire de nos relations internationales; leur examen démontrera bien vite l'inanité de ces alarmes.

Rappelons d'autres faits:

Lorsque, malgré d'ardentes résistances, la législature française levait la prohibition sur les fils du coton du n° 143 métrique et au-dessus, l'industrie de la filature ne devait-elle pas être ruinée par cette imprudente innovation qui allait permettre à l'industrie anglaise des importations en masse à des prix désastreux pour une loyale concurrence ?

Les colonnes du *Moniteur* ont enregistré ces inquiétudes et ces fâcheuses prédictions : le temps a prononcé ; ces pronostics funestes se sont-ils réalisés ? Qu'on nous cite les dates, les époques de ces invasions. La vérité est qu'après une importation modérée de fils anglais pendant deux ou trois ans, la fabrication nationale est restée maîtresse du marché intérieur et n'a été troublée, à aucune époque, dans la quiétude de sa possession.

Les mêmes appréhensions n'étaient-elles pas formulées encore lors de la discussion de la loi relative au régime économique de l'Algérie ? Cette législation a repoussé la théorie des prohibitions. Les manufacturiers français déclaraient perdu pour eux le marché de notre possession africaine. Toutes ces assertions ont été démenties et renversées par les faits. Notre industrie fournit seule à l'Afrique française les tissus de coton qu'elle consomme ; à peine nos états de douane constatent-ils quelques rares importations étrangères.

C'est qu'en effet, pour peu qu'on y réfléchisse, la raison de ces résultats commerciaux apparaît avec une souveraine évidence. L'avilissement de la marchandise n'est dû qu'à la rareté de la demande. Peu importe que les vendeurs soient nombreux si les acheteurs sont rares. Or, dans les temps de crise, il n'y a pas d'acheteurs. La défiance est un mal contagieux, comme la confiance est un bien qui se communique. Lorsque ces crises, pour ainsi dire périodiques, et dont les causes générales sont si nombreuses et souvent si diverses, viennent atteindre et suspendre la vitalité commerciale des peuples, l'argent se refuse, la consommation intérieure se resserre, et l'exportation devient languissante.

Nous ne voulons pas réveiller ici les controverses soulevées par le traité du 26 septembre 1786. Qu'il nous suffise de dire que cette comparaison méconnaît les temps, les conditions et les faits. La nation française était, à cette époque, voisine de ces grandes épreuves politiques et sociales qui devaient amonceler tant de ruines ; les premiers ébranlements de cette commotion se faisaient sentir dans toutes les parties de l'édifice. Le pouvoir luttait impuissant contre le désordre des finances de l'État, et ce désordre affectait profondément la richesse publique.

Les tarifs réciproquement acceptés variaient entre 10 et 12 p. o/o de la valeur pour toutes les marchandises, sans distinction aucune, et pendant la durée, d'ailleurs si éphémère, de cette convention, l'organisation défectueuse des douanes avait réduit la perception des taxes à 3 ou 4 p. o/o de la valeur de l'objet importé.

Aujourd'hui, nous sommes en possession de ces précieuses conquêtes qui ont coûté si cher à nos pères : la liberté civile, l'égalité politique, la libre concurrence intérieure de l'industrie et du commerce. Le succès de la nouvelle convention commerciale intervenue entre les deux grandes puissances a pour garants d'incontestables éléments de sécurité publique, de prospérité générale et de force industrielle. Nos produits sont admis en franchise sur le marché anglais, pendant que des droits qui pourront s'élever jusqu'au maximum de 30 ou de 25 p. o/o grèveront les importations étrangères. Enfin, l'expérience et l'aptitude de l'administration des douanes promettent à l'application des nouveaux tarifs la plus sévère impartialité.

IX.

On regrette l'abandon du droit de perquisition, encore inscrit dans notre code des douanes, droit auquel on attache une valeur comminatoire et effective. Sans nous demander si nos mœurs actuelles comportent ces mesures inquisitoriales, incompatibles avec le respect dont la législation a entouré le domicile du citoyen, nous pouvons constater l'inutilité, à peu près complète, de cette faculté entre les mains de l'administration; nous pouvons même ajouter que son exercice fait souvent courir à l'État le risque de commettre de véritables spoliations, tant est devenue difficile la distinction entre la marchandise prohibée et la marchandise d'origine nationale.

X.

Les craintes d'instabilité, dans les tarifs nouveaux, ne viennent que d'une fausse interprétation de notre législation économique et d'une injuste défiance envers l'Administration.

Votre Gouvernement n'ignore pas, Sire, qu'il y a un égal péril pour les intérêts publics à modifier incessamment, et avec une sorte de précipitation, les tarifs de douane, ou à les immobiliser indéfiniment. Les difficultés de la route à parcourir ne peuvent être aplanies que lentement, les réformes qui veulent se passer de la consécration de l'expérience et du temps restent impuissantes. Aucun des membres de votre Gouvernement ne s'exposera à méconnaître ces vérités fondamentales. Au reste, la loi du 17 décembre 1814 a limité à des circonstances déterminées, et *seulement aux matières premières nécessaires aux manufactures*, les décrets d'initiative du pouvoir exécutif. Les tarifs sur les objets manufacturés ne peuvent être modifiés que par le concours de tous les pouvoirs publics. Quelles chances sérieuses à la surprise et à l'imprévoyance peut laisser cette lente et attentive élaboration des lois de l'État organisée par la constitution de l'Empire !

XI.

Le Traité stipule que tous les articles énumérés dans l'article 1er ne pourront être grevés de droits *ad valorem* supérieurs à 30 p. o/o, les deux décimes additionnels compris, jusqu'au 1er octobre 1864, et à 25 p. o/o à partir de cette époque. Il prend toutes les précautions propres à assurer la sincérité des évaluations qui doivent servir de base à l'établissement de ces droits. La valeur de l'objet importé sera calculée au lieu d'origine ou de fabrication; pour éviter les conséquences des variations incessantes du marché, elle sera calculée sur les prix, aujourd'hui connus et à l'abri de toute controverse, qui ont existé pendant les six mois antérieurs au 23 janvier. Cette valeur, ainsi déterminée, sera augmentée de tous les frais de transport, d'embarquement, de débarquement, de commission et d'assurances dont la marchandise aura été grevée jusqu'à son arrivée au port français.

C'est sur l'ensemble de ces chiffres que sera calculé le droit *ad valorem*. Ces bases ne sauraient soulever aucune critique; elles sont constamment appliquées par la législation française dans toutes les perceptions de droits établis à la valeur.

Au reste, les négociateurs des deux puissances ont compris combien était incertain et délicat pour le commerce ce mode de perception. Ils ont stipulé qu'une convention supplémentaire convertirait les droits *ad valorem* en droits spécifiques, avant le 1er juillet 1860. Nous devons espérer que l'accord s'établira sur tous les articles, au moins sur presque tous, et que dès lors les perceptions de droits sur la valeur déclarée ne constitueront dans nos tarifs que la plus rare exception.

La volonté de Votre Majesté est que cette conversion en droits spécifiques soit précédée d'une enquête approfondie et minutieuse; le Ministre du Commerce prendra très-prochainement les mesures nécessaires pour commencer cette grande information.

XII.

Quant à présent, le seul point que nous ayons à examiner est celui de savoir si les deux limites *maxima* de 30 et de 25 p. o/o, successivement applicables aux marchandises prohibées jusqu'à ce jour et à leurs similaires non prohibés, ont été sagement établies.

Pour fixer nos convictions à cet égard, nous ne nous sommes pas livrés, sur le prix de revient de chaque article, à des études hérissées de détails et de contradictions qui sont bien rarement un guide sûr pour les convictions. Nous avons envisagé les conditions fondamentales de la production dans notre pays, sans négliger les différences topographiques que n'effacent pas les doctrines, mais en ayant le sentiment profond de la virilité de notre industrie et une légitime confiance dans sa force et dans sa perfectibilité.

Nous n'hésitons pas à dire, dès l'abord, que, pour le plus grand nombre des articles énumérés dans le Traité, l'application de ces limites *maxima* serait absolument inutile, stériliserait les pensées de réforme proclamées par Votre Majesté et substituerait à la levée des prohibitions des droits protecteurs qui n'en seraient que la puérile synonymie. Mais l'enquête qui va avoir lieu nous guidera dans les gradations à établir, et mettra l'administration publique en position d'éviter, dans ses propositions au gouvernement anglais, les insuffisances et les exagérations.

Si, en dehors des articles auxquels nous venons de faire allusion, nous recherchons quelles sont les causes générales d'infériorité de nos grandes industries textiles vis-à-vis des industries similaires anglaises, nous ne pouvons les rencontrer que dans les éléments suivants :

Matières premières,
Frais de premier établissement,
Capital,
Exploitation,
Main-d'œuvre.

Dégrevés de droits, les cotons en laine ne sont pas plus chers en France qu'en Angleterre; les entrepôts du Havre et de Liverpool ne signalent pas de différences sensibles. Le prix de la laine ne rencontrera dans les surtaxes de provenance et de pavillon qu'une cause légère de surélévation.

Les frais de premier établissement, eu égard à l'emploi de la fonte et du fer qui entrent dans l'outillage d'une manufacture, sont plus élevés en France qu'en Angleterre ; l'amortissement annuel doit donc être plus élevé dans un pays que dans l'autre. Cette différence est facile à calculer.

Le loyer du capital peut être plus élevé pour notre industrie : cette disproportion est de celles que le développement des relations internationales tend chaque jour à atténuer et à faire disparaitre.

L'exploitation quotidienne est grevée par l'emploi de la houille dont le prix est de beaucoup supérieur à celui qui existe en Angleterre. Un comité, défenseur énergique de notre législation douanière actuelle, déterminait, il y a quelques mois, arithmétiquement, l'importance de cette charge ; il établissait que, pour un kilogramme de coton filé d'une valeur de 3 francs, on dépensait pour 6 centimes et demi de houille. La valeur de la houille représente donc 2 1/4 p. o/o du prix du coton filé.

Quant à la main-d'œuvre, il est toujours difficile d'établir des termes de comparaison d'une rigoureuse exactitude. Le salaire est sans doute réglé par l'état économique du pays ; mais avant tout il est proportionnel à l'habileté de l'ouvrier ; or, cet élément échappe aux calculs généraux. Toutefois, il est généralement vrai qu'en France la main-d'œuvre est moins chère qu'en Angleterre. L'ouvrier anglais est réputé plus actif, mais son œuvre est moins perfectionnée. De plus, le travail est de soixante heures par semaine dans la Grande-Bretagne, pendant qu'il est de soixante-douze heures en France. L'ensemble de ces faits n'établit donc, sur ce point, aucune cause d'infériorité pour la production française.

XIII.

L'examen rapide de ces conditions générales de notre industrie, comparées avec celles de l'industrie de la Grande-Bretagne, prouve que les sentiments de la plus grande prudence ont dirigé les négociateurs français dans les stipulations du Traité. Cet examen démontre que les reproches qui se sont élevés dans certains centres manufacturiers à la seule nouvelle d'une convention internationale ont été le fruit de l'irréflexion, de la crédulité, quelquefois même de sentiments et de passions plus blâmables.

Certes, nous reconnaissons franchement, loyalement, que l'esprit de cette convention a été d'ouvrir le marché français à celles des industries de nos voisins qui en étaient jusqu'à ce jour absolument exclues. Mais qu'à la faveur de ces modifications douanières elles réussissent à l'envahir et l'inonder, c'est ce que nous refusons énergiquement d'admettre.

La concurrence, sagement réglée, produira des effets tout différents de ceux que lui assignent des prévisions pessimistes; elle agira, nous l'avons dit, comme un stimulant salutaire et non comme une cause de ruine. Ceux-là même qui l'appréhendaient le plus seront les premiers à en recueillir les bénéfices.

L'histoire des réformes commerciales est là pour les instruire et les rassurer. Un court laps de temps ne se sera pas écoulé après l'admission des produits similaires anglais, que déjà nos industriels, avec leur vive et prompte intelligence, s'en seront approprié les qualités particulières et le cachet original. Pour eux, imiter, c'est perfectionner et souvent innover. Si, lors de l'Exposition de 1855, un coup d'œil rapide, jeté sur le département britannique, leur a suffi pour saisir plus d'un secret de fabrication, à quels progrès ne pourra pas les conduire une étude plus attentive, plus sérieuse, et désormais moins désintéressée, de produits qu'ils avaient considérés jusqu'alors comme des spécimens isolés, surtout lorsque, grâce à l'abaissement des droits sur les machines et sur les mécaniques, ils pourront se procurer les appareils et les instruments ingénieux qui servent à les confectionner.

Nos industriels n'attendront pas la date du 1er octobre 1861 pour se livrer à ces essais et à ces perfectionnements. Déjà un grand nombre d'entre eux, plusieurs chambres de commerce, animés du zèle le plus louable, sollicitent et obtiendront certainement de l'administration supérieure l'autorisation d'importer des marchandises anglaises dont ils veulent étudier et imiter la fabrication pour se préparer à soutenir la concurrence.

Sous le rapport de la variété et de la perfection de leurs produits, nos deux grandes industries de la laine et du coton n'ont rien à envier à l'Angleterre. La supériorité de celle-ci n'est réelle que pour certains genres de tissus purs ou mélangés dont les fabricants anglais ont eu jusqu'à ce jour le monopole, et que les besoins de la consommation à bon marché des classes laborieuses, comme les exigences du marché extérieur, particulièrement du marché transatlantique, les ont amenés à produire. Ces étoffes, qui constituent souvent d'heureuses et importantes spécialités, nous sont presque inconnues en France; qu'elles s'introduisent en quantité suffisante pour frapper le regard et exciter l'émulation de nos manufacturiers, de nos contre-maîtres, de nos simples ouvriers, et la spécialité anglaise tombera bientôt dans notre domaine. Les populations ouvrières se vêtiront à meilleur marché et ce sera là un immense bienfait. Nous nous chargerons à notre tour d'approvisionner la consommation étrangère, et nous suivrons nos concurrents sur les marchés dont ils nous ont montré le chemin. Il y a là, pour nos industries textiles, un avenir certain qui les dédommagera du sacrifice momentané, et d'ailleurs fort modéré, qui leur est demandé dans l'intérêt général.

XIV.

Ce qui assure à nos industries une compensation non moins avantageuse, c'est l'essor que va prendre la consommation intérieure sous la féconde influence de la paix. Comment nos producteurs ne tiendraient-ils pas compte des besoins nouveaux que l'état avancé de la civilisation fait naître même dans les classes inférieures de la population? Comment ne chercheraient-ils pas à rendre cette consommation progressive, en répartissant leurs bénéfices légitimes sur une plus grande masse d'objets produits et en diminuant ainsi le prix de chaque article?

Le spectacle de ce qui se passe à nos frontières n'est-il pas de nature à inspirer aux manufactures françaises la plus juste confiance dans l'avenir?

Ces grandes industries du nord de la France, si prompte à s'émouvoir, ne sont séparées que par une ligne conventionnelle des industries de la Belgique qui ont prospéré d'une manière si prodigieuse sous un régime libéral.

Les provinces de l'Alsace et celles de l'Est, théâtre d'une si grande activité industrielle, sont limitrophes, d'un côté, du Zollverein, dont les réformes ont si énergiquement développé la production et les relations commerciales depuis plusieurs années; de l'autre côté, de ces cantons suisses éloignés de toute relation maritime, privés jusqu'à ce jour de bonnes voies de communication, placés sous un régime de liberté commerciale presque complet, et qui ont atteint une supériorité et une force industrielle assez grandes pour repousser la puissante Angleterre de plusieurs marchés du monde.

En serait-on réduit à alléguer qu'entre ces populations voisines et amies Dieu a irrégulièrement réparti les forces, les aptitudes et les courages? Il y aurait impiété à le penser. Mais Dieu n'assure les grands et durables succès qu'aux patients efforts, aux puissantes activités. C'est dans ces luttes fécondes que Votre Majesté engage l'industrie française, en la préparant à les soutenir par l'allégement de ses charges, par des prêts temporaires destinés à améliorer le matériel et à transformer les outillages, par ces sollicitudes sympathiques et ces énergiques concours que peut donner l'État dans l'exercice de sa mission tutélaire.

XV.

Les droits actuels sur la houille sont de 3 fr. 60 cent. la tonne, décime compris, lorsque l'importation a lieu par la frontière de mer, des Sables-d'Olonne à Dunkerque. Ce droit est de 1 fr. 80 cent. par toutes les autres frontières de terre ou de mer, à l'exception de celles de la Meuse, pour lesquelles le droit est de 1 fr. 20 cent.

Le droit sur le coke est de moitié en sus de celui fixé pour la houille.

Ce système des zones a été depuis longtemps attaqué, notamment par les chambres de commerce de Nantes et de Rouen, comme constituant une injuste inégalité entre les citoyens d'un même état. Ses défenseurs soutenaient, au contraire, que les droits avaient été calculés précisément pour maintenir l'égalité entre les nombreux consommateurs de la houille. Ces combinaisons législatives, si délicates, si compliquées, si périlleuses, ont été et devaient être modifiées et renversées par l'ouverture de nouvelles voies de communication, notamment des chemins de fer, et par les tarifs différentiels que les compagnies ont dû adopter pour développer la consommation.

Le Traité place sous le même régime la houille et le coke. Si ce dernier combustible a une plus grande valeur, il ne semble pas pour cela comporter l'établissement de droits plus élevés, car il est à la fois plus encombrant et d'un transport plus coûteux et plus difficile.

La convention remplace le droit de 3 fr. 60 cent. par celui de 1 fr. 80 cent., et décide que, d'ici à quatre années, la houille et le coke payeront un droit unique par toutes les frontières de terre et de mer.

XVI.

Ces dispositions seront accueillies avec reconnaissance par toutes les industries. Elles ne nuiront à aucun degré aux intérêts légitimes de la production houillère en France. Et d'abord, il est de toute évidence que la modification consentie intéresse exclusivement les houillères du Nord, au profit desquelles avait été établie, dans l'origine, la zone supprimée aujourd'hui.

Or, les houillères anciennes d'Anzin, les houillères plus récentes du Pas-de-Calais, placées les unes et les autres sur des voies de communication perfectionnées, n'ont rien à craindre de la concurrence anglaise. La consommation croissante absorbera tous les produits, et, pour assurer mieux leurs bénéfices, les exploitants de houille n'auront qu'à abaisser un peu leur prix pour faire progresser cette consommation.

Par un article spécial, les deux Hautes Puissances contractantes ont pris l'engagement de ne pas interdire l'exportation de la houille et de n'établir aucun droit à la sortie de ce combustible. L'intérêt de l'Angleterre nous rassurait complétement sur une telle éventualité. Toutefois, nous avons voulu nous prémunir contre les inquiétudes si complaisamment répandues dans nos centres manufacturiers, au début de la dernière campagne d'Italie, et garantir par un contrat bilatéral les approvisionnements de nos usines établies sur le littoral et de notre marine marchande à vapeur.

XVII.

La disposition la plus considérable que nous ayons encore à examiner est celle relative aux fontes, aux fers et à leurs dérivés.

Les stipulations qui concernent ces produits ont constitué la partie la plus délicate de nos négociations avec les plénipotentiaires anglais.

Le droit actuel sur la fonte est de 48 francs la tonne, en y comprenant les deux décimes; celui sur les fers de gros échantillon est de 120 francs.

Les négociateurs de la Grande-Bretagne demandaient la réduction des droits sur les fontes, les fers et les aciers à un chiffre de 15 p. o/o *ad valorem*.

Dans l'enquête à laquelle s'est livrée Votre Majesté sur les questions générales que soulevait la négociation, l'Empereur a porté spécialement son attention sur cette grande industrie du fer. Il a interrogé directement, sur les conditions d'existence de nos hauts fourneaux à la houille et au bois, des hommes considérables qui se recommandaient à la fois par leurs études scientifiques, leur expérience personnelle des faits et leur désintéressement.

Cette enquête a démontré que les propositions britanniques pourraient faire courir des dangers sérieux et immédiats à la métallurgie française. Elles ont été repoussées. Les droits à l'importation de la fonte et du fer ont, en conséquence, après de longs débats, été fixés à un maximum de 30 p. o/o de la valeur jusqu'au 1er octobre 1864, et de 25 p. o/o à partir de la même époque. Les bases d'évaluation fixées pour les autres produits sont applicables à la fonte et au fer. L'enquête prochaine démontrera s'il n'est pas nécessaire d'atteindre ces limites *maxima*. Toutefois Votre Majesté a pensé qu'une incertitude trop absolue sur ce grave sujet exposerait à des inquiétudes fâcheuses une industrie fondamentale de ce pays; ainsi, pour les fers de gros échantillon et les rails actuellement grevés d'un droit de 12 francs, les deux décimes compris, l'article 17 du Traité déclare que le droit sera de 7 francs les 100 kilogrammes pendant la première période, et de 6 francs pendant la seconde.

XVIII.

Ces tarifications nous paraissent devoir concilier, dans la plus sage mesure, les intérêts contraires engagés dans cette question économique.

« Le fer, écrivait Turgot, n'est pas seulement une denrée de consommation utile aux différents usages de la vie; le fer qui s'emploie en meubles, en ornements, en armes, n'est pas la partie la plus considérable des fers qui se fabriquent et se vendent; c'est surtout comme instrument nécessaire à la pratique de tous les artssans exception que ce métal est si précieux, si important dans le commerce. »

Combien ces vérités ont acquis plus d'énergie et plus de puissance dans le siècle actuel! Partout les efforts de l'homme substituent à la pierre et au bois le fer et la fonte. Dans les édifices publics et les plus modestes habitations, dans les grandes manufactures et les plus simples ateliers, l'architecte remplace les poutres volumineuses et les soliveaux par le fer, et obtient à la fois une économie de prix et d'espace.

Les fleuves sont franchis à l'aide d'immenses arceaux de fonte dont les proportions cyclopéennes étonnent le regard et provoquent l'admiration. La marine militaire ne fait plus du bois que l'élément secondaire de ses constructions navales; la marine marchande à vapeur imite ces progrès et quelquefois les devance.

L'agriculture, forcée de compenser la rareté des bras et l'élévation des salaires par des instruments économiques, multiplie l'emploi du fer dans ses exploitations, et ses efforts s'appliquent à un intérêt fondamental dans toute société, la production et le prix des denrées alimentaires. La nécessité de relier nos provinces les plus reculées aux grandes lignes de fer qui sillonnent aujourd'hui le territoire apparaît chaque jour comme plus impérieuse, et se formule comme une règle de haute justice distributive, quelquefois même comme une accusation d'oubli et d'abandon.

Pour le mouvement de toutes ces vastes entreprises qui sont la vie même de la nation, l'intérêt capital n'est-il pas d'obtenir le fer à bon marché?

Toutefois, si puissantes que soient ces considérations, si légitimes que puissent être les espérances d'une grande consommation facilitée par l'abaissement des prix, il était impossible de méconnaître les avantages exceptionnels que procure aux maîtres de forges anglais le rapprochement du minerai et de la houille, ainsi que la modicité des prix de ce combustible dans la Grande-Bretagne. Aussi, pour contenir la concurrence étrangère dans de justes limites, l'administration devra venir résolûment en aide à la métallurgie française, en faisant exécuter avec une infatigable sollicitude tous les travaux, toutes les voies de communication destinés à favoriser de la manière la plus économique la production et la circulation de la houille ou du bois, les transports de minerai, la fabrication de la fonte et du fer. La réalisation de cette partie si importante du programme dressé par Votre Majesté sera poursuivie avec la volonté la plus énergique.

XIX.

Nous avons négligé dans cet exposé, quoique bien long déjà, l'analyse de nombreuses dispositions secondaires, qui s'expliquent et se justifient d'elles-mêmes. Nous devons cependant signaler parmi elles quelques stipulations qui ont une plus grande importance.

L'article 9 décide que le droit d'importation, pour celles des marchandises françaises dont les similaires anglais sont soumis à un droit d'accise, ne dépassera pas le taux de cet impôt intérieur, et cet article fait l'application immédiate de ce principe de réciprocité au papier de tenture, sauf une légère surtaxe, et au carton.

L'article 12 pose une règle de probité commerciale trop souvent violée, celle de la propriété internationale des marques et dessins de fabrique. Cette clause eût-elle été contraire à quelques intérêts d'un commerce parasite, que nous n'aurions pas hésité à en proposer l'adoption; mais, en réalité, notre industrie, celle notamment qui emploie les matières textiles, est trop souvent victime de la contrefaçon de ses dessins. Les étoffes sont imitées et contrefaites, quelquefois même avant d'avoir été livrées au public. Des traités nombreux ont garanti la propriété littéraire entre les divers pays. La propriété industrielle se recommande par les mêmes considérations et a le droit d'obtenir, par les traités ou par les lois, une disposition qui la protége contre la fraude.

L'article 10 établit la règle d'une complète et loyale réciprocité entre les bâtiments des deux marines marchandes et les marchandises dont ils sont chargés, pour tout ce qui concerne le traitement local, les droits et les frais dans les ports, les bassins, les chantiers, les rades, les havres et les rivières des deux pays.

L'article 3 témoigne de la haute sollicitude de Votre Majesté pour notre navigation, en stipulant que les droits fixés à l'importation des marchandises anglaises sont indépendants des droits différentiels de pavillon et de provenance. La marine du commerce est un des premiers éléments de notre puissance et constitue un de nos grands intérêts nationaux; nous ne saurions exposer prématurément le pavillon français à une concurrence qu'il pourrait n'être pas en état de soutenir. Les modifications dont seraient susceptibles les surtaxes qui les protégent exigent encore des études approfondies.

Enfin, l'article 18 déclare applicables toutes les dispositions de ce Traité à cette magnifique possession, si voisine de nos côtes, qui est l'objet de la sollicitude spéciale de Votre Majesté.

XX.

Nous avons, Sire, examiné dans leurs détails les clauses du Traité soumis à votre haute appréciation. Qu'il nous soit permis, en terminant, d'en résumer en quelques mots la portée et le caractère.

Et d'abord, dans cette étude, nous n'avons certainement pas voulu comparer des avantages à des inconvénients et dresser une sorte de compte de profits et de pertes pour les deux pays, compte dont le solde constituerait, suivant les appréciations, le bénéfice acquis à l'une des deux puissances sur l'autre.

Non, à nos yeux, et les modifications du tarif anglais et la réforme de notre législation douanière convergent au même but, préparent à un égal degré de nouveaux éléments de prospérité publique pour les deux pays. Cette lutte pacifique n'amènera ni victoires ni défaites, mais produira de louables émulations, des enseignements mutuels, des perfectionnements réciproques.

Inspirées par les sentiments de justice et de bienveillance mutuelle qui animent les Gouvernements respectifs, ces conventions assureront le règlement équitable et le développement progressif des relations entre les deux États, et consolideront l'alliance des deux peuples.

Le commerce, qui, selon le langage de Mollien, « tend à faire des productions de chaque partie du globe une propriété commune à tous les peuples, qui a fait de l'Europe une grande famille, et qui, à côté des passions qui divisent les princes, a placé le contre-poids des besoins mutuels et des intérêts réciproques, » poursuivra, libre d'entraves surannées, son œuvre de développement et de fécondation de la richesse des deux nations.

L'industrie devra, sans doute, renouveler sur quelques points un outillage arriéré, remplacer des mécanismes incomplets et rechercher, par de sérieux efforts, la possibilité de produire économiquement; mais le succès récompensera largement de tels sacrifices, et la production française sortira plus vigoureuse et plus florissante de ces épreuves salutaires.

Toutes ces prospérités profiteront directement à ces populations nombreuses, dont Votre Majesté a étudié avec tant d'ardeur les intérêts et les besoins et qu'elle environne de ses constantes sollicitudes. Elles se traduiront pour l'ouvrier en allégement dans les fatigues de sa tâche, en régularité sinon en élévation de son salaire, en diminution de prix pour tous les objets qu'il consomme et que son travail doit procurer à sa famille.

La constitution économique du pays, grâce au développement des forces inanimées, sera moins troublée que dans le passé par cette sorte de déclassement de population que l'industrie opère au préjudice de l'agriculture, et l'équilibre, violemment rompu depuis quelques années, tendra à se rétablir.

En même temps, Votre Majesté fera exécuter les travaux nécessaires à la force et à la prospérité d'un grand État, et avant peu ces témoignages de reconnaissance qui, de tous nos grands ports de mer, de nos provinces viticoles, du sein des industries de Lyon, de Saint-Étienne et d'autres grandes cités manufacturières, sont arrivés au pied du Trône, ne rencontreront dans le pays, éclairé sur ses véritables intérêts, parmi les chefs d'industrie résolus à la lutte, ni résistance ni refus d'adhésion.

C'est avec une confiance profonde que nous soumettons le Traité de commerce du 23 janvier à l'approbation de Votre Majesté.

Nous sommes,

Sire,

De Votre Majesté,

Les très-humbles, très-obéissants serviteurs et fidèles sujets,

Le Président du Conseil d'État, chargé par intérim du département des affaires étrangères,

J. BAROCHE.

Le Ministre secrétaire d'État au département de l'agriculture, du commerce et des travaux publics,

E. ROUHER.

Paris, le 24 janvier 1860.

DÉCRET IMPÉRIAL

QUI PRESCRIT

LA PROMULGATION DU TRAITÉ DE COMMERCE

CONCLU

ENTRE LA FRANCE

ET LE ROYAUME-UNI DE LA GRANDE-BRETAGNE ET D'IRLANDE.

LE 23 JANVIER 1860.

NAPOLÉON,

Par la grâce de Dieu et la volonté nationale, EMPEREUR DES FRANÇAIS,

A tous présents et à venir, SALUT :

Sur le rapport de notre ministre secrétaire d'État au département des affaires étrangères,

Avons DÉCRÉTÉ et DÉCRÉTONS ce qui suit :

ARTICLE PREMIER.

Un Traité de commerce ayant été signé à Paris, le 23 janvier 1860, entre la France et le Royaume-Uni de la Grande-Bretagne et d'Irlande, et les ratifications de cet acte ayant été échangées le 4 février 1860, ledit Traité, dont la teneur suit, sera publié partout où besoin sera et inséré au *Bulletin des lois*.

TRAITÉ.

Sa Majesté l'Empereur des Français et Sa Majesté la Reine du Royaume-Uni de la Grande-Bretagne et d'Irlande, également animés du désir de resserrer les liens d'amitié qui unissent les deux peuples, et voulant améliorer et étendre les relations commerciales entre leurs États respectifs, ont résolu de conclure un Traité à cet effet, et ont nommé pour leurs Plénipotentiaires, savoir :

Sa Majesté l'Empereur des Français, M. Baroche, Grand-Croix de son Ordre impérial de la Légion d'honneur, etc., etc., etc., membre de son Conseil privé, Président de son Conseil d'État, chargé par intérim du ministère des affaires étrangères;

Et M. Rouher, Grand-Officier de son Ordre impérial de la Légion d'honneur, etc., etc., etc., Sénateur, son Ministre et secrétaire d'État au département de l'agriculture, du commerce et des travaux publics;

Et Sa Majesté la Reine du Royaume-Uni de la Grande-Bretagne et d'Irlande, le très-honorable Henry-Richard-Charles comte Cowley, vicomte Dangan, baron Cowley, Pair du Royaume-Uni, membre du Conseil privé de Sa Majesté Britannique, Chevalier Grand-Croix du très-honorable Ordre du Bain, ambassadeur extraordinaire et plénipotentiaire de Sadite Majesté près Sa Majesté l'Empereur des Français;

Et M. Richard Cobden, Écuyer, membre du Parlement Britannique;

Lesquels, après s'être communiqué leurs pleins pouvoirs respectifs, trouvés en bonne et due forme, sont convenus des articles suivants :

ARTICLE PREMIER.

Sa Majesté l'Empereur des Français s'engage à admettre les objets ci-après dénommés, d'origine et de manufacture britanniques, importés du Royaume-Uni en France, moyennant un droit qui ne devra, en aucun cas, dépasser 30 p. o/o de la valeur, les deux décimes additionnels compris.

Ces objets et marchandises sont les suivants :

Sucre raffiné;

Curcuma en poudre;

Cristal de roche ouvré;

Fer forgé en massiaux ou prismes;

Fils de laiton (cuivre allié de zinc), polis ou non polis, de toute sorte;

Produits chimiques dénommés ou non dénommés;

Extraits de bois de teinture;

Garancine;

Savons ordinaires de toute sorte et savons de parfumerie;

Poterie de grès fin ou commun et de terre de pipe;

Porcelaines;

Verres, cristaux, glaces;

Fils de coton;

Fils de laine de toute sorte;

Fils de lin et de chanvre;

Fils de poils spécialement dénommés ou non;

Tissus de coton;

Tissus de crin spécialement dénommés ou non;

Tissus de laine dénommés ou non;

Lisières en drap;

Tissus de poils;

Tissus de soie;

Tissus de bourre de soie; fleuret;

Tissus d'écorces d'arbres et de tous autres végétaux filamenteux, dénommés ou non;

Tissus de lin et de chanvre;

Tissus mélangés de toute sorte;

Bonneterie;

Passementerie;

Mercerie;

Tissus de caoutchouc et de gutta-percha purs ou mélangés;

Habillements ou vêtements confectionnés;

Peaux préparées;

Ouvrages en peaux ou en cuir, compris ou non sous la dénomination de mercerie commune ou fine;

Plaqués de toute sorte;

Coutellerie;

Ouvrages en métaux dénommés ou non;

Fonte de toute espèce, sans distinction de poids;

Fers, sauf l'exception prévue par l'article 17 ci-après;

Aciers;

Machines, outils et mécaniques de toute sorte;

Voitures suspendues, garnies ou peintes;

Tabletterie et ouvrages en ivoire ou en bois;

Eaux-de-vie, même autres que de vin, de cerise, de mélasse ou de riz;

Bâtiments de mer et embarcations.

A l'égard du sucre raffiné et des produits chimiques dérivés du sel, on ajoutera aux droits ci-dessus fixés le montant des impôts qui grèvent ces produits à l'intérieur.

ART. 2.

Sa Majesté l'Empereur s'engage à réduire les droits d'importation en France sur la houille et le coke britanniques au chiffre de quinze centimes les cent kilogrammes, plus les deux décimes.

Sa Majesté l'Empereur s'engage également, dans le délai de quatre ans, à partir de la ratification du présent Traité, à établir à l'importation des houilles et du coke, par les frontières de terre et de mer, un droit uniforme qui ne pourra être supérieur à celui qui est fixé par le paragraphe précédent.

ART. 3.

Il est convenu que les droits fixés par les articles précédents sont indépendants des droits différentiels établis en faveur des bâtiments français.

ART. 4.

Les droits *ad valorem*, stipulés par le présent Traité, seront calculés sur la valeur au lieu d'origine ou de fabrication de l'objet importé, augmentée des frais de transport, d'assurance et de commission nécessaires pour l'importation en France jusqu'au port de débarquement.

Pour la perception de ces droits, l'importateur fera, au bureau de la douane, une déclaration écrite, constatant la valeur et la qualité des marchandises importées. Si l'administration de la douane juge insuffisante la valeur déclarée, elle aura le droit de retenir les marchandises, en payant à l'importateur le prix déclaré par lui, augmenté de cinq pour cent.

Ce payement devra être effectué dans les quinze jours qui suivront la déclaration, avec restitution des droits, s'il en avait été perçu.

ART. 5.

Sa Majesté Britannique s'engage à recourir à son Parlement pour être mise à même d'abolir les droits d'importation sur les articles suivants :

Acide sulfurique et autres acides minéraux ;

Agates et cornalines montées ;

Allumettes chimiques de toute sorte ;

Amorces ou capsules de poudre fulminante ;

Armes de toute sorte ;

Bijouterie ;

Bimbeloterie ;

Bouchons ;

Brocarts d'or et d'argent ;

Broderies ou ouvrages à l'aiguille de toute espèce ;

Ouvrages en bronze ou métal bronzé ou verni ;

Cannes pour ombrelles, parapluies ou autres, montées, peintes ou autrement ornées ;

Chapeaux de quelque matière qu'ils soient composés ;

Gants, bas, chaussettes et autres articles confectionnés, en tout ou en partie, de coton ou de fil de lin ;

Cuir ouvré ;

Dentelles de coton, laine, soie ou lin ;

Fers et aciers ouvrés ;

Machines et mécaniques ;

Outils et instruments ;

Coutellerie et autres articles en acier, fer ou fonte moulée ;

Articles d'ornement ou de fantaisie en acier ou en fer ;

Ouvrages chargés de cuivre par un procédé galvanique ;

Modes et fleurs artificielles ;

Fruits frais ;

Ganterie et autres articles d'habillement en peau ;

Caoutchouc et gutta-percha ouvrés ;

Huiles ;

Instruments de musique ;

Châles de laine imprimés ou unis ;

Couvertures, gants et autres tissus en laine non dénommés ;

Mouchoirs et autres tissus non dénommés en lin et en chanvre ;

Parfumerie ; tabletterie ; pendules ; montres ; lorgnettes ;

Plomb ouvré dénommé ou non dénommé ;

Plumes apprêtées ou non ;

Tissus de poil de chèvre ou autres;

Porcelaine;

Poterie;

Raisins frais;

Sulfate de quinine;

Sels de morphine;

Tissus de soie pure ou mélangée, de quelque nature qu'ils soient;

Articles non dénommés au tarif, actuellement grevés d'un droit de 10 p. o/o *ad valorem*, sauf toutefois les mesures de précaution que pourrait exiger la protection du revenu public contre l'introduction des matières assujetties à des droits de douane ou d'accise et qui entreraient dans la composition des articles admis en franchise, en vertu du présent paragraphe.

ART. 6.

Sa Majesté Britannique s'engage aussi à proposer au Parlement de réduire immédiatement les droits à l'importation des vins français à un taux qui ne dépassera pas trois shillings par gallon jusqu'au 1er avril 1861. A partir de cette dernière époque, les droits d'importation seront réglés de la manière suivante:

1° Sur les vins qui contiennent moins de quinze degrés d'esprit, type d'Angleterre, vérifiés par l'hydromètre de Sykes, le droit ne dépassera pas un shilling par gallon;

2° Sur les vins qui contiennent de quinze à vingt-six degrés, le droit ne dépassera pas un shilling six pence par gallon;

3° Sur les vins qui contiennent de vingt-six à quarante degrés, le droit ne dépassera pas deux shillings par gallon;

4° Sur les vins en bouteilles, le droit ne dépassera pas deux shillings par gallon;

5° L'importation des vins ne devra avoir lieu que par les ports qui seront désignés à cet effet avant la mise à exécution du présent Traité, Sa Majesté Britannique se réservant de substituer d'autres ports à ceux qui auront été primitivement désignés, ou d'en augmenter le nombre.

Le droit d'importation par les ports non désignés sera de deux shillings par gallon;

6° Sa Majesté Britannique se réserve le droit, nonobstant les dispositions du présent article, de fixer le *maximum* d'esprit type qui pourra être contenu dans la liqueur déclarée comme vin, sans toutefois que ce *maximum* puisse être inférieur à trente-sept degrés.

ART. 7.

Sa Majesté Britannique promet de recommander au Parlement l'admission dans le Royaume Uni des marchandises provenant de France à des droits identiques à ceux d'accise qui grèvent ou grèveraient les marchandises similaires dans le Royaume-Uni. Toutefois, les droits à l'importation pourront être augmentés des sommes qui représenteraient les frais occasionnés aux producteurs britanniques par le système de l'accise.

ART. 8.

En conséquence de l'article précédent, Sa Majesté Britannique s'engage à recommander au Parlement l'admission dans le Royaume-Uni des eaux-de-vie et esprits provenant de France, à des droits exactement identiques à ceux qui grèvent dans le Royaume-Uni les esprits de fabrication nationale, sauf une surtaxe de deux pence par gallon, ce qui fait pour le droit à percevoir actuellement sur les eaux-de-vie et esprits provenant de France huit shillings deux pence le gallon. Sa Majesté Britannique s'engage aussi à recommander au Parlement l'admission des rhums et tafias provenant des colonies françaises aux mêmes droits que ceux qui grèvent ou grèveraient ces produits provenant des colonies britanniques.

Sa Majesté Britannique s'engage à recommander au Parlement l'admission des papiers de tenture provenant de France à des droits identiques à ceux d'accise, c'est-à-dire à quatorze shillings le quintal, et les cartons de même provenance à un droit qui ne pourra excéder quinze shillings le quintal.

Sa Majesté Britannique s'engage aussi à recommander au Parlement l'admission de l'orfévrerie provenant de France à des droits identiques à ceux de marque ou d'accise qui grèvent l'orfévrerie britannique.

ART. 9.

Il est entendu entre les Hautes Puissances contractantes que, si l'une d'elles juge nécessaire d'établir un droit d'accise ou impôt sur un article de production ou de fabrication nationale qui serait compris dans les énumérations qui précèdent, l'article similaire étranger pourra être immédiatement grevé, à l'importation, d'un droit égal.

Il est également entendu entre les Hautes Puissances contractantes que, dans le cas où le Gouvernement Britannique jugera nécessaire d'élever les droits d'accise qui grèvent les esprits de fabrication nationale, les droits d'importation sur les vins pourront être modifiés de la manière suivante :

Chaque augmentation d'un shilling par gallon sur le droit d'accise pourra donner lieu, sur les vins payant un shilling et demi, à une augmentation de droit qui ne pourra excéder un penny et demi, et sur les vins payant deux shillings, à une augmentation qui ne pourra excéder deux pence et un demi-penny.

ART. 10.

Les deux Hautes Parties contractantes se réservent la faculté d'imposer, sur tout article mentionné dans le présent Traité ou sur tout autre article, des droits de débarquement ou d'embarquement affectés à la dépense des établissements nécessaires au port d'importation et d'exportation.

Mais, en tout ce qui concerne le traitement local, les droits et les frais dans les ports, les bassins, les docks, les rades, les havres et les rivières des deux pays, les privilèges, faveurs ou avantages qui sont ou seront accordés aux bâtiments nationaux sans exception ou à la marchandise qu'ils exportent ou importent, le seront également aux bâtiments de l'autre pays et aux marchandises qu'ils importent ou exportent.

ART. 11.

Les deux Hautes Puissances contractantes prennent l'engagement de ne pas interdire l'exportation de la houille et de n'établir aucun droit sur cette exportation.

ART. 12.

Les sujets d'une des Hautes Puissances contractantes jouiront, dans les États de l'autre, de la même protection que les nationaux pour tout ce qui concerne la propriété des marques de commerce et des dessins de fabrique de toute espèce.

ART. 13.

Les droits *ad valorem*, établis dans la limite fixée par les articles précédents, seront convertis en droits spécifiques par une Convention complémentaire qui devra intervenir avant le 1er juillet 1860. On prendra pour base de cette conversion les prix moyens pendant les six mois qui ont précédé la date du présent Traité.

Toutefois, la perception des droits sera faite conformément aux bases ci-dessus établies : 1° dans le cas où cette convention complémentaire ne serait pas intervenue avant l'expiration des délais fixés pour l'exécution par la France du présent Traité ; 2° pour les articles dont les droits spécifiques n'auraient pu être réglés d'un commun accord.

ART. 14.

Le présent Traité sera exécutoire pour le Royaume-Uni de la Grande-Bretagne et d'Irlande aussitôt que la sanction législative nécessaire aura été donnée par le Parlement, sous la réserve faite, en ce qui concerne les vins, par l'article 6.

Sa Majesté Britannique se réserve, en outre, la faculté de conserver, pour des motifs spéciaux et par exception, pendant un temps qui ne pourra excéder deux années, à partir du 1er avril 1860, la moitié des droits qui grèvent actuellement les articles dont l'admission en franchise est stipulée par le présent Traité. Cette réserve n'est pas applicable aux soieries.

ART. 15.

Les engagements contractés par Sa Majesté l'Empereur des Français seront exécutoires et les tarifs précédemment indiqués à l'importation des marchandises d'origine et de manufacture britanniques seront applicables dans les délais suivants :

1° Pour la houille et le coke, à partir du 1er juillet 1860;

2° Pour les fers, les fontes, les aciers, qui n'étaient pas frappés de prohibition, à partir du 1er octobre 1860;

3° Pour les ouvrages en métaux, machines, outils et mécaniques de toute espèce, dans un délai qui ne dépassera pas le 31 décembre 1860;

4° Pour les fils et tissus de lin et de chanvre, à partir du 1er juin 1861;

5° Pour tous les autres articles, à partir du 1er octobre 1861;

ART. 16.

Sa Majesté l'Empereur des Français s'engage à ce que les droits *ad valorem* établis à l'importation en France des marchandises d'origine et de manufacture britanniques aient pour *maximum* la limite de 25 p. o/o, à partir du 1er octobre 1864.

ART. 17.

Il demeure entendu entre les Hautes Puissances contractantes, comme élément de la conversion des droits *ad valorem* en droits spécifiques, que, pour les fers actuellement grevés à l'importation en France d'un droit de dix francs, non compris le double décime additionnel, le droit sera de sept francs pour cent kilogrammes jusqu'au 1er octobre 1864, et de six francs à partir de cette époque, les deux décimes additionnels compris dans les deux cas.

ART. 18.

Les dispositions du présent Traité de commerce sont applicables à l'Algérie, tant pour l'exportation de ses produits que pour l'importation des marchandises britanniques.

ART. 19.

Chacune des deux Hautes Puissances contractantes s'engage à faire profiter l'autre Puissance de toute faveur, de tout privilége ou abaissement dans les tarifs des droits à l'importation des articles mentionnés dans le présent Traité, que l'une d'elles pourrait accorder à une tierce Puissance. Elles s'engagent, en outre, à ne prononcer l'une envers l'autre aucune prohibition d'importation ou d'exportation qui ne soit en même temps applicable aux autres nations.

ART. 20.

Le présent Traité ne sera valable qu'autant que Sa Majesté Britannique aura été autorisée par l'assentiment de son Parlement à exécuter les engagements contractés par Elle dans les articles qui précèdent.

ART. 21.

Le présent Traité restera en vigueur pendant dix années, à partir du jour de l'échange de ses ratifications; et, dans le cas où aucune des deux Hautes Puissances contractantes n'aurait notifié, douze mois avant l'expiration de ladite période de dix années, son intention d'en faire cesser les effets, le Traité continuera à rester en vigueur encore une année, et ainsi de suite, d'année en année, jusqu'à l'expiration d'une année à partir du jour où l'une ou l'autre des Hautes Puissances contractantes l'aura dénoncée.

Les Hautes Puissances contractantes se réservent la faculté d'introduire, d'un commun accord, dans ce Traité toutes modifications qui ne seraient pas en opposition avec son esprit ou ses principes et dont l'utilité serait démontrée par l'expérience.

ART. 22.

Le présent Traité sera ratifié et les ratifications en seront échangées à Paris, dans le délai de quinze jours, ou plus tôt si faire se peut.

En foi de quoi, les Plénipotentiaires respectifs l'ont signé et y ont apposé le cachet de leurs armes.

Fait en double expédition à Paris, le vingt-troisième jour de janvier de l'an de grâce mil huit cent soixante.

(*L. S.*) Signé J. Baroche.
(*L. S.*) Signé E. Rouher.
(*L. S.*) Signé Cowley.
(*L. S.*) Signé Rich. Cobden.

ART. 2.

Notre Ministre secrétaire d'État au département des affaires étrangères est chargé de l'exécution du présent décret.

Fait à Paris, le 10 mars 1860.

NAPOLÉON.

Par l'Empereur :

Le Ministre des Affaires étrangères,
Thouvenel.

DÉCRET IMPÉRIAL

QUI PRESCRIT

LA PROMULGATION DE L'ARTICLE ADDITIONNEL

AU TRAITÉ DE COMMERCE

CONCLU

ENTRE LA FRANCE ET LA GRANDE-BRETAGNE,

LE 23 JANVIER 1860.

NAPOLÉON,

Par la grâce de Dieu et la volonté nationale, EMPEREUR DES FRANÇAIS,

A tous présents et à venir, SALUT :

Sur le rapport de notre ministre secrétaire d'État au département des affaires étrangères,

Avons DÉCRÉTÉ et DÉCRÉTONS ce qui suit :

ARTICLE PREMIER.

Un article additionnel au Traité de commerce conclu, le 23 janvier 1860, entre la France et le Royaume-Uni de la Grande-Bretagne et d'Irlande ayant été signé à Paris le 25 février 1860, et les ratifications de cet acte ayant été échangées le 28 du même mois, ledit article additionnel, dont la teneur suit, sera publié partout où besoin sera et inséré au *Bulletin des lois*.

ARTICLE ADDITIONNEL.

Par l'article 8 du Traité de commerce entre Sa Majesté l'Empereur des Français et Sa Majesté la Reine du Royaume-Uni de la Grande-Bretagne et d'Irlande, signé à Paris le 23 janvier dernier, Sa Majesté Britannique s'est engagée à recommander au Parlement l'admission, dans le Royaume-Uni, des eaux-de-vie et esprits importés de France à un droit exactement égal au droit d'accise perçu sur les esprits de fabrication indigène, avec l'addition d'une surtaxe de deux pence par gallon, ce qui mettrait le droit actuel à payer, pour les eaux-de-vie et esprits de France, à huit shillings deux pence par gallon.

Depuis la ratification dudit Traité, le Gouvernement de Sa Majesté Britannique s'est assuré que la surtaxe de deux pence par gallon n'est pas suffisante pour contre-balancer les charges que les lois de douane et d'accise font actuellement peser sur les esprits de fabrication anglaise, et qu'une surtaxe limitée au taux de deux pence par gallon laisserait encore subsister sur les esprits de fabrication anglaise un droit différentiel en faveur des eaux-de-vie et esprits étrangers.

En conséquence, le Gouvernement de Sa Majesté Britannique ayant fait connaître ces circonstances au Gouvernement de Sa Majesté l'Empereur des Français, et Sa Majesté Impériale ayant consenti à ce que le montant de ladite surtaxe fût augmenté, les deux Hautes Parties contractantes audit Traité de commerce sont convenues, par le présent article additionnel, que le montant de cette surtaxe serait de cinq pence par gallon, et Sa Majesté Britannique s'engage à recommander au Parlement l'admission dans le Royaume-Uni des eaux-de-vie et esprits importés de France à un droit exactement égal au droit d'accise perçu sur les esprits de fabrication indigène, avec addition d'une surtaxe de six pence par gallon.

Le présent article additionnel aura la même force et valeur que s'il avait été inséré dans le Traité de commerce du 23 janvier dernier. Il sera ratifié, et les ratifications en seront échangées à Paris, dans le délai de cinq jours à partir de la date de sa signature.

En foi de quoi, les Plénipotentiaires respectifs ont signé le présent et y ont apposé le sceau de leurs armes.

Fait à Paris, le vingt-cinquième jour du mois de février de l'an de grâce mil huit cent soixante.

(*L. S.*) Signé J. Baroche.
(*L. S.*) Signé E. Rouher.
(*L. S.*) Signé Cowley.

ART. 2.

Notre ministre et secrétaire d'État au département des affaires étrangères est chargé de l'exécution du présent décret.

Fait à Paris, le 10 mars 1860.

NAPOLÉON.

Par l'Empereur :

Le Ministre des Affaires Étrangères,

THOUVENEL.

DÉCRET IMPÉRIAL

QUI PRESCRIT

LA PROMULGATION DU DEUXIÈME ARTICLE ADDITIONNEL

AU TRAITÉ DE COMMERCE

CONCLU

ENTRE LA FRANCE ET LA GRANDE-BRETAGNE.

NAPOLEON,

Par la grâce de Dieu et la volonté nationale, EMPEREUR DES FRANÇAIS,

A tous présents et à venir, SALUT :

Sur le rapport de notre ministre secrétaire d'Etat au département des affaires étrangères,

Avons DÉCRÉTÉ et DÉCRÉTONS ce qui suit :

ARTICLE PREMIER.

Un deuxième article additionnel au Traité de commerce conclu, le 23 janvier 1860, entre la France et le Royaume-Uni de la Grande-Bretagne et d'Irlande, ayant été signé à Paris, le 27 juin 1860, et les ratifications de cet acte ayant été échangées le 1er juillet 1860, ledit article additionnel, dont la teneur suit, recevra sa pleine et entière exécution.

8.

La négociation de l'arrangement destiné, aux termes du premier paragraphe de l'article 13 du Traité conclu entre la France et la Grande-Bretagne, le 23 janvier 1860, à fixer le taux des droits spécifiques applicables aux produits britanniques importés en France, n'ayant pu être achevée dans le terme énoncé par cet article, les Hautes Parties contractantes ont jugé convenable, dans l'intérêt du commerce respectif des deux pays, d'arrêter de nouvelles dispositions pour faciliter la mise en vigueur successive du Traité précité dans les limites de temps qu'il a déterminées.

En conséquence, les soussignés, munis à cet effet des pouvoirs de Sa Majesté l'Empereur des Français, d'une part, et de Sa Majesté la Reine du Royaume-Uni de la Grande-Bretagne et d'Irlande, d'autre part, sont convenus de ce qui suit :

1° Au lieu d'une Convention unique pour fixer les droits spécifiques applicables aux produits britanniques à leur importation en France, il sera conclu successivement trois Conventions séparées embrassant : la première, les fers, les fontes, les aciers et les ouvrages en métaux, machines, outils et mécaniques de toute espèce ; la seconde, les fils et tissus de lin et de chanvre; et la troisième, tous les autres produits d'origine et de manufactures britanniques énumérés dans l'article 1er du Traité du 23 janvier.

2° Ces Conventions seront négociées, conclues et ratifiées de manière à entrer respectivement en vigueur, pour les produits auxquels elles s'appliqueront, à chacune des époques fixées par l'article 15 du Traité, dont elles formeront le complément. Néanmoins, la dernière de ces Conventions devra être conclue et ratifiée avant le 1er novembre prochain.

Le présent article additionnel aura la même force et valeur que s'il avait été inséré dans le Traité principal du 23 janvier dernier. Il sera ratifié, et les ratifications en seront échangées à Paris dans le délai de quatre jours au plus tard.

En foi de quoi, les Plénipotentiaires respectifs ont signé le présent et y ont apposé le sceau de leurs armes.

Fait à Paris, le vingt-sept juin de l'an de grâce mil huit cent soixante.

(*L. S.*) Signé Thouvenel.
(*L. S.*) Signé Cowley.

ART. 2.

Notre ministre et secrétaire d'État au département des affaires étrangères est chargé de l'exécution du présent décret.

Fait au palais de Fontainebleau, le 6 juillet 1860.

NAPOLÉON.

Par l'Empereur :

Le Ministre des affaires étrangères,

THOUVENEL.

DÉCRET IMPÉRIAL

PORTANT PROMULGATION

DE LA CONVENTION COMPLÉMENTAIRE DE COMMERCE

CONCLUE,

LE 12 OCTOBRE 1860,

ENTRE LA FRANCE ET LA GRANDE-BRETAGNE.

NAPOLÉON,

Par la grâce de Dieu et la volonté nationale, EMPEREUR DES FRANÇAIS,

A tous présents et à venir, SALUT :

Sur le rapport de notre ministre secrétaire d'État, au département des affaires étrangères,

AVONS DÉCRÉTÉ et DÉCRÉTONS ce qui suit:

ARTICLE PREMIER.

Une Convention, suivie d'un tarif, ayant été conclue, le 12 octobre 1860, entre la France et le Royaume-Uni de la Grande-Bretagne et d'Irlande, pour assurer l'exécution du Traité de commerce du 23 janvier 1860, dont elle est l'un des compléments, et les ratifications de cet acte ayant été échangées à Paris le 25 octobre 1860, ladite Convention, dont la teneur suit, recevra sa pleine et entière exécution.

CONVENTION.

Sa Majesté l'Empereur des Français et Sa Majesté la Reine du Royaume-Uni de la Grande-Bretagne et d'Irlande, désirant assurer l'exécution du Traité de commerce conclu entre Elles le 23 janvier 1860, dans les limites et de la manière prévues par le deuxième article additionnel à ce même Traité, ont résolu de négocier un premier arrangement complémentaire pour déterminer les droits spécifiques ou à la valeur qui devront grever, à leur importation en France, les marchandises d'origine ou de manufacture britannique énumérées dans ledit Traité, et ont, à cet effet, nommé pour leurs Plénipotentiaires, savoir:

Sa Majesté l'Empereur des Français, M. Thouvenel, Sénateur de l'Empire, Grand-Croix de son Ordre impérial de la Légion d'honneur, etc., etc., etc., son Ministre secrétaire d'État au département des affaires étrangères, et M. Rouher, Sénateur de l'Empire, Grand-Croix de son Ordre impérial de la Légion d'honneur, etc., etc., etc., son Ministre secrétaire d'État au département de l'agriculture, du commerce et des travaux publics;

Et Sa Majesté la Reine du Royaume-Uni de la Grande-Bretagne et d'Irlande, le très-honorable Henry-Richard-Charles, comte Cowley, vicomte Dangan, baron Cowley, Pair du Royaume-Uni, membre du très-honorable Conseil privé de Sa Majesté Britannique, Chevalier Grand-Croix du très-honorable Ordre du Bain, Ambassadeur extraordinaire et plénipotentiaire de Sadite Majesté près Sa Majesté l'Empereur des Français, et M. Richard Cobden, Écuyer, membre du Parlement Britannique;

Lesquels, après s'être communiqué leurs pleins pouvoirs respectifs, trouvés en bonne et due forme, sont convenus des articles suivants :

ARTICLE PREMIER.

Les objets d'origine ou de manufacture britannique énumérés dans le tarif joint à la présente Convention, et importés directement du Royaume-Uni sous pavillon français ou britannique, seront admis en France aux droits fixés par ledit tarif.

ART. 2.

Pour établir que les produits sont d'origine ou de manufacture britannique, l'importateur devra présenter à la douane française, soit une déclaration officielle faite devant un magistrat britannique siégeant au lieu d'expédition, soit un certificat délivré par le chef du service des douanes du port d'embarquement, soit un certificat délivré par les consuls ou agents consulaires de France dans les lieux d'expédition ou dans les ports d'embarquement. Les consuls ou agents consulaires de France susdésignés légaliseront les signatures des autorités britanniques.

ART. 3.

L'importateur de machines et mécaniques entières ou en pièces détachées, d'origine ou de manufacture britannique, sera dispensé de l'obligation de produire à la douane française tout modèle ou dessin de l'objet importé.

ART. 4.

L'importateur d'une marchandise d'origine ou de manufacture britannique, taxée à la valeur, devra joindre à la déclaration constatant la valeur de cette marchandise et au certificat d'origine une facture indiquant le prix réel et émanant du fabricant ou du vendeur, qui sera visée par un consul ou un agent consulaire de France dans le Royaume-Uni.

ART. 5.

Si les articles taxés à la valeur ont été préalablement mis en entrepôt, les droits seront perçus d'après la valeur de ces articles au moment de leur admission effective en France.

ART. 6.

L'importateur contre lequel la douane française voudra exercer le droit de préemption stipulé par le Traité du 23 janvier 1860 pourra, s'il le préfère, demander l'estimation de sa marchandise par des experts.

La même faculté appartiendra à la douane française, lorsqu'elle ne jugera pas convenable de recourir immédiatement à la préemption.

ART. 7.

Si l'expertise constate que la marchandise n'a pas une valeur de cinq pour cent supérieure à celle déclarée par l'importateur, le droit sera perçu sur le montant de la déclaration.

Si la valeur constatée est de cinq pour cent supérieure à celle déclarée, la douane française pourra, à son choix, exercer la préemption ou percevoir le droit sur la valeur déterminée par les experts.

Ce droit sera augmenté de cinquante pour cent à titre d'amende, si l'évaluation des experts est de dix pour cent supérieure à la valeur déclarée.

Si la valeur déterminée par la décision arbitrale excède la valeur déclarée de cinq pour cent, les frais d'expertise seront supportés par le déclarant; dans le cas contraire, ils seront supportés par la douane française.

ART 8.

Dans les cas prévus par l'article 6, les deux arbitres experts seront nommés, l'un par le déclarant, l'autre par le chef local du service des douanes françaises; en cas de partage, ou même au moment de la constitution de l'arbitrage, si le déclarant le requiert, les experts choisiront un tiers arbitre; s'il y a désaccord, celui-ci sera nommé par le président du tribunal de commerce du port d'introduction, à défaut par le président du tribunal de commerce du lieu le plus voisin.

La décision arbitrale devra être rendue dans les quinze jours qui suivront la constitution de l'arbitrage.

ART. 9.

Indépendamment des taxes de douane, les articles d'orfévrerie et de bijouterie en or, argent, platine ou autres métaux, de manufacture britannique, importés en France, seront soumis au régime du contrôle établi dans ce pays pour les articles similaires de fabrication nationale, et payeront, s'il y a lieu, sur la même base que ceux-ci, les droits de marque et de garantie.

ART. 10.

Le Tarif annexé à la présente Convention sera immédiatement applicable, indépendamment des articles déjà admissibles en vertu du Traité du 23 janvier dernier, au sucre raffiné, aux ouvrages en métaux, machines, pièces détachées de machines, outils et mécaniques de toute espèce.

ART. 11.

La présente Convention aura la même durée que le Traité conclu entre les Hautes Parties contractantes, le 23 janvier dernier, dont elle est l'un des compléments.

ART. 12.

La présente Convention sera ratifiée et les ratifications en seront échangées à Paris, dans le délai de quinze jours, ou plus tôt, si faire se peut.

En foi de quoi, les Plénipotentiaires respectifs l'ont signée et y ont apposé le cachet de leurs armes.

Fait en double à Paris, le douzième jour du mois d'octobre de l'an mil huit cent soixante.

(*L. S.*) Signé Thouvenel.
(*L. S.*) Signé E. Rouher.
(*L. S.*) Signé Cowley.
(*L. S.*) Signé Rich. Cobden.

TARIF ANNEXÉ À LA CONVENTION CONCLUE, LE 12 OCTOBRE 1860, ENTRE LA FRANCE ET LA GRANDE-BRETAGNE.

DÉNOMINATION DES ARTICLES.		TAUX DES DROITS D'ENTRÉE en 1860.	en 1864.
MÉTAUX.			
Fer	Minerai de fer	Exempt.	Exempt.
	Mâchefer, limailles et scories de forge	Exempts.	Exempts.
	Fonte brute en masses. Débris de vieux ouvrages en fonte	2f 50c	2f 00c
	Fonte épurée dite mazée. Ferrailles et débris de vieux ouvrages en fer	3 25	2 75
	Fer brut en massiaux ou prismes retenant encore des scories	5 00	4 50
	Fers en barres carrées, rondes ou plates, rails de toute forme et dimension, fers d'angle et à T et fils de fer, sauf les exceptions ci-après	7 00	6 00
	Fers feuillards en bandes d'un millimètre d'épaisseur ou moins. Tôles laminées ou martelées de plus d'un millimètre d'épaisseur, en feuilles pesant 200 kilogrammes ou moins, et dont la largeur n'excède pas 1 mèt. 20 cent. ni la longueur 4 mèt. 50 cent.	8 50	7 50
	Idem en feuilles pesant plus de 200 kilogrammes, ou bien ayant plus de 1 m. 20 cent. de largeur, ou plus de 4 m. 50 cent. de longueur	9 50 les 100 kil.	7 50 les 100 kil.
	Tôles minces et fers noirs en feuilles d'un millimètre d'épaisseur ou moins	13 00	10 00
	(Les feuilles de tôle ou fers noirs, planes, découpées d'une façon quelconque, payeront un dixième en sus des feuilles rectangulaires.)		
	Fer étamé (fer-blanc), cuivré, zingué ou plombé	16 00	13 00
	Fil de fer de 5/10es de millimètre de diamètre et au-dessous, qu'il soit ou non étamé, cuivré ou zingué	14 00	10 00
	Acier en barres de toute espèce	15 00	13 00
	Acier en tôle de plus de 2 millimètres d'épaisseur	18 00	15 00
	Acier en tôle de 2 millimètres d'épaisseur ou moins. Fil d'acier, même blanchi, pour cordes d'instruments	30 00	25 00
Cuivre	Minerai	Exempt.	Exempt.
	Limailles et débris de vieux ouvrages en cuivre	Exempts.	Exempts.
	Cuivre pur ou allié de zinc ou d'étain de première fusion en masses, barres, saumons ou plaques	Exempt.	Exempt.
	Cuivre pur ou allié de zinc ou d'étain laminé ou battu en barres ou planches	15f 00c les 100 kil.	12f 00c les 100 kil.
	Cuivre pur ou allié en fils de toute dimension, polis ou non	15 00 idem.	10 00 idem.
	Cuivre doré ou argenté, battu, tiré ou laminé, filé sur fil ou sur soie	100 00 idem.	100 00 idem.
Zinc	Minerai cru ou grillé, pulvérisé ou non	Exempt.	Exempt.
	Limailles et débris de vieux ouvrages	Exempts.	Exempts.
	En masses brutes, saumons, barres ou plaques	0f 10c les 100 kil.	0f 10c les 100 kil.
	Laminé	6 00 idem.	4 00 idem.

DÉNOMINATION DES ARTICLES.		TAUX DES DROITS D'ENTRÉE en 1860.	TAUX DES DROITS D'ENTRÉE en 1864.
	Fer, minerai et scories de toute sorte	Exempts.	Exempts.
Plomb	Limailles et débris de vieux ouvrages	Exempts.	Exempts.
Plomb	En masses brutes, saumons, barres ou plaques	3f 00c les 100 kil.	Exempt.
Plomb	Laminé	5 00 les 100 kil.	3f 00c les 100 kil.
Plomb	Allié d'antimoine en masses	5 00 les 100 kil.	3 00 les 100 kil.
Plomb	Vieux caractères d'imprimerie	5 00 les 100 kil.	3 00 les 100 kil.
Étain	Minerai	Exempt.	Exempt.
Étain	En masses brutes, saumons, barres ou plaques	Exempt.	Exempt.
Étain	Limailles et débris	Exempts.	Exempts.
Étain	Allié d'antimoine (métal britannique) en lingots	5f 00c les 100 kil.	5f 00c les 100 kil.
Étain	Pur ou allié, battu ou laminé	6 00 idem.	6 00 idem.
Bismuth brut		Exempt.	Exempt.
Antimoine	Minerai	Exempt.	Exempt.
Antimoine	Sulfuré fondu	Exempt.	Exempt.
Antimoine	Métallique ou régule	8f 00c les 100 kil.	6f 00c les 100 kil.
Nickel	Minerai de nickel et speiss	Exempt.	Exempt.
Nickel	Pur ou allié d'autres métaux, notamment de cuivre ou de zinc (argentan), en lingots ou masses brutes	Exempt.	Exempt.
Nickel	Pur ou allié d'autres métaux, laminé ou étiré	15f 00c les 100 kil.	10f 00c les 100 kil.
Manganèse, minerai		Exempts.	Exempts.
Arsenic	Minerai	Exempts.	Exempts.
Arsenic	Arsenic métallique	Exempts.	Exempts.
Minerais non dénommés		Exempts.	Exempts.
OUVRAGES EN MÉTAUX.			
Fonte	Ouvrages en fonte moulée, non tournés, ni polis :		
Fonte	*1re classe.* — Coussinets de chemins de fer, plaques ou autres pièces coulées à découvert	3f 50c les 100 kil.	3f 00c les 100 kil.
Fonte	*2e classe.* — Tuyaux cylindriques, droits, poutrelles et colonnes pleines, cornues pour la fabrication du gaz	4 25 les 100 kil.	3 75 les 100 kil.
Fonte	*3e classe.* — Poteries et tous autres ouvrages non désignés dans les deux classes précédentes	5 00 les 100 kil.	4 50 les 100 kil.
Fonte	Ouvrages en fonte polie ou tournée	9 00 les 100 kil.	6 00 les 100 kil.
Fonte	Ouvrages en fonte étamée, émaillée ou vernissée	12 00 les 100 kil.	10 00 les 100 kil.
Fer	Ferronnerie comprenant :		
Fer	Pièces de charpente	9 00 les 100 kil.	8 00 les 100 kil.
Fer	Courbes et solives pour navires	9 00 les 100 kil.	8 00 les 100 kil.
Fer	Ferrures de charrettes et wagons	9 00 les 100 kil.	8 00 les 100 kil.
Fer	Gonds, pentures, gros verrous, équerres et autres gros ferrements de portes ou croisées, non tournés ni polis	9f 00c les 100 kil.	8f 00c les 100 kilog.
Fer	Grilles en fer plein, lits, siéges et meubles de jardin ou autres, avec ou sans ornements accessoires en fonte, cuivre ou acier	9f 00c les 100 kil.	8f 00c les 100 kilog.
Fer	*N. B.* Les essieux, ressorts et bandages de roues ne sont pas compris dans cette nomenclature, et figurent parmi les pièces détachées de machines.		
Fer	Serrurerie comprenant :		
Fer	Serrures et cadenas en fer de toute sorte, fiches et charnières en tôle, loquets, targettes et tous autres objets en fer ou tôle, tournés, polis ou limés pour ferrures de meubles, portes et croisées	15f 00c les 100 kil.	12f 00c les 100 kil.
Fer	Clous forgés à la mécanique	10 00 les 100 kil.	8 00 les 100 kil.
Fer	Clous forgés à la main	15 00 les 100 kil.	12 00 les 100 kil.
Fer	Vis à bois, boulons et écrous	10 00 les 100 kil.	8 00 les 100 kil.
Fer	Ancres	10 00 les 100 kil.	8 00 les 100 kil.
Fer	Câbles et chaînes en fer	10 00 les 100 kil.	8 00 les 100 kil.
Fer	Outils en fer pur, emmanchés ou non	12 00 les 100 kil.	10 00 les 100 kil.
Fer	Tubes en fer étiré, soudés par simples rapprochements :		
Fer	De 9 millimètres de diamètre intérieur ou plus	13 00 les 100 kil.	11 00 les 100 kil.
Fer	De moins de 9 millimètres, recourbés de toute espèce	25 00 les 100 kil.	20 00 les 100 kil.
Fer	Tubes en fer étiré, soudés sur mandrin et à recouvrement	25 00 les 100 kil.	20 00 les 100 kil.
Fer	Hameçons de mer en fer, étamés ou non	50 00 les 100 kil.	40 00 les 100 kil.
Fer	Articles de ménage et autres ouvrages non dénommés :		
Fer	En fer ou en tôle, polis ou peints	17 00 les 100 kil.	14 00 les 100 kil.
Fer	En fer ou en tôle émaillés, étamés ou vernissés	20 00 les 100 kil.	16 00 les 100 kil.

DÉNOMINATION DES ARTICLES.	TAUX DES DROITS D'ENTRÉE EN 1860.		TAUX DES DROITS D'ENTRÉE EN 1864.	
Acier..... Outils en acier pur (limes, scies circulaires ou droites, faux, faucilles et autres non dénommés)	40f 00c		32f 00c	
Acier..... Aiguilles à coudre de moins de 5 centimètres	100 00		100 00	
Acier..... Aiguilles à coudre de 5 centimètres ou plus	100 00		100 00	
Acier..... Hameçons de rivière en acier bleui ou non	100 00	les 100 kil.	100 00	les 100 kil.
Acier..... Plumes métalliques en métal autre que l'or et l'argent	100 00		100 00	
Acier..... Petits objets en acier, tels que perles, coulants, broches et dés à coudre	25 00		20 00	
Acier..... Articles de ménage et autres ouvrages en acier pur non dénommés	40 00		32 00	
Coutellerie de toute espèce	20 p. o/o de la valeur, abaissé à 15 p. o/o à partir du 1er janvier 1866.			
Instruments de chirurgie, d'optique et de précision	10 p. o/o de la val.		10 p. o/o de la val.	
Armes de commerce: Armes blanches	40f 00c les 100 kil.		40f 00c les 100 kil.	
Armes de commerce: Armes à feu	240 00 idem.		240 00 idem.	
MÉTAUX DIVERS.				
Outils en fer rechargés d'acier, emmanchés ou non	18f 00c		15f 00c	
Objets en fonte et fer non polis, le poids du fer étant inférieur à la moitié du poids total	5 00		4 50	
Objets en fonte et fer non polis, le poids du fer étant égal ou supérieur à la moitié du poids total	10 00		8 00	
Objets en fonte et fer polis, émaillés ou vernissés, même avec ornements accessoires en fer, cuivre, laiton ou acier	15 00		12 00	
Toiles métalliques en fer ou en acier	15 00		10 00	
Cylindres en cuivre ou laiton pour impression, gravés ou non	15 00		15 00	
Chaudronnerie. Toiles en fils de cuivre ou laiton. Objets d'art et d'ornement et tous autres ouvrages en cuivre pur ou allié de zinc ou d'étain	25 00	les 100 kil.	20 00	les 100 kil.
Ouvrages en zinc de toute espèce	10 00		8 00	
Tuyaux et autres ouvrages de plomb de toute sorte	5 00		3 00	
Caractères d'imprimerie neufs	10 00		8 00	
Poteries et autres ouvrages en étain pur ou allié d'antimoine	30 00		30 00	
Ouvrages en nickel allié au cuivre ou au zinc (argentan)	100 00		100 00	
Ouvrages en plaqué sans distinction de titre	100 00		100 00	
Ouvrages en métaux dorés ou argentés, soit au mercure, soit par les procédés électro-chimiques	100 00		100 00	
Orfèvrerie et bijouterie d'or, argent, platine ou autres métaux	500 00		500 00	
Horlogerie	5 p. o/o de la val.		5 p. o/o de la val.	
Fournitures d'horlogerie	100f 00c les 100 kil.		100f 00c les 100 kil.	
MACHINES ET MÉCANIQUES.				
APPAREILS COMPLETS.				
Machines à vapeur fixes, avec ou sans chaudières, avec ou sans volant	10f 00c		6f 00c	
Machines à vapeur fixes, pour la navigation, avec ou sans chaudières	20 00		12 00	
Machines locomotives ou locomobiles	15 00		10 00	
Tenders complets de machines locomotives	10 00		8 00	
Machines pour la filature	15 00		10 00	
Machines pour le tissage, pour fabriquer le papier, à imprimer, pour l'agriculture, à bouter les plaques et rubans de cardes	9 00	les 100 kil.	6 00	les 100 kil.
Métiers à tulle	15 00		10 00	
Appareils en cuivre, à distiller, à sucre, de chauffage	15 00		10 00	
Cardes non garnies	15 00		10 00	

DÉNOMINATION DES ARTICLES.	TAUX DES DROITS D'ENTRÉE.	
	EN 1860.	EN 1864.
Chaudières à vapeur — en tôle de fer, cylindriques ou sphériques, avec ou sans bouilleurs ou réchauffeurs	10f 00c	8f 00c
Chaudières à vapeur — tubulaires en tôle de fer, à tubes en fer, cuivre ou laiton, étirés ou en tôle clouée, à foyers intérieurs, et toutes autres chaudières de forme non cylindrique ou sphérique simple	15 00	12 00
Chaudières à vapeur — en tôle d'acier de toute forme	30 00	25 00
Gazomètres, chaudières découvertes, poêles et calorifères en tôle ou en fonte et tôle	10 00	8 00
Machines-outils et machines non dénommées contenant — 75 p. % de fonte et plus	9 00	6 00
Machines-outils et machines non dénommées contenant — 50 à 75 p. % exclusivement de leur poids en fonte	15 00	10 00
Machines-outils et machines non dénommées contenant — moins de 50 p. % de leur poids en fonte	20 00	15 00
PIÈCES DÉTACHÉES DE MACHINES.	les 100 kil.	les 100 kil.
Plaques et rubans de cardes sur cuir, caoutchouc, ou sur tissus purs ou mélangés	60 00	50 00
Dents de rots en fer ou en cuivre	30 00	30 00
Rots, ferrures ou peignes à tisser, à dents de fer ou de cuivre	50 00	30 00
Pièces en fonte, polies, limées et ajustées	9 00	6 00
Pièces en fer forgé, polies, limées et ajustées ou non, quel que soit leur poids	15 00	10 00
Ressorts en acier pour carrosserie, wagons et locomotives	17 00	15 00
Pièces en acier — polies, limées, ajustées ou non, pesant plus d'un kilogr.	30 00	25 00
Pièces en acier — pesant un kilogramme ou moins	40 00	35 00
Pièces en cuivre pur ou allié de tous autres métaux	25 00	20 00
Plaques et rubans de cuir, de caoutchouc et de tissus spécialement destinés pour cardes	20 00	20 00
Or battu en feuilles	100f 00c le kil.	100f 00c le kilog.
Sucre raffiné	41f 00c les 100 kil.	41f 00c les 100 kil.
Carrosserie	10 p. % de la valeur.	10 p. % de la valeur.
Tabletterie et ouvrages en ivoire	10 p. % de la valeur.	10 p. % de la valeur.
Peaux vernies, teintes ou maroquinées	250f les 100 kil.	250f les 100 kil.
Peaux préparées de toute autre espèce	30 idem.	30 idem.
Ouvrages en peaux et en cuir de toute espèce	10 p. % de la val.	10 p. % de la val.
Futailles vides, neuves ou vieilles, montées ou démontées — cerclées en bois	Exemptes.	Exemptes.
Futailles vides, neuves ou vieilles, montées ou démontées — cerclées en fer	10 p. % de la val.	10 p. % de la val.
Pelles, fourches, râteaux et manches d'outils en bois, avec ou sans viroles	Exempts.	Exempts.
Avirons	Exempts.	Exempts.
Plats, cuillers, écuelles et autres articles de ménage en bois	Exempts.	Exempts.
Pièces de charpente brutes ou façonnées	Exemptes.	Exemptes.
Pièces de charronnage, brutes ou façonnées	Exemptes.	Exemptes.
Autres ouvrages en bois non dénommés	10 p. % de la valeur.	10 p. % de la valeur.
Meubles	10 p. % de la valeur.	10 p. % de la valeur.
	Par tonneau de jauge française :	
Bâtiments de mer construits dans le Royaume-Uni, non encore immatriculés ou naviguant sous pavillon britannique — en bois	25 francs.	20 francs.
Bâtiments de mer construits dans le Royaume-Uni, non encore immatriculés ou naviguant sous pavillon britannique — en fer	70 francs.	60 francs.
Coques de bâtiments de mer — en bois	15 francs.	10 francs.
Coques de bâtiments de mer — en fer	50 francs.	40 francs.

N. B. Les machines et moteurs installés à bord de ces bâtiments seront taxés séparément d'après le chiffre des droits spécifiés sous la rubrique machines et mécaniques.

Le présent tarif est approuvé pour être annexé à la Convention conclue le 12 octobre 1860 entre la France et la Grande-Bretagne.

Paris, le 12 octobre 1860.

Signé Thouvenel.
Signé E. Rouher.
Signé Cowley.
Signé Rich. Cobden.

ART. 2.

Notre ministre secrétaire d'État au département des affaires étrangères est chargé de l'exécution du présent décret.

Fait à Saint-Cloud, le 26 octobre 1860.

NAPOLEON.

Par l'Empereur :

Le Ministre des Affaires étrangères,

TROUVENEL.

DÉCRET IMPÉRIAL

PORTANT PROMULGATION

DE LA

DEUXIÈME CONVENTION COMPLÉMENTAIRE DE COMMERCE

CONCLUE, LE 16 NOVEMBRE 1860,

ENTRE LA FRANCE ET LA GRANDE-BRETAGNE.

NAPOLÉON,

Par la grâce de Dieu et la volonté nationale, EMPEREUR DES FRANÇAIS,

A tous présents et à venir, SALUT :

Sur le rapport de notre ministre secrétaire d'État au département des affaires étrangères,

AVONS DÉCRÉTÉ et DÉCRÉTONS ce qui suit :

ARTICLE PREMIER.

Une deuxième Convention, suivie d'un tarif, ayant été conclue, le 16 novembre 1860, entre la France et le Royaume-Uni de la Grande-Bretagne et d'Irlande, pour assurer l'exécution du Traité de commerce du 23 janvier 1860, dont elle est un des compléments; et les ratifications de cet acte ayant été échangées à Paris, le 30 novembre 1860, ladite Convention, dont la teneur suit, recevra sa pleine et entière exécution.

CONVENTION.

Sa Majesté l'Empereur des Français et Sa Majesté la Reine du Royaume-Uni de la Grande-Bretagne et d'Irlande, voulant assurer la complète exécution du Traité du 23 janvier 1860, en fixant les droits à l'importation des marchandises d'origine ou de manufacture britannique énumérées dans ledit Traité et non comprises dans l'arrangement du 12 octobre dernier, ont résolu de négocier dans ce but une deuxième Convention additionnelle, et ont, à cet effet, nommé pour leurs Plénipotentiaires, savoir :

Sa Majesté l'Empereur des Français, M. Thouvenel, Sénateur de l'Empire, Grand-Croix de son Ordre impérial de la Légion d'honneur, etc ,etc.,etc.,son Ministre secrétaire d'État au département des Affaires Étrangères;

Et M. Rouher, Sénateur de l'Empire, Grand-Croix de son Ordre impérial de la Légion d'honneur, etc., etc., etc., son Ministre secrétaire d'État au département de l'Agriculture, du Commerce et des Travaux Publics;

Et Sa Majesté la Reine du Royaume-Uni de la Grande-Bretagne et d'Irlande, le très-honorable Henry-Richard-Charles comte Cowley, vicomte Dangan, baron Cowley, Pair du Royaume-Uni, membre du très-honorable Conseil privé de Sa Majesté Britannique, Chevalier Grand-Croix du très-honorable Ordre du Bain, ambassadeur extraordinaire et plénipotentiaire de Sadite Majesté près Sa Majesté l'Empereur des Français;

Et M. Richard Cobden, Écuyer, membre du Parlement Britannique;

Lesquels, après s'être communiqué leurs pleins pouvoirs respectifs, trouvés en bonne et due forme, sont convenus des articles suivants :

ARTICLE PREMIER.

Les objets d'origine ou de manufacture britannique énumérés dans le Tarif joint à la présente Convention, et importés directement du Royaume-Uni sous pavillon français ou britannique, seront admis en France aux droits fixés par ledit Tarif.

ART. 2.

Les règles consacrées par les articles 2, 4, 5, 6, 7 et 8 de la Convention conclue, le 12 octobre dernier, entre les Hautes Puissances contractantes pour les justifications d'origine, les déclarations d'importation et l'expertise des produits taxés *ad valorem*, s'appliqueront également aux divers produits d'origine ou de manufacture britannique énumérés dans le Tarif annexé à la présente Convention.

L'article 3 de la Convention du 12 octobre dernier, qui dispense les importateurs de machines ou de pièces détachées de machines, d'origine ou de manufacture britannique, de l'obligation de produire des modèles ou dessins, est déclaré applicable à toutes les marchandises dont l'importation était assujettie à cette formalité, et qui sont comprises, soit dans la présente Convention, soit dans celle du 12 octobre dernier.

ART. 3.

Indépendamment des droits de douane stipulés dans le tarif annexé à la présente Convention et par application des articles 1er et 9 du Traité conclu entre les Hautes Puissances contractantes le 23 janvier dernier, les produits d'origine ou de manufacture britannique ci-dessous énumérés seront, à leur importation en France et à titre de compensation des droits équivalents supportés par les fabricants français, assujettis aux taxes supplémentaires ci-après déterminées :

Produits			Taxes	Unité
Soude brute			4f 35c	les 100 kilog.
Cristaux de soude			4 35	les 100 kilog.
Sulfate de soude	pur	anhydre	6 00	les 100 kilog.
		cristallisé ou hydraté	2 40	les 100 kilog.
	impur	anhydre	5 40	les 100 kilog.
		cristallisé ou hydraté	2 10	les 100 kilog.
Sulfite de soude			6 00	les 100 kilog.
Sel de soude			11 00	les 100 kilog.
Acide hydrochlorique			3 00	les 100 kilog.
Chlorure de chaux			10 00	les 100 kilog.
Chlorate de potasse			66 00	les 100 kilog.
Chlorure de magnésium			4 00	les 100 kilog.
Glaces ou grands miroirs			1 00	le mètre de superficie.
Gobeleterie, verres à vitres et autres verres blancs			3 20	les 100 kilog.
Bouteilles			1 25	les 100 kilog.
Outremer factice			11 00	les 100 kilog.
Sel ammoniac			16 00	les 100 kilog.
Soudes de varech			1 50	les 100 kilog.
Salin ou résidu brut de la calcination des vinasses de betterave			1 25	les 100 kilog.
Sel d'étain			3 00	les 100 kilog.

			Droit	Unité
Savons	blancs ou marbrés, composés d'alcalis et d'huile d'olive ou de graines grasses pures ou mélangées de graisses animales	L'huile entrant pour la moitié au moins dans le mélange des corps gras.	8f 20c	les 100 kilog.
		L'huile entrant pour moins de moitié dans le mélange des corps gras.	6 00	les 100 kilog.
	de graisses animales	Purs	6 00	les 100 kilog.
		Mélangés de résine...	6 00	les 100 kilog.
	d'huile de palme ou de coco mélangés de graisses animales		4 00	les 100 kilog.
	de couleur, composés d'huile de graines ou de graisses animales		6 00	les 100 kilog.
Alcool pur			90 00	l'hectolitre.
Bière			2 40	l'hectolitre.
Vernis à l'esprit de vin, par l'hectolitre d'alcool pur contenu dans le vernis.			90 00	l'hectolitre.

Il est entendu que le sucre raffiné n'est pas compris dans cette nomenclature, parce que le droit de quarante et un francs par cent kilogrammes fixé à l'importation de ce produit comprend l'impôt de consommation dont il est actuellement grevé en France.

Il est également convenu entre les Hautes Puissances contractantes qu'en cas de modification ou de suppression des droits d'accise actuellement imposés aux fabricants français, les produits d'origine ou de manufacture britannique seront, pour ces droits d'accise, soumis aux mêmes conditions que les produits similaires français. Toutefois, si, par suite de la suppression de l'un de ces droits, le Gouvernement établit une surveillance, un contrôle ou un exercice administratif sur certains produits fabriqués français, les charges directes ou indirectes dont seront grevés les fabricants français seront compensées par une surtaxe équivalente établie sur les produits similaires britanniques. Il demeure, en outre, entendu que si des drawbacks sont accordés à d'autres produits de fabrication française, les droits de douane qui grèvent les produits similaires, d'origine ou de fabrication britannique, seront augmentés d'une surtaxe égale au montant de ces drawbacks.

ART. 4.

A l'égard des tissus purs et mélangés, taxés à la valeur, dont l'estimation dans les ports lui paraîtrait présenter des difficultés, le Gouvernement français se réserve la faculté de désigner exclusivement la douane de Paris pour l'admission de ces marchandises.

ART. 5.

Chacune des Hautes Puissances contractantes s'engage à faire profiter l'autre de toute faveur, de tout privilége ou abaissement de tarif que l'une d'elles accorderait à une tierce puissance pour l'importation de marchandises mentionnées ou non dans le Traité du 23 janvier 1860.

ART. 6.

Le tarif annexé à la présente Convention entrera en vigueur dans un délai qui ne pourra dépasser le 1er juin 1861 pour les fils et tissus de lin, de chanvre et de jute, et le 1er octobre suivant pour tous les autres articles.

ART. 7.

La présente Convention aura la même durée que le Traité conclu entre les Hautes Puissances contractantes le 23 janvier dernier, dont elle est l'un des compléments.

ART. 8.

La présente Convention sera ratifiée, et les ratifications en seront échangées à Paris dans le délai de quinze jours, ou plus tôt, si faire se peut.

En foi de quoi, les Plénipotentiaires respectifs l'ont signée et y ont apposé le cachet de leurs armes.

Fait en double à Paris, le seizième jour du mois de novembre de l'an mil huit cent soixante.

(*L. S.*) Signé THOUVENEL.
(*L. S.*) Signé E. ROUHER.
(*L. S.*) Signé COWLEY.
(*L. S.*) Signé Rich. COBDEN.

TARIF ANNEXÉ À LA CONVENTION CONCLUE, LE 16 NOVEMBRE 1860, ENTRE LA FRANCE ET LA GRANDE-BRETAGNE.

DÉNOMINATION DES ARTICLES.				TAUX DES DROITS D'ENTRÉE EN 1860.	EN 1864.
INDUSTRIES TEXTILES.					
LIN.					
Lin ou chanvre peigné				5f 00c	les 100 kilog.
Fils de lin ou de chanvre, mesurant au kilogramme	simples	écrus	6,000 mètres ou moins	15 00	les 100 kilog.
			plus de 6,000, pas plus de 12,000	20 00	les 100 kilog.
			plus de 12,000, pas plus de 24,000	30 00	les 100 kilog.
			plus de 24,000, pas plus de 36,000	36 00	les 100 kilog.
			plus de 36,000, pas plus de 72,000	60 00	les 100 kilog.
			plus de 72,000	100 00	les 100 kilog.
		blanchis ou teints	6,000 mètres ou moins	20 00	les 100 kilog.
			plus de 6,000, pas plus de 12,000	27 00	les 100 kilog.
			plus de 12,000, pas plus de 24,000	40 00	les 100 kilog.
			plus de 24,000, pas plus de 36,000	48 00	les 100 kilog.
			plus de 36,000, pas plus de 72,000	80 00	les 100 kilog.
			plus de 72,000	133 00	les 100 kilog.
	retors	écrus		Mêmes droits que sur les fils simples écrus, augmentés de 30 p. o/o, suivant la classe.	
		blanchis ou teints		Mêmes droits que sur les fils simples teints ou blanchis, augmentés de 30 p. o/o, suivant la classe.	
Tissus de lin ou de chanvre unis ou ouvrés, présentant en chaîne, dans l'espace de 5 millimètres carrés,	écrus		8 fils ou moins	30f 00c	les 100 kilog.
			9, 10 et 11 fils	55 00	les 100 kilog.
			12, 13 et 14 fils	90 00	les 100 kilog.
			15, 16 et 17 fils	125 00	les 100 kilog.
			18, 19 et 20 fils	170 00	les 100 kilog.
			21, 22 et 23 fils	260 00	les 100 kilog.
			24 fils et au-dessus	400 00	les 100 kilog.
	blanchis, teints ou imprimés,		8 fils ou moins	60 00	les 100 kilog.
			9, 10 et 11 fils	70 00	les 100 kilog.
			12, 13 et 14 fils	120 00	les 100 kilog.
			15, 16 et 17 fils	155 00	les 100 kilog.
			18, 19 et 20 fils	230 00	les 100 kilog.
			21, 22 et 23 fils	350 00	les 100 kilog.
			24 fils et au-dessus	535 00	les 100 kilog.
Coutils unis ou façonnés, présentant en chaîne, dans l'espace de 5 millimètres carrés,	écrus		8 fils en chaîne ou moins	35 00	les 100 kilog.
			de 9, 10 et 11 fils	55 00	les 100 kilog.
			de 12, 13 et 14 fils	90 00	les 100 kilog.
			plus de 14 fils	125 00	les 100 kilog.
	blanchis, teints ou imprimés,		8 fils ou moins	47 00	les 100 kilog.
			de 9, 10 et 11 fils	70 00	les 100 kilog.
			de 12, 13 et 14 fils	120 00	les 100 kilog.
			plus de 14 fils	155 00	les 100 kilog.
Les fils et tissus de lin ou de chanvre mélangé suivront le même régime que les fils et tissus de lin ou de chanvre pur, pourvu que le lin ou le chanvre domine en poids.					
Linge damassé				15 p. o/o de la valeur.	

DÉNOMINATION DES ARTICLES.	TAUX DES DROITS D'ENTRÉE en 1860.	TAUX DES DROITS D'ENTRÉE en 1864.
Batiste	Le même régime que les toiles unies.	
Linon		
Mouchoirs encadrés		
Tulle de lin	Même régime que le tulle de coton.	
Dentelles de lin	5 p. o/o de la valeur.	
Bonneterie de lin	15 p. o/o de la valeur.	
Passementerie de lin		
Rubanerie de fil écru, blanchie ou teinte		
Articles en lin ou en chanvre, confectionnés en tout ou en partie		
Articles non dénommés		
JUTE.		
En brins ou teillé, importé directement de l'Inde anglaise ou des entrepôts du Royaume-Uni sous pavillon de l'un ou l'autre des deux pays	Exempt.	
Peigné	3f 00c les 100 kilog.	
Fils de jute mesurant au kilogramme, écrus, moins de 1,400 mètres	7f 00c les 100 kil.	5f 00c les 100 kil.
Fils de jute mesurant au kilogramme, écrus, de 1,400 à 3,700 mètres exclusivement	9 20	6 00
Fils de jute mesurant au kilogramme, écrus, de 3,700 à 4,200	10 20	7 00
Fils de jute mesurant au kilogramme, écrus, de 4,200 à 6,000	15 00	10 00
Fils de jute mesurant au kilogramme, écrus, plus de 6,000	Même régime que les fils de lin.	
Fils de jute mesurant au kilogramme, blanchis ou teints, moins de 1,400 mètres	10f 00c les 100 kil.	7f 00c les 100 kil.
Fils de jute mesurant au kilogramme, blanchis ou teints, de 1,400 à 3,700 mètres exclusivement	13 00	9 00
Fils de jute mesurant au kilogramme, blanchis ou teints, de 3,700 à 4,200	15 00	10 00
Fils de jute mesurant au kilogramme, blanchis ou teints, de 4,200 à 6,000	22 00	14 00
Fils de jute mesurant au kilogramme, blanchis ou teints, plus de 6,000	Même régime que les fils de lin.	
Tissus de jute présentant en chaîne, dans l'espace de 5 millimètres, écrus, 1, 2 et 3 fils unis	13f 00c les 100 kil.	10f 00c les 100 kil.
Tissus de jute présentant en chaîne, dans l'espace de 5 millimètres, écrus, 1, 2 et 3 fils croisés	15 00	12 00
Tissus de jute présentant en chaîne, dans l'espace de 5 millimètres, écrus, 4 et 5 fils	21 00	16 00
Tissus de jute présentant en chaîne, dans l'espace de 5 millimètres, écrus, 6, 7 et 8 fils	30 00	24 00
Tissus de jute présentant en chaîne, dans l'espace de 5 millimètres, écrus, plus de 8 fils	Même régime que les tissus de lin, suivant la classe.	
Tissus de jute présentant en chaîne, dans l'espace de 5 millimètres, blanchis ou teints, 1, 2 et 3 fils unis	19f 00c les 100 kil.	15f 00c les 100 kil.
Tissus de jute présentant en chaîne, dans l'espace de 5 millimètres, blanchis ou teints, 1, 2 et 3 fils croisés	22 00	17 00
Tissus de jute présentant en chaîne, dans l'espace de 5 millimètres, blanchis ou teints, 4 et 5 fils	30 00	23 00
Tissus de jute présentant en chaîne, dans l'espace de 5 millimètres, blanchis ou teints, 6, 7 et 8 fils	44 00	33 00
Tissus de jute présentant en chaîne, dans l'espace de 5 millimètres, blanchis ou teints, plus de 8 fils	Même régime que les tissus de lin, suivant la classe.	
Tapis de jute, ras ou à poil	32f 00c les 100 kil.	24f 00c les 100 kil.
Les fils et tissus de jute mélangés avec d'autres matières suivront le même régime que les fils et tissus de jute pure, pourvu que le jute domine en poids.		
VÉGÉTAUX FILAMENTEUX.		
Phormium tenax, abaca et autres végétaux filamenteux non dénommés, filaments bruts ou teillés	Exempts.	
Phormium tenax, abaca et autres végétaux filamenteux non dénommés, filaments peignés ou turdus	1f les 100 kilog.	
Phormium tenax, abaca et autres végétaux filamenteux non dénommés, filaments, Fils	5 p. o/o de la valeur.	
Phormium tenax, abaca et autres végétaux filamenteux non dénommés, filaments, Tissus	10 p. o/o de la valeur.	
CRIN.		
Crin brut de toute nature, même préparé ou frisé	Exempt.	
Tissus et ouvrages de crin, purs ou mélangés	10 p. o/o de la valeur.	
COTONS.		
Coton de l'Inde en laine, importé, soit directement des lieux de production, soit des entrepôts du Royaume-Uni, sous pavillon français ou britannique	Exempt.	
Coton en feuilles cardées ou gommées (ouates)	0f 10c le kilog.	

DÉSIGNATION DES ARTICLES.	TAUX DES DROITS D'ENTRÉE en 1860.	TAUX DES DROITS D'ENTRÉE en 1864.
Fils de coton simple mesurant au demi-kilogramme, écrus : 20,000 mètres ou moins		0f 15c le kilog.
— de 21,000 à 30,000 mètres		0 20
— de 31,000 à 40,000		0 30
— de 41,000 à 50,000		0 40
— de 51,000 à 60,000		0 50
— de 61,000 à 70,000		0 60
— de 71,000 à 80,000		0 70
— de 81,000 à 90,000		0 90 (?)
— de 91,000 à 100,000		1 00
— de 101,000 à 110,000		1 20
— de 111,000 à 120,000		1 40
— de 121,000 à 130,000		1 60
— de 131,000 à 140,000		2 00
— de 141,000 à 170,000		2 50
— de 171,000 mètres et au-dessus		3 00
Fils de coton simple, blanchis		Le droit sur le fil simple écru, augmenté de 15 p. o/o.
Fils de coton simple, teints		Le droit sur le fil simple écru, augmenté de 0 fr. 25 cent. par kilog.
Fils de coton retors en deux bouts, écrus		Le droit afférent au numéro du fil simple employé au retordage, augmenté de 30 p. o/o.
Fils de coton retors en deux bouts, blanchis		Le droit sur le fil écru retors en deux bouts, augmenté de 15 p. o/o.
Fils de coton retors en deux bouts, teints		Le droit sur le fil écru retors en deux bouts, augmenté de 0 fr. 25 cent. par kilogramme.
Chaînes ourdies, écrues		Le droit sur le fil simple, augmenté de 30 p. o/o.
Chaînes ourdies, blanchies		Le droit sur les chaînes ourdies écrues, augmenté de 15 p. o/o.
Chaînes ourdies, teintes		Le droit sur les chaînes ourdies écrues, augmenté de 0 fr. 25 cent. par kilog.
Fils écrus blanchis ou teints en trois bouts ou plus… à simple torsion		0f 08c par 1,000 mètres.
— à plusieurs torsions ou câblés		0 12
Tissus de coton écrus, unis, croisés, coutils, 1re classe, pesant 11 kilogrammes et plus les 100 mètres carrés, de 35 fils et au-dessous aux 5 millimètres carrés		0f 30c le kilog.
— de 36 fils et au-dessus		0 50
Tissus de coton écrus, unis, croisés, coutils, 2e classe, pesant de 7 à 11 kilogrammes exclusivement les 100 mètres carrés, de 35 fils et au-dessous		0f 60c le kilog.
— de 36 à 43 fils		1 00
— de 44 fils et au-dessus		2 00 (?)
3e classe, pesant de 3 à 7 kilogrammes exclusivement les 100 mètres carrés, de 27 fils et au-dessous		0 80
— de 28 à 35 fils		1 20
— de 36 à 43 fils		1 90
— de 44 fils et au-dessus		3 00
Tissus de coton, blanchis		15 p. o/o en sus du droit sur l'écru.
Tissus de coton, teints		0f 25c par kilog. en sus du droit sur l'écru.
Tissus de coton, imprimés		15 p. o/o de la valeur.
Velours de coton, façon soie (dite velvets), écrus		0f 85c le kilog.
— façon soie (dite velvets), teints ou imprimés		1 10
— autres (cords, moleskine, etc.), écrus		0 80
— autres (cords, moleskine, etc.), teints ou imprimés		0 85
Tissus de coton écrus, unis ou croisés, pesant moins de 3 kilogrammes par 100 mètres carrés		15 p. o/o de la valeur.
Piqués, basins, façonnés, damassés et brillantés		15 p. o/o de la valeur.
Couvertures de coton		15 p. o/o de la valeur.
Tulles unis ou brodés		15 p. o/o de la valeur.
Gazes et mousselines brodées ou brochées, pour ameublements ou tentures		15 p. o/o de la valeur.
Articles confectionnés en tout ou en partie		15 p. o/o de la valeur.
Articles non dénommés		15 p. o/o de la valeur.
Broderies à la main		10 p. o/o de la valeur.
Dentelles et blondes de coton		5 p. o/o de la valeur.
Les fils et tissus de coton mélangés payeront les mêmes droits que les fils ou tissus de coton purs, pourvu que le coton domine en poids dans le mélange.		

DÉNOMINATION DES ARTICLES.	TAUX DES DROITS D'ENTRÉE en 1860.	en 1864.
LAINES.		
Laine en masse, d'Australie, importée, soit directement des lieux de production, soit des entrepôts du Royaume-Uni, sous pavillon français ou britannique.	Exempte.	
Laine teinte en masse.......... } Laine peignée teinte ou non.......... }	25f les 100 kilog.	
Fils de laine pure, blanchis ou non, mesurant au kilogramme de 1,000 à 30,000 mètres..........	0f 25c le kilog.	
de 31,000 à 40,000..........	0 35 le kilog.	
de 41,000 à 50,000..........	0 45 le kilog.	
de 51,000 à 60,000..........	0 55 le kilog.	
de 61,000 à 70,000..........	0 65 le kilog.	
de 71,000 à 80,000..........	0 75 le kilog.	
de 81,000 à 90,000..........	0 85 le kilog.	
de 91,000 à 100,000..........	0 95 le kilog.	
de 101,000 et au-dessus..........	1 00 le kilog.	
Fils de laine, blanchis ou non, retors pour tissage..........	Le droit afférent aux fils de laine simples, augmenté de 30 p. o/o.	
Fils de laine retors pour tapisseries..........	Le droit du fil simple doublé.	
Fils de laine simples ou retors teints..........	Droit sur le fil non teint augmenté 0f de 25c par kilog.	
Tissus de laine pure.......... } Feutres de toute sorte.......... } Couvertures de laine pure.......... }	15 p. o/o de la valeur.	10 p. o/o de la valeur.
Tapis de toute espèce..........	10 p. o/o de la valeur.	
Bonneterie de laine.......... } Passementerie de laine pure.......... } Rubanerie de laine.......... } Dentelles de laine.......... }	15 p. o/o de la valeur.	10 p. o/o de la valeur.
Chaussons de lisière..........	10 p. o/o de la valeur.	
Articles non dénommés..........	15 p. o/o de la valeur.	10 p. o/o de la valeur.
Lisières de drap de toute espèce, entières ou coupées..........	Exemptes.	
Vêtements confectionnés.......... Neufs..........	15 p. o/o de la valeur.	10 p. o/o de la valeur.
Vêtements confectionnés.......... Vieux..........	20f les 100 kilog.	
Les fils et tissus d'alpaca, de lama, de vigogne, purs ou mélangés de laine, suivront le même régime que les fils et tissus de laine, quelle que soit la proportion du mélange.		
Les fils et tissus de laine et des autres matières ci-dessus dénommées, mélangés de coton ou d'autres éléments quelconques, payeront les mêmes droits que les fils et tissus de laine pure, pourvu que la laine domine dans le mélange.		
Les fils de poil de chèvre conserveront le régime qui leur est actuellement applicable.		
Les tissus de poils de chèvre, autres que les châles et écharpes de cachemire des Indes, suivront le régime des tissus de laine..........		
SOIES.		
En cocons.......... } Grèges et moulinées.......... }	Exemptes.	
Teintes.... À coudre, à broder et à dentelles..........	3f le kilog.	Exemptes.
Teintes.... Autres..........	Exemptes.	
Bourre de soie. en masse..........	Exemptes.	
Bourre de soie. peignée..........	0f 10c le kilog.	
Bourre de soie. filée, simple et retorse, écrue, blanche, azurée, teinte — de 80,000 mètres simples au kilogramme, et au-dessous..........	0 75 le kilog.	
Bourre de soie. filée, simple et retorse, écrue, blanche, azurée, teinte — de 81,000 mètres simples au kilogramme, et au-dessus..........	1 20 le kilog.	
Tissus, bonneterie, dentelles de pure soie..........	Exempts.	
Crêpes, façon d'Angleterre, écrus, noirs ou de couleur..........	10f le kilog.	À partir de 1866, exempts.
Tulles..... unis, écrus..........	20f le kilog.	Exempts.
Tulles..... apprêtés..........	15 p. o/o de la valeur.	Exempts.
Tulles..... façonnés, écrus ou apprêtés..........	10 p. o/o de la valeur.	Exempts à partir du 1er octobre 1864.

DÉNOMINATION DES ARTICLES	TAUX DES DROITS D'ENTRÉE en 1860.	en 1861.
Tissus de bourre de soie pure, de soie et bourre de soie, écrus, blancs, teints imprimés	2f 00c le kilog.	
Tissus, passementeries et dentelles de soie ou de bourre de soie — avec or ou argent fin	12 00 le kilog.	
Tissus, passementeries et dentelles de soie ou de bourre de soie — avec or ou argent mi-fin ou faux	3 50 le kilog.	
Tissus de soie ou de bourre de soie mélangés, la soie ou la bourre de soie dominant en poids	3 00 le kilog.	
Rubans de soie ou bourre de soie — de velours	5 00 le kilog.	
Rubans de soie ou bourre de soie — autres	5 00 le kilog.	
Rubans de soie ou bourre de soie — mélangés, la soie ou la bourre de soie dominent en poids	10 p. % de la valeur.	
PRODUITS CHIMIQUES.		
Iode	Exempts.	
Brome	Exempts.	
Acides — sulfurique	Exempts.	
Acides — nitrique	Exempts.	
Acides — tartrique	Exempts.	
Acides — benzoïque	Exempts.	
Acides — borique	Exempts.	
Acides — citrique	Exempts.	
Acides — arsénieux	Exempts.	
Jus de citron	Exempts.	
Oxydes — de fer	Exempts.	
Oxydes — de zinc, gris	Exempts.	
Oxydes — d'étain	Exempts.	
Oxydes — d'urane	Exempts.	
Oxydes — de cuivre	Exempts.	
Safre et autres composés du cobalt	Exempts.	
Sulfures d'arsenic	Exempts.	
Chlorure de potassium	Exempts.	
Iodure de potassium	Exempts.	
Salin de betteraves	Exempts.	
Carbonate de potasse	Exempts.	
Nitrate de potasse	Exempts.	
Sulfate de potasse	Exempts.	
Tartrates de potasse	Exempts.	
Cendres végétales vives et lessivées	Exempts.	
Lies de vin	Exempts.	
Borax, brut	Exempts.	
Nitrate de soude	Exempts.	
Soude de varech	Exempts.	
Noir d'os	Exempts.	
Os calcinés, blancs	Exempts.	
Phosphates naturels	Exempts.	
Citrates de chaux	Exempts.	
Sulfate de magnésie	Exempts.	
Carbonate de magnésie	Exempts.	
Chlorure de magnésium	Exempts.	
Acétate de fer, liquide	Exempts.	
Garancine	Exempts.	
Sucre de lait	Exempts.	
Albumine	Exempts.	
Phosphore blanc	40f les 100 kilog.	
Oxyde de zinc (blanc de zinc)	7f les 100 kilog.	
Oxydes et carbonates de plomb	7f les 100 kilog.	4f les 100 kilog.
Acide oléique	5f les 100 kilog.	
Acide oxalique et oxalates de potasse	15f les 100 kilog.	10f les 100 kilog.
Prussiate jaune de potasse	20f 00c les 100 kilog.	
Prussiate rouge de potasse	30 00 les 100 kilog.	
Extraits de bois de teinture — pour les noirs et violets	20 00 les 100 kilog.	
Extraits de bois de teinture — pour les rouges et jaunes	30 00 les 100 kilog.	

DÉNOMINATION DES ARTICLES.	TAUX DES DROITS D'ENTRÉE EN 1860.	TAUX DES DROITS D'ENTRÉE EN 1864.
Curcuma en poudre	5 00 les 100 kilog.	
Acide hydrochlorique (acide muriatique)	0 60 les 100 kilog.	
Soude caustique	5f 00c les 100 kilog.	5f 00c les 100 kilog.
Carbonate de soude (sel de soude) à tous degrés	4 50 les 100 kilog.	3 00 les 100 kilog.
Soude artificielle brute	2 80 les 100 kilog.	1 50 les 100 kilog.
Carbonate de soude cristallisé (cristaux de soude)	2 30 les 100 kilog.	1 50 les 100 kilog.
Sulfate et sulfite de soude	1f 20c les 100 kilog.	
Sulfate et sulfite de soude cristallisé (sel de Glauber)	1f 00c les 100 kilog.	0f 70c les 100 kilog.
Bicarbonate de soude et autres sels de soude non dénommés	5 25 les 100 kilog.	3 50 les 100 kilog.
Chlorure de chaux	4 25 les 100 kilog.	2 80 les 100 kilog.
Chlorate de potasse	38 60 les 100 kilog.	25 75 les 100 kilog.
Savons ordinaires et de parfumerie	6 00 les 100 kilog.	6 00 les 100 kilog.
Outremer	15 00 les 100 kilog.	15 00 les 100 kilog.
Phosphore rouge	10 p. o/o de la valeur.	
Aluminium	10 p. o/o de la valeur.	
Aluminate de soude	10 p. o/o de la valeur.	
Chlorure d'aluminium	10 p. o/o de la valeur.	
Chromates de potasse	10 p. o/o de la valeur.	
Chromates de plomb	10 p. o/o de la valeur.	
Couleurs non dénommées, sèches et en pâte, et liquides	10 p. o/o de la valeur.	
Acide stéarique	10 p. o/o de la valeur.	
Colle-forte et gélatine	10 p. o/o de la valeur.	
Vernis à l'huile	10 p. o/o de la valeur.	
Vernis à l'essence	10 p. o/o de la valeur.	
Vernis à l'esprit-de-vin	10 p. o/o de la valeur.	
Oreilles de toute sorte	5 p. o/o de la valeur.	
Produits chimiques non dénommés	5 p. o/o de la valeur.	
VERRERIE ET CRISTALLERIE.		
Miroirs ayant moins de un mètre carré	10 p. o/o de la valeur.	
Glaces brutes	1f 50c par mètre carré de superficie.	
Glaces étamées ou polies	4f idem.	
Bouteilles de toutes formes	1f 30c les 100 kilog.	
Verres à vitres	2f 30c les 100 kilog.	
Verres de couleur, polis ou gravés	10 p. o/o de la valeur.	
Verres de montre et d'optique	10 p. o/o de la valeur.	
Gobeleterie et cristaux, blancs et colorés	10 p. o/o de la valeur.	
Vitrifications	10 p. o/o de la valeur.	
Émaux	10 p. o/o de la valeur.	
Objets en verre non dénommés	10 p. o/o de la valeur.	
Groisil et verre cassé	Exempts	
Cristal de roche brut ou ouvré	Exempts	
N. B. Le cristal monté sera taxé comme la bijouterie et l'orfèvrerie.		
POTERIES.		
Poterie grossière. Carreaux, briques et tuiles	Exempts.	
Poterie grossière. Cornues à gaz, tuyaux de drainage et autres, creusets de toute sorte, y compris ceux en graphite et plombagine	Exempts.	
Poterie grossière. Pipes en terre vernissée ou non, de toutes formes	Exempts.	
Poterie grossière. Vernissées avec décorations à reliefs unicolores et multicolores, poterie et creux	5f les 100 kilog.	
Poterie de grès. Ustensiles et appareils pour la fabrication des produits chimiques	Exempts.	
Poterie de grès. Commune de toute sorte, poterie et creux, comprenant la forme bouteille, les cruchons, objets de ménage, ustensiles de cuisine, etc.	2f les 100 kilog.	
Faïence stannifère, pâte colorée, glaçure blanche	Exempts.	
Faïence stannifère, glaçure colorée, majolique, vernissée, multicolore	20 p. o/o de la valeur.	15 p. o/o de la valeur.
Faïence fine	20 p. o/o de la valeur.	15 p. o/o de la valeur.
Faïence Grès fins	20 p. o/o de la valeur.	15 p. o/o de la valeur.
Porcelaines de toute sorte, blanches ou décorées, parian et biscuit blanc	10 p. o/o de la valeur.	

DÉNOMINATION DES ARTICLES.	TAUX DES DROITS D'ENTRÉE EN 1860.	EN 1861.
ARTICLES DIVERS.		
Fleurs artificielles	Exemptes.	
Objets de mode	Exempts.	
Mercerie de toute sorte		
Boutons fins ou communs, autres que de passementerie		
Brosserie de toute espèce	10 p. % de la valeur.	
Instruments de musique et pièces détachées d'instruments		
Épingles de toute sorte	50f les 100 kilog. à partir du 1er décembre 1860.	
Caoutchouc ouvré — pur ou mélangé	50f les 100 kilog.	
Caoutchouc ouvré — appliqué sur tissus en pièces ou d'autres matières	100 les 100 kilog.	
Caoutchouc ouvré — Vêtements confectionnés	150 les 100 kilog.	
Caoutchouc ouvré — en tissus élastiques, pièces de toute dimension	200 les 100 kilog.	
Caoutchouc ouvré — Chaussures	80 les 100 kilog.	
N. B. Les ouvrages en gutta-percha suivent le même régime.		
Toiles cirées — pour emballage	5f les 100 kilog.	
Toiles cirées — pour ameublement, tentures ou autres usages	15 les 100 kilog.	
Cire à cacheter	30 les 100 kilog.	
Cirage de toute sorte	4 les 100 kilog.	
Encre à écrire, à dessiner ou imprimer	20 les 100 kilog.	
Cordes, câbles et filets de pêche	20 les 100 kilog.	
Poissons d'eau douce — frais	Exempt.	
Poissons d'eau douce — préparé	10f les 100 kilog.	
Poissons de mer frais, sec, salé ou fumé, à l'exclusion de la morue		
Épices préparées (sauces)	25f les 100 kilog.	
Fromage de pâte dure	10 les 100 kilog.	
Bière	2f par hectolitre, plus le droit de consommation.	
Mélasses contenant — moins de 50 p. % de richesse saccharine	12f les 100 kilog.	
Mélasses contenant — plus de 50 p. % de richesse saccharine	Le droit sur le sucre brut.	
Alcool, par 100 degrés, en sus des droits de consommation	15f par hectolitre.	
Ardoises — pour toitures	4f les 1,000 en nombre.	
Ardoises — en carreaux ou en tables	10f les 100 en nombre.	

Le présent tarif est approuvé pour être annexé à la Convention conclue, le 16 novembre 1860, entre la France et la Grande-Bretagne.

Paris, le 16 novembre 1860.

Signé Thouvenel.
Signé E. Rouher.
Signé Cowley.
Signé Rich. Cobden.

ART. 2.

Notre ministre et secrétaire d'État au département des affaires étrangères est chargé de l'exécution du présent décret.

Fait au palais des Tuileries, le 30 novembre 1860.

NAPOLÉON.

Par l'Empereur :

Le Ministre des affaires étrangères,

Thouvenel.

ENQUÊTE

RELATIVE

A L'EXÉCUTION DU TRAITÉ DE COMMERCE

AVEC L'ANGLETERRE.

ORGANISATION DU CONSEIL SUPÉRIEUR

CHARGÉ DE L'ENQUÊTE.

RAPPORT

ADRESSÉ

PAR S. EXC. M. LE MINISTRE DE L'AGRICULTURE, DU COMMERCE

ET DES TRAVAUX PUBLICS

A SA MAJESTÉ L'EMPEREUR

SUR

L'ORGANISATION DE L'ENQUÊTE

RELATIVE

A L'EXÉCUTION DU TRAITÉ DE COMMERCE AVEC L'ANGLETERRE.

Sire,

L'article 13 du Traité de commerce, récemment conclu entre la France et la Grande-Bretagne, stipule qu'une convention supplémentaire établira les droits *ad valorem*, applicables aux objets d'origine et de manufacture britanniques qui se trouvent énumérés dans l'article 1er, et les convertira en droits spécifiques avant le 1er juillet prochain. La haute importance de cette convention, destinée à fixer le degré de protection nécessaire aux objets de fabrication française, dans les limites posées par le Traité du 23 janvier 1860, ne pouvait échapper à l'attention de Votre Majesté. Aussi a-t-elle voulu que le nouvel arrangement qui doit intervenir fût précédé d'une enquête loyale et consciencieuse, dans laquelle seraient appelés à se faire entendre les intérêts si nombreux et si divers qu'embrasse ce Traité. Conformément à vos ordres, Sire, je me suis occupé d'organiser cette enquête, et je viens vous soumettre aujourd'hui les mesures qui me paraissent les plus propres à en faire sortir d'utiles enseignements.

Sous les gouvernements antérieurs, la mission de recueillir des informations sur les sucres et les fers, sur les houilles, sur les marchandises prohibées, sur les fils en toile de lin ou de chanvre, sur les fils de laine, fut, à des époques successives, confiée au Conseil Supérieur du Commerce.

Depuis le décret du 2 février 1853 qui l'a reconstitué, ce Conseil a été appelé à exercer les mêmes attributions à l'égard des fers et des cotons filés. En 1856, lorsque Votre Majesté décida que la question de la levée des prohibitions serait l'objet d'une instruction supplémentaire, elle voulut bien m'autoriser à en charger le même Conseil.

Ces précédents nombreux, les termes du décret impérial de 1853, la légitime autorité qui s'attache aux noms des membres dont se compose ce Conseil, me paraissent le désigner expressément à la confiance de Votre Majesté pour cette nouvelle mission.

J'ai donc l'honneur de vous proposer, Sire, de charger de cette enquête le Conseil Supérieur du Commerce, de l'Agriculture et de l'Industrie. Le projet de décret que je présente à la signature de l'Empereur précise le triple objet de cette information. Le Conseil devra d'abord constater le prix moyen des articles anglais dans les six mois qui ont précédé la date du Traité. De cette constatation, dérive l'élément à l'aide duquel sera fixée la limite *maxima* de 30 p. o/o, dans laquelle doivent se mouvoir les nouveaux tarifs. Il devra ensuite recueillir tous les renseignements propres à déterminer le degré de protection nécessaire à chacune des branches de notre industrie et à fixer la quotité des droits spécifiques qui devront grever l'importation de chaque article anglais.

Pour l'accomplissement de cette importante mission, le Conseil Supérieur aura la faculté non-seulement de recueillir les témoignages des industriels français ou étrangers, mais encore de recourir aux lumières d'hommes spéciaux qui l'éclaireront sur les points techniques et le mettront à même de résoudre, en parfaite connaissance de cause, les questions de détails; enfin mon administration et celle des finances se feront un devoir de le seconder dans l'accomplissement de sa tâche par tous les moyens dont elles disposent.

J'ose donc, Sire, vous promettre que l'enquête sera ce que Votre Majesté veut qu'elle soit, approfondie, sérieuse et sincère.

Les circonstances exigent que cette enquête soit activement conduite, et que ses résultats, qui doivent servir de base à la nouvelle négociation, puissent être promptement constatés.

C'est pour satisfaire à cette nécessité de la situation, comme à votre haute sollicitude pour la classe industrielle, que je crois devoir prier Votre Majesté de vouloir bien me permettre de créer, près le Conseil Supérieur du Commerce, un commissariat général qui sera spécialement chargé de préparer, sous ma direction, le programme de ses travaux, de recueillir, tant en France qu'en Angleterre, les renseignements qu'il sera utile de mettre sous ses yeux, de convoquer les manufacturiers et les négociants des deux pays que le Conseil peut avoir intérêt à entendre, de vérifier l'exactitude des déclarations qui seront faites, enfin de consigner, dans des procès-verbaux rédigés avec soin, le résultat de ces investigations. Si Votre Majesté approuvait cette création, qui sera d'ailleurs temporaire comme le mandat confié au Conseil lui-même, j'aurais l'honneur de lui désigner, pour remplir les fonctions de commissaire général, M. Herbet, ministre plénipotentiaire, ancien consul général de France à Londres, que S. Exc. le Ministre des Affaires étrangères a bien voulu mettre à ma disposition. Je demande, d'ailleurs, à Votre Majesté la faculté de nommer, conformément aux dispositions du décret organique du 2 février 1853, près du Conseil Supérieur, des délégués spéciaux que la nature de leurs études aura préparés à discuter les questions qui concernent telle ou telle branche particulière d'industrie.

Constituée sur ces bases, l'enquête atteindra sûrement et promptement le but qui lui est assigné par la sagesse de Votre Majesté. Elle concourra, avec les diverses mesures dont votre Gouvernement a déjà pris l'initiative, à abréger cette période inévitable d'incertitude et de ralentissement d'activité commerciale qu'entraine la transition d'un régime à un autre, et donnera toutes les garanties désirables aux intérêts publics engagés dans la négociation complémentaire qui doit intervenir avec la Grande-Bretagne.

La mort a fait, dans le sein du Conseil Supérieur, depuis sa reconstitution, des vides regrettables. Je demande à Votre Majesté la permission de les combler, en appelant MM. Dumas et Michel Chevalier, sénateurs, à remplacer MM. le comte d'Argout et Gauthier.

J'ai, en outre, l'honneur de Lui proposer, pour la vice-présidence, rendue vacante par la démission que S. Exc. M. Billault m'a adressée à l'époque de sa nomination au ministère de l'intérieur, S. Exc. M. le Président du Conseil d'État, qui, malgré ses nombreuses et importantes occupations, veut bien partager avec moi la direction de ces grands débats économiques.

Je suis avec un profond respect,

Sire,

De Votre Majesté,

Le très-fidèle et très-obéissant serviteur et sujet,

Le Ministre secrétaire d'État au département de l'Agriculture, du Commerce et des Travaux Publics,

E. ROUHER.

DÉCRET.

NAPOLÉON,

Par la grâce de Dieu et la volonté nationale, EMPEREUR DES FRANÇAIS,

A tous présents et à venir, SALUT :

Sur le rapport de notre Ministre secrétaire d'État au département de l'Agriculture, du Commerce et des Travaux Publics,

AVONS DÉCRÉTÉ et DÉCRÉTONS ce qui suit :

ARTICLE PREMIER.

Le Conseil Supérieur du Commerce, de l'Agriculture et de l'Industrie est chargé de procéder à une enquête ayant pour objet : 1° la constatation des prix de vente moyens des objets admis à l'importation en France, par le Traité de commerce intervenu avec la Grande-Bretagne le 23 janvier 1860, d'après les bases fixées par les articles 4 et 13 de ce Traité ; 2° la conversion en droits spécifiques des droits *ad valorem* qui doivent être établis sur chaque article, dans la limite fixée par ledit Traité.

ART. 2.

Un Commissaire Général administratif est institué près le Conseil Supérieur du Commerce, de l'Agriculture et de l'Industrie. Ce Commissaire Général est placé sous les ordres de notre Ministre secrétaire d'État au département de l'Agriculture, du Commerce et des Travaux Publics. Ses fonctions sont temporaires.

ART. 3.

Des délégués spéciaux, placés sous la direction de notre Ministre de l'Agriculture, du Commerce et des Travaux Publics, pourront, conformément à l'article 4 de notre décret organique du 2 février 1853, être nommés près le Conseil Supérieur, par arrêté ministériel.

ART. 4.

Notre Ministre secrétaire d'État au département de l'Agriculture, du Commerce et des Travaux Publics est chargé de l'exécution du présent décret.

Fait au palais des Tuileries, le 11 avril 1860.

NAPOLÉON.

Par l'Empereur :

Le Ministre secrétaire d'État au département de l'Agriculture, du Commerce et des Travaux Publics,

E. ROUHER.

DÉCRET.

NAPOLÉON,

Par la grâce de Dieu et la volonté nationale, Empereur des Français,

A tous présents et à venir, salut :

Sur le rapport de notre Ministre secrétaire d'État au département de l'Agriculture, du Commerce et des Travaux Publics,

Avons décrété et décrétons ce qui suit :

ARTICLE PREMIER.

M. Baroche, Président de notre Conseil d'État, Membre de notre Conseil privé, est nommé Vice-Président du Conseil Supérieur du Commerce, de l'Agriculture et de l'Industrie.

ART. 2.

Notre Ministre secrétaire d'État au département de l'Agriculture, du Commerce et des Travaux Publics est chargé de l'exécution du présent décret.

Fait au palais des Tuileries, le 11 avril 1860.

NAPOLÉON.

Par l'Empereur :

Le Ministre secrétaire d'État au département de l'Agriculture, du Commerce et des Travaux Publics,

E. Rouher.

DÉCRET.

NAPOLÉON,

Par la grâce de Dieu et la volonté nationale, EMPEREUR DES FRANÇAIS,

A tous présents et à venir, SALUT :

Sur le rapport de notre Ministre Secrétaire d'État au département de l'Agriculture, du Commerce et des Travaux Publics,

AVONS DÉCRÉTÉ ET DÉCRÉTONS ce qui suit :

ARTICLE PREMIER.

MM. DUMAS et MICHEL CHEVALIER, Sénateurs, sont nommés Membres du Conseil Supérieur du Commerce, de l'Agriculture et de l'Industrie.

ART. 2.

Notre Ministre secrétaire d'État au département de l'Agriculture, du Commerce et des Travaux Publics est chargé de l'exécution du présent décret.

Fait au palais des Tuileries, le 11 avril 1860.

NAPOLÉON.

Par l'Empereur :

Le Ministre secrétaire d'État au département de l'Agriculture, du Commerce et des Travaux Publics,

E. ROUHER.

DÉCRET.

NAPOLÉON,

Par la grâce de Dieu et la volonté nationale, EMPEREUR DES FRANÇAIS,

A tous présents et à venir, SALUT :

Sur le rapport de notre Ministre secrétaire d'État au département de l'Agriculture, du Commerce et des Travaux Publics,

AVONS DÉCRÉTÉ et DÉCRÉTONS ce qui suit :

ARTICLE PREMIER.

MM. HUBERT DELISLE, Sénateur, est nommé membre du Conseil Supérieur du Commerce, de l'Agriculture et de l'Industrie.

ART. 2.

Notre Ministre secrétaire d'État au département de l'Agriculture, du Commerce et des Travaux Publics est chargé de l'exécution du présent décret.

Fait au palais des Tuileries, le 11 avril 1860.

NAPOLÉON.

Par l'Empereur :

Le Ministre secrétaire d'État au département de l'Agriculture, du Commerce et des Travaux Publics,

E. ROUHER.

DÉCRET.

NAPOLÉON,

Par la grâce de Dieu et la volonté nationale, EMPEREUR DES FRANÇAIS,

A tous présents et à venir, SALUT :

Sur le rapport de notre Ministre secrétaire d'État au département de l'Agriculture, du Commerce et des Travaux Publics;

Vu l'article 2 de notre décret en date du 11 avril 1860,

AVONS DÉCRÉTÉ et DÉCRÉTONS ce qui suit :

ARTICLE PREMIER.

M. HERBET, Ministre Plénipotentiaire, est nommé Commissaire Général administratif près le Conseil Supérieur du Commerce, de l'Agriculture et de l'Industrie.

ART. 2.

Notre Ministre secrétaire d'État au département de l'Agriculture, du Commerce et des Travaux Publics est chargé de l'exécution du présent décret.

Fait au palais des Tuileries, le 11 avril 1860.

NAPOLÉON.

Par l'Empereur :

Le Ministre secrétaire d'État au département de l'Agriculture, du Commerce et des Travaux Publics,

E. ROUHER.

13.

ENQUÊTE

RELATIVE

AU TRAITÉ DE COMMERCE AVEC L'ANGLETERRE.

SÉANCE D'INSTALLATION

DU CONSEIL SUPÉRIEUR.

(7 mai 1860.)

CONSEIL SUPÉRIEUR DU COMMERCE.

SÉANCE DU LUNDI 7 MAI 1860.

Aujourd'hui, 7 mai 1860, le Conseil Supérieur du Commerce, de l'Agriculture et de l'Industrie s'est réuni, au palais du Conseil d'État, sous la présidence de S. Exc. M. le Ministre de l'Agriculture, du Commerce et des Travaux Publics.

Étaient présents :

S. Exc. M. ROUHER, MINISTRE DE L'AGRICULTURE, DU COMMERCE ET DES TRAVAUX PUBLICS, Président;

S. Exc. M. BAROCHE, PRÉSIDENT DU CONSEIL D'ÉTAT, Vice-Président;

S. Exc. M. LE COMTE DE MORNY, PRÉSIDENT DU CORPS LÉGISLATIF;

M. *Schneider*, Vice-Président du Corps Législatif;

M. *Réveil*, Vice-Président du Corps législatif;

M. *de Parieu*, Vice-Président du Conseil d'État;

M. *Vuillefroy*, Président de section au Conseil d'État;

M. *Dumas*, Sénateur;

M. *Michel Chevalier*, Sénateur;

M. *Hubert Delisle*, Sénateur;

M. *Seydoux*, Député au Corps législatif;

M. *le comte de Lesseps*, Directeur des consulats et des affaires commerciales au ministère des Affaires étrangères;

M. *de Forcade la Roquette*, Conseiller d'État, Directeur général des douanes et des contributions indirectes;

M. *le baron de Roujoux*, Conseiller d'État, Directeur de l'administration des colonies, au ministère de l'Algérie et des Colonies;

M. *Zapffel*, Directeur de l'administration de l'Algérie, au ministère de l'Algérie et des Colonies;

M. *d'Eichthal*, banquier;

M. *Germain Thibault*, ancien président de la Chambre de commerce de Paris;

M. *Clerc*, ancien président de la Chambre de commerce du Havre;

M. *Ozenne*, chargé de la Direction du commerce extérieur au ministère du Commerce, Secrétaire, avec voix consultative;

M. *Herbet*, Ministre plénipotentiaire, Commissaire général près du Conseil Supérieur :

M. *le général Guiod*, Délégué pour l'industrie métallurgique;

M. *Combes*, Inspecteur général des mines, *idem;*

M. *Amé*, Directeur des douanes à Paris, *idem;*

M. *Ernest Baroche*, Maître des requêtes au Conseil d'État, délégué pour les industries textiles;

M. *Natalis Rondot*, *idem;*

M. *Legentil*, *idem;*

M. *Arthur Leroy*,
M. *Arthur Legrand*,
M. *Gustave Rouher*,
M. *Fortuné de Vaufreland*,
M. *Grandidier*,
} Auditeurs au Conseil d'État, adjoints au Commisaire général.

M. LE PRÉSIDENT déclare ouverte la session du Conseil Supérieur et donne la parole à M. le Commissaire général pour la lecture des pièces officielles qui font connaître l'objet de la réunion du Conseil Supérieur et des actes qui pourvoient aux vacances qui existaient dans ledit Conseil.

M. HERBET, *Commissaire général*, donne lecture :

1° Du rapport adressé à l'Empereur par S. Exc. M. le Ministre de l'Agriculture, du Commerce et des Travaux Publics, dans lequel sont exposés les motifs qui ont déterminé le Gouvernement à charger le Conseil Supérieur de procéder aux enquêtes rendues nécessaires par la conclusion du Traité de commerce avec l'Angleterre;

2° Du décret impérial du 11 avril dernier qui, conformément aux conclusions du rapport précité, donne au Conseil Supérieur le droit de procéder aux enquêtes dont il s'agit et institue en même temps un Commissariat général auprès dudit Conseil;

3° De trois décrets nommant MM. Dumas, Michel Chevalier et Hubert Delisle membres du Conseil Supérieur, en remplacement de MM. le comte d'Argout, Gauthier et Duffour-Dubergier, décédés;

4° Du décret nommant M. Herbet Commissaire général près du Conseil Supérieur;

5° Enfin, des arrêtés ministériels qui, en vertu du décret du 11 avril 1860, ont nommé délégués auprès dudit Conseil,

Pour l'industrie métallurgique :

M. le Général d'artillerie Guiod;
M. Combes, Inspecteur général des mines;
M. Amé, Directeur des douanes à Paris;

Pour les industries textiles :

M. Ernest Baroche, Maître des requêtes au Conseil d'État;
M. Natalis Rondot;
M. Legentil.

Ces pièces resteront annexées au présent procès-verbal.

M. le Président. Dans cette réunion nous avons à nous occuper de l'ordre et du règlement des travaux du Conseil. Sa tâche est considérable, et cependant il importe qu'elle soit menée à bon terme aussi promptement que possible. En conséquence, je propose au Conseil de se réunir trois fois par semaine.

Cette proposition est adoptée.

M. le Président. Il s'agit de déterminer les jours et l'heure des réunions.

Après un débat auquel plusieurs membres prennent part, le Conseil décide qu'il se réunira les lundi, jeudi et vendredi de chaque semaine, à une heure après midi.

M. le Président. Dans l'ordre des dates fixées pour l'exécution du Traité avec l'Angleterre, les fers arrivent les premiers. C'est, en effet, à partir du 1er octobre prochain que les nouveaux droits devront être appliqués aux fers. C'est donc par cette industrie que l'Enquête devrait commencer. Déjà une circulaire a été adressée aux préfets des départements où il existe un centre métallurgique, pour les inviter à désigner les personnes qui devraient être entendues. M. le Commissaire général a formé, d'après ces désignations, une liste dont il va donner lecture au Conseil.

M. Herbet, *Commissaire général*, lit cette liste.

M. Schneider fait remarquer que, parmi les noms que cette liste comprend, il n'a pas entendu celui de M. Léon Talabot. Cependant, comme président du comité des maîtres de forges et en raison même des documents qu'il a dû recueillir, M. Talabot serait utilement entendu par le Conseil. Il propose donc d'ajouter son nom sur la liste.

M. Michel Chevalier propose, à son tour, de faire entendre MM. Bird et Robinson, qui, par leurs connaissances pratiques, se recommandent à l'attention du Conseil.

M. le Président ne voit pas de difficultés à ce que les deux noms qui viennent d'être indiqués soient ajoutés sur la liste des personnes à entendre.

M. Michel Chevalier fait remarquer que cette liste comprend un très-grand nombre de personnes, et que, si le Conseil devait les entendre les unes après les autres, l'Enquête serait interminable. En effet, sans nier l'importance de l'industrie des fers, personne n'ignore cependant que les industries textiles sont beaucoup plus considérables encore et comportent un bien plus grand nombre d'intéressés, en raison de la diversité de leurs produits. Si donc il fallait procéder pour celles-ci comme pour les fers, l'Enquête pourrait durer plusieurs années.

S. Exc. M. le Comte de Morny apprécie la valeur de l'observation qui vient d'être présentée. Cependant il ne voudrait pas qu'on écartât les intéressés, car alors ils pourraient se plaindre et prétendre que les considérations développées par eux auraient pu modifier les décisions du Conseil. Mais tout pourrait être concilié par l'audition simultanée de plusieurs témoins.

M. Dumas pense que la marche la plus convenable à suivre serait de faire trois classes pour l'industrie des fers : dans la première viendrait le groupe des usines qu'on peut à peine considérer comme pouvant supporter les conditions nouvelles; la seconde comprendrait les usines qui, quoique dans une position plus difficile, pourront lutter; et enfin la troisième engloberait les usines qui ne pourront résister.

M. le Président. Le Conseil pourra profiter des indications qui viennent d'être données par M. Dumas; mais il est évident que l'expérience fera connaître le meilleur mode à suivre.

Ensuite, une discussion, à laquelle MM. Schneider, Michel Chevalier, d'Eichthal et Combes prennent part, s'engage sur le point de savoir s'il conviendrait ou non d'entendre simultanément des témoins ayant un intérêt opposé; ainsi, par exemple, de mettre en présence ceux qui fabriquent les matières premières et ceux qui les emploient.

M. le Président pense que l'ordre le plus rationnel à suivre serait de commencer par les produits simples et d'aborder successivement ceux qui ont un degré de fabrication supérieur. Ainsi, pour les produits de l'industrie métallurgique, on pourrait adopter l'ordre que voici : les fontes, les fers, les aciers, les tôles, les fers-blancs, et enfin les divers ouvrages en métaux.

Cette proposition est adoptée et le Conseil décide que des convocations seront adressées à plusieurs témoins pour la séance de jeudi, 10 courant.

La séance est levée à deux heures et demie.

Le Secrétaire du Conseil Supérieur,

Signé Ozenne.

ACTES ET DOCUMENTS

RELATIFS AU TRAITÉ DE COMMERCE

CONCLU, LE 1er MAI 1861,

ENTRE LA FRANCE ET LA BELGIQUE.

DÉCRET IMPÉRIAL

QUI PRESCRIT

LA PROMULGATION DU TRAITÉ DE COMMERCE

CONCLU,

LE 1er MAI 1861,

ENTRE LA FRANCE ET LA BELGIQUE[1].

NAPOLÉON,

Par la grâce de Dieu et la volonté nationale, EMPEREUR DES FRANÇAIS,

A tous présents et à venir, SALUT :

Sur le rapport de notre Ministre secrétaire d'État au département des Affaires étrangères,

Avons DÉCRÉTÉ et DÉCRÉTONS ce qui suit :

ARTICLE PREMIER.

Un Traité de commerce, suivi de quatre tarifs, ayant été conclu le 1er mai 1861 entre la France et la Belgique, et les ratifications de cet acte ayant été échangées à Paris le 27 mai 1861, ledit Traité, dont la teneur suit, recevra sa pleine et entière exécution.

TRAITÉ.

Sa Majesté l'Empereur des Français et Sa Majesté le Roi des Belges, également animés du désir de resserrer les liens d'amitié qui

[1] Un décret impérial, en date du 29 mai 1861, ayant déclaré applicables à l'Angleterre les dispositions du Traité de commerce conclu, le 1er du même mois, entre la France et la Belgique, on croit devoir reproduire ici le texte de ce Traité et des tarifs qui y sont annexés.

unissent les deux peuples, et voulant améliorer et étendre les relations commerciales entre leurs États respectifs, ont résolu de conclure un Traité à cet effet, et ont nommé pour leurs plénipotentiaires, savoir :

Sa Majesté l'Empereur des Français,

M. Thouvenel, Sénateur de l'Empire, Grand-Croix de son Ordre impérial de la Légion d'honneur, etc., etc., etc., son Ministre secrétaire d'État au département des Affaires étrangères,

Et M. Rouher, Sénateur de l'Empire, Grand-Croix de son Ordre impérial de la Légion d'honneur, etc., etc., etc., son Ministre et secrétaire d'État au département de l'Agriculture, du Commerce et des Travaux Publics ;

Et Sa Majesté le Roi des Belges,

M. Firmin Rogier, Grand Officier de l'Ordre de Léopold, décoré de la Croix de fer, Grand Officier de l'Ordre impérial de la Légion d'honneur, etc., etc., etc., son Envoyé extraordinaire et Ministre plénipotentiaire près Sa Majesté l'Empereur des Français,

Et M. Charles Liedts, Grand Officier de l'Ordre de Léopold, décoré de la Croix de fer, Grand Officier de l'ordre impérial de la Légion d'honneur, etc., etc., etc., son Ministre d'État, en mission extraordinaire près Sa Majesté l'Empereur des Français ;

Lesquels, après s'être communiqué leurs pleins pouvoirs, trouvés en bonne et due forme, sont convenus des articles suivants :

ARTICLE PREMIER.

Les objets d'origine ou de manufacture belge énumérés dans le tarif *A* joint au présent Traité, et importés directement par terre ou par mer sous pavillon français ou belge, seront admis en France aux droits fixés par ledit tarif, décimes additionnels compris.

ART. 2.

Les objets d'origine ou de manufacture française énumérés dans le tarif *B* joint au présent Traité, et importés directement par terre ou par mer sous pavillon belge ou français, seront admis en Belgique aux droits fixés par ledit tasif, centimes additionnels compris.

ART. 3.

Les droits à l'exportation de l'un des deux États dans l'autre sont modifiés conformément aux tarifs *C* et *D* annexés au présent Traité.

ART. 4.

Indépendamment des droits de douane stipulés dans le tarif *A* annexé au présent Traité, les produits d'origine ou de manufacture belge ci-dessous énumérés seront à leur importation en France, et à titre de compensation des droits équivalents supportés par les fabricants français, assujettis aux taxes supplémentaires ci-après déterminées :

Soude brute	4f 35c	les 100 kil.
Cristaux de soude	4 35	*idem.*
Sulfate de soude :		
Sulfate pur... anhydre	6 00	*idem.*
Sulfate pur... cristallisé ou hydraté	2 40	*idem.*
Sulfate impur. anhydre	5 40	*idem.*
Sulfate impur. cristallisé ou hydraté	2 10	*idem.*
Sulfite de soude	6 00	*idem.*
Sel de soude	11 00	*idem.*
Acide hydrochlorique	3 00	*idem.*
Chlorure de chaux	7 50	*idem.*
Chlorate de potasse	66 00	*idem.*
Chlorure de magnésium	4 00	*idem.*
Glaces ou grands miroirs	1 00	le mètre superficiel.
Gobeleterie, verres à vitres et autres verres blancs	2 00	les 100 kil.
Bouteilles	80	*idem.*
Outremer factice	6 75	*idem.*
Sel ammoniac	10 00	*idem.*
Soudes de varech	1 50	*idem.*
Salin ou résidu brut de la calcination des vinasses de betterave	1 25	*idem.*
Sel d'étain	3 00	*idem.*
Savons :		
Savons blancs ou marbrés, composés d'alcalis et d'huile d'olive ou de graines grasses, pures ou mélangées de graisses animales :		
L'huile entrant pour la moitié au moins dans le mélange des corps gras	8f 20c	les 100 kil.
L'huile entrant pour moins de moitié dans le mélange des corps gras	6 00	*idem.*
De graisses animales :		
Savons purs	6 00	*idem.*
Mélangés de résine	6 00	*idem.*

Savons d'huile de palme ou de coco mélangés de graisses animales	4f 00c	les 100 kil.
Savons de couleur, composés d'huile de graine ou de graisses animales	6 00	*idem.*
Alcool pur, liqueurs, eaux-de-vie en bouteilles	90 00	l'hectol.
Bière	2 40	*idem.*
Vernis à l'esprit-de-vin, par hectolitre d'alcool pur contenu dans le vernis	90 00	*idem.*

Il est entendu que le sucre brut et les sucres raffinés ne sont pas compris dans cette nomenclature, parce que les droits de trente-deux, de quarante et un et de quarante-quatre francs par cent kilogrammes, fixés à l'importation de ces produits, comprennent l'impôt de consommation dont ils sont actuellement grevés en France.

ART. 5.

Il est convenu entre les Hautes Parties contractantes que, dans le cas de suppression ou de réduction des drawbacks actuellement existant à l'exportation des produits français, les taxes supplémentaires imposées par l'article précédent aux produits d'origine ou de manufacture belge seront supprimées ou réduites de sommes égales à celles dont seraient diminués ces drawbacks.

Toutefois, en cas de suppression, si le Gouvernement établit une surveillance, un contrôle ou un exercice administratif sur certains produits fabriqués français, les charges directes ou indirectes dont seront grevés les fabricants français seront compensées par une surtaxe équivalente établie sur les produits similaires belges.

Il demeure, en outre, convenu que si des drawbacks sont accordés à d'autres produits de fabrication française, ou si les drawbacks actuels sont augmentés, les droits qui grèvent les produits d'origine ou de fabrication belge pourront être augmentés, s'il y a lieu, d'une surtaxe égale au montant de ces drawbacks.

Les drawbacks établis à l'exportation des produits français ne pourront être que la représentation exacte des droits d'accise grevant lesdits produits ou les matières dont ils sont fabriqués.

La Belgique jouira des mêmes droits que ceux que se réserve la France par les dispositions qui précèdent.

ART. 6.

Si l'une des Hautes Parties contractantes juge nécessaire d'établir un droit d'accise nouveau ou un supplément de droit d'accise sur un article de production ou de fabrication nationale compris dans les tarifs annexés au présent Traité, l'article similaire étranger pourra être immédiatement grevé à l'importation d'un droit égal.

Toutefois, les droits d'accise sur les vins en Belgique ne pourront être augmentés.

ART. 7.

Les marchandises de toute nature, originaires de l'un des deux pays et importées dans l'autre, ne pourront être assujetties à des droits d'accise ou de consommation supérieurs à ceux qui grèvent ou grèveraient les marchandises similaires de production nationale. Toutefois, les droits à l'importation pourront être augmentés des sommes qui représenteraient les frais occasionnés aux producteurs nationaux par le système de l'accise.

ART. 8.

Le tarif pour l'entrée en Belgique du sel brut d'origine française, importé directement par terre ou par mer sous pavillon français ou belge, est réglé ainsi qu'il suit :

Sel brut : — Libre.

Les sels marins bruts, d'origine française, importés directement de France en Belgique par mer jouiront dans ce dernier pays, à titre de déchet sur le taux des droits d'accise, d'une bonification de sept pour cent en sus de celle qui pourrait être accordée aux sels de toute autre provenance.

Pour être admis à jouir de la réfaction de sept pour cent, les sels marins français devront être accompagnés d'un certificat délivré par les agents consulaires belges, ou, à leur défaut, par l'administration des douanes du port d'embarquement, et attestant que ces sels n'ont été soumis en France à aucune opération de raffinage. Faute de remplir cette condition, les intéressés n'obtiendront la déduction de sept pour cent qu'en fournissant la preuve du raffinage en Belgique.

La saumure est assimilée au sel brut et taxée à raison de la quantité de sel qu'elle contient, d'après la proportion fixée par la législation belge.

Le sel raffiné d'origine française sera admis en exemption de droits d'entrée pour les usages auxquels la législation belge accorde l'exemption du droit d'accise sur le sel brut.

Le Gouvernement belge se réserve de limiter à certains bureaux de douane l'importation par terre des sels français et de prescrire pour le transport de ces sels des conditions propres à assurer la perception des droits.

ART. 9.

Les sucres d'origine ou de fabrication belge importés directement par terre ou par mer, sous pavillon français ou belge, sont admis en France aux droits ci-après :

Raffinés (droit de consommation compris)....	41f 00c	les 100 kil.
Candis (droit de consommation compris).....	44 00	*idem.*
Bruts de betterave (non compris le droit de consommation de trente francs).............	2 00	*idem.*

Les sucres d'origine ou de fabrication française importés directement par terre ou par mer, sous pavillon français ou belge, seront admis en Belgique aux droits ci-après :

Raffinés, mélis, lumps et candis (droit d'accise compris)............................	60f 00c	les 100 kil.
Bruts de betterave (non compris le droit d'accise de quarante-cinq francs pour 100 kilog.)...	1 20	*idem.*

Comme conséquence des tarifs qui précèdent, il est convenu entre les Hautes Parties contractantes que :

1° Le droit d'accise en Belgique sera fixé à quarante-cinq francs par cent kilogrammes sur les sucres bruts de canne et de betterave;

2° Le taux des décharges à l'exportation sera réduit, savoir :

A soixante francs par cent kilogrammes pour le sucre candi sec, dur et transparent, reconnu tel par la douane;

A cinquante-cinq francs cinquante centimes par cent kilogrammes pour les sucres raffinés en pains, mélis et lumps blancs, bien épurés et durs;

Et enfin, à quarante-cinq francs pour tous les autres sucres raffinés de qualité inférieure,

3° Les tares sur les sucres bruts de canne seront fixées dans les deux pays d'une manière uniforme d'après le poids moyen effectif des emballages, après une vérification faite contradictoirement dans les ports d'Anvers, de Gand, du Havre, de Nantes et de Bordeaux.

ART. 10.

Si la législation sur les sucres bruts ou raffinés dans l'un des deux États est ultérieurement modifiée, les tarifs réciproquement fixés par l'article précédent à l'importation des sucres bruts, raffinés ou candis, en France ou en Belgique, seront revisés d'un commun accord entre les Hautes Parties contractantes; jusqu'à ce que cet accord soit intervenu, chaque Puissance pourra modifier les droits à l'importation des sucres provenant des États de l'autre Puissance.

ART. 11.

Le droit d'accise établi en Belgique sur les vins d'origine francaise sera réduit ainsi qu'il suit, savoir :

A partir du 1er juillet 1861......	à 27f 50c	l'hectolitre.
A partir du 1er janvier 1862......	à 25 00	*idem.*
A partir du 1er juillet 1862......	à 22 50	*idem.*

Le droit d'entrée en Belgique sur les vins d'origine française est fixé ainsi qu'il suit :

Vins	en cercles..................	0f 50c	l'hectolitre.
	en bouteilles..............	1 50	*idem.*

Ne seront pas réputés vins les liquides contenant une quantité d'alcool supérieure à vingt et un pour cent.

ART. 12.

Les articles d'orfévrerie et de bijouterie en or, en argent, platine ou autres métaux, importés de l'un des deux pays, seront soumis dans l'autre au régime de contrôle établi pour les articles similaires de fabrication nationale et payeront, s'il y a lieu, sur la même base que ceux-ci, les droits de marque et de garantie.

ART. 13.

Indépendamment du régime d'entrée établi par le présent Traité à l'égard des produits non originaires de Belgique, ces mêmes produits seront soumis aux surtaxes de navigation dont sont ou pourront être frappés les produits importés en France, sous pavillon français, d'ailleurs que des pays d'origine.

ART. 14.

Les marchandises de toute origine importées de France par la frontière de terre seront admises à l'entrée en Belgique aux mêmes droits que si elles y étaient importées directement de France par mer et sous pavillon français.

Les marchandises spécifiées ou non en l'article 22 de la loi du 28 avril 1816, importées de Belgique par la frontière de terre, seront admises, pour la consommation intérieure de l'Empire, moyennant l'acquittement des droits établis pour les provenances autres que celles des pays de production, sous pavillon français. Toutefois, pour les cafés, la surtaxe ne dépassera pas cinq francs par cent kilogrammes, décimes compris.

Pendant la durée du présent Traité, aucune augmentation ne pourra être apportée aux surtaxes actuellement établies à l'importation par la frontière de terre sur les produits ci-après désignés :

Bois d'ébénisterie;
Bois de teinture;
Cacao;
Coton en laine;
Laines en masse;
Peaux brutes;
Riz;
Potasses;
Guano;
Résineux exotiques;
Salpêtres;
Thé;
Graines oléagineuses;
Graisses;
Huiles.

ART. 15.

Pour faciliter la circulation des produits agricoles sur la frontière des deux pays, les céréales en gerbes ou en épis, les foins, la paille et les fourrages verts seront réciproquement importés et exportés en franchise de droits.

ART. 16.

Les deux Hautes Parties contractantes prennent l'engagement de ne pas interdire l'exportation de la houille et de n'établir aucun droit sur cette exportation.

De son côté, le Gouvernement français s'engage à ne pas élever, pendant la durée du présent Traité, les droits actuellement applicables à l'importation en France des houilles, cokes et briquettes de charbon d'origine belge.

Le droit à l'importation en Belgique des charbons de terre, du coke et des briquettes de charbon d'origine française est réduit à un franc par mille kilogrammes.

ART. 17.

La décharge du droit d'accise accordée à l'exportation de Belgique pour les bières et les vinaigres sera réduite à deux francs cinquante centimes par hectolitre.

Cette décharge ne pourra être accordée qu'aux bières et vinaigres de bonne qualité, conformément à la législation belge actuelle.

ART. 18.

Pour établir que les produits sont d'origine ou de manufacture nationale, l'importateur devra présenter à la douane de l'autre pays, soit une déclaration officielle faite devant un magistrat siégeant au lieu d'expédition, soit un certificat délivré par le chef du service des douanes du bureau d'exportation, soit un certificat délivré par les consuls ou agents consulaires du pays dans lequel l'importation doit être faite et qui résident dans les lieux d'expédition ou dans les ports d'embarquement.

Les consuls ou agents consulaires respectifs légaliseront les signatures des autorités locales.

ART. 19.

Les droits *ad valorem* stipulés par le présent traité seront calculés sur la valeur, au lieu d'origine ou de fabrication, de l'objet importé, augmentée des frais de transport, d'assurance et de commission nécessaires pour l'importation dans l'un des deux États jusqu'au lieu d'introduction.

L'importateur devra, indépendamment du certificat d'origine, joindre à sa déclaration écrite, constatant la valeur de la marchandise importée, une facture indiquant le prix réel et émanant du fabricant ou du vendeur.

Cette facture sera visée par un consul ou agent consulaire de la Puissance dans le territoire de laquelle l'importation doit être faite.

ART. 20.

Si la douane juge insuffisante la valeur déclarée, elle aura le droit de retenir les marchandises en payant à l'importateur le prix déclaré par lui, augmenté de cinq pour cent.

Ce payement devra être effectué dans les quinze jours qui suivront la déclaration, et les droits, s'il en a été perçu, seront en même temps restitués.

ART. 21.

L'importateur contre lequel la douane de l'un des deux pays voudra exercer le droit de préemption stipulé par l'article précédent pourra, s'il le préfère, demander l'estimation de sa marchandise par des experts. La même faculté appartiendra à la douane, lorsqu'elle ne jugera pas convenable de recourir immédiatement à la préemption.

ART. 22.

Si l'expertise constate que la valeur de la marchandise ne dépasse pas de cinq pour cent celle qui est déclarée par l'importateur, le droit sera perçu sur le montant de la déclaration.

Si la valeur dépasse de cinq pour cent celle qui est déclarée, la douane pourra, à son choix, exercer la préemption ou percevoir le droit sur la valeur déterminée par les experts.

Ce droit sera augmenté de cinquante pour cent, à titre d'amende, si l'évaluation des experts est de dix pour cent supérieure à la valeur déclarée.

Les frais d'expertise seront supportés par le déclarant si la valeur déterminée par la décision arbitrale excède de cinq pour cent la valeur déclarée ; dans le cas contraire, ils seront supportés par la douane.

ART. 23.

Dans les cas prévus par l'article 21, les deux arbitres experts seront nommés, l'un par le déclarant, l'autre par le chef local du service des douanes ; en cas de partage, ou même au moment de la constitution de l'arbitrage, si le déclarant le requiert, les experts choisiront un tiers-arbitre ; s'il y a désaccord, celui-ci sera nommé par le président du tribunal de commerce du ressort. Si le bureau de déclaration est à plus d'un myriamètre du siége du tribunal de commerce, le tiers arbitre pourra être nommé par le juge de paix du canton.

La décision arbitrale devra être rendue dans les quinze jours qui suivront la constitution de l'arbitrage.

ART. 24.

Les déclarations doivent contenir toutes les indications nécessaires pour l'application des droits. Ainsi, outre la nature, l'espèce, la qualité, la provenance et la destination de la marchandise, elles doivent énoncer le poids, le nombre, la mesure ou la valeur, suivant le cas.

Si, par suite de circonstances exceptionnelles, le déclarant se trouve dans l'impossibilité d'énoncer la quantité à soumettre aux droits, la douane pourra lui permettre de vérifier lui-même, à ses frais, dans un local désigné ou agréé par elle, le poids, la mesure, ou le nombre; après quoi l'importateur sera tenu de faire la déclaration détaillée de la marchandise dans les délais voulus par la législation de chaque pays.

ART. 25.

A l'égard des marchandises qui acquittent les droits sur le poids net, si le déclarant entend que la perception ait lieu d'après le *net réel*, il devra énoncer ce poids dans sa déclaration. A défaut, la liquidation des droits sera établie sur le poids brut, sauf défalcation de la tare légale.

ART. 26.

Il est convenu entre les Hautes Parties contractantes que les droits fixés par le présent Traité ne subiront aucune réduction du chef d'avarie ou de détérioration quelconque des marchandises.

ART. 27.

A l'égard des tissus purs ou mélangés, taxés à la valeur, dont l'estimation leur paraîtrait présenter des difficultés, les Gouvernements français et belge se réservent la faculté de désigner exclusivement pour l'admission de ces marchandises, le premier, la douane de Paris, le second, la douane de Bruxelles.

ART. 28.

Pour la fixation des droits établis sur les tissus de lin, de chanvre ou de jute écrus ou blanchis, l'administration des douanes françaises se conformera aux types arrêtés entre les deux Gouvernements, suivant procès-verbal sous la date de ce jour.

Dans la vérification des tissus belges par le compte-fil, toute fraction de fil sera négligée.

ART. 29.

L'importateur de machines et mécaniques entières ou en pièces détachées, et de toutes autres marchandises énumérées dans le présent Traité, est affranchi de l'obligation de produire à la douane de l'un ou de l'autre pays tout modèle ou dessin de l'objet importé.

ART. 30.

Les marchandises de toute nature venant de l'un des deux États, ou y allant, seront réciproquement exemptes dans l'autre État de tout droit de transit.

Toutefois, la prohibition est maintenue pour la poudre à tirer, et les deux Hautes Parties contractantes se réservent de soumettre à des autorisations spéciales le transit des armes de guerre.

Le traitement de la nation la plus favorisée est réciproquement garanti à chacun des deux pays pour tout ce qui concerne le transit.

ART. 31.

Les marchandises transportées de Maubeuge à Givet, et *vice versa*, par la route directe passant par Philippeville, seront exemptes de toute visite tant à l'entrée qu'à la sortie, sauf en cas de soupçons d'abus, sous les conditions suivantes :

1° Les transports se feront par voitures fermées ayant un panneau de charge susceptible d'être convenablement cadenassé ;

2° Une déclaration sera faite au bureau d'entrée belge, d'après l'expédition de sortie délivrée par la douane française ;

3° Le voiturier ou l'entrepreneur des transports fournira caution pour les droits et pénalités exigibles en cas de fraude.

ART. 32.

Jusqu'à l'achèvement des chemins de fer de Saint-Jean-de-Maurienne à la frontière sarde et de Bayonne à la frontière espagnole, l'administration française appliquera, sous les conditions déterminées par l'article précédent, aux marchandises venant de Belgique ou y allant, les mêmes facilités de transit que si l'entrée et la sortie dans ces directions avaient lieu par chemin de fer.

ART. 33.

Les voyageurs de commerce français voyageant en Belgique pour le compte d'une maison française seront soumis à une patente fixe de vingt francs, additionnels compris.

Réciproquement, les voyageurs du commerce belges voyageant en France pour le compte d'une maison belge seront soumis à une patente fixe de vingt francs, additionnels compris.

ART. 34.

Les objets passibles d'un droit d'entrée, qui servent d'échantillons et qui sont importés en Belgique par des commis voyageurs de maisons françaises, ou en France par des commis voyageurs de maisons belges, seront, de part et d'autre, admis en franchise temporaire, moyennant les formalités de douane nécessaires pour en assurer la réexportation ou la réintégration en entrepôt; ces formalités seront les mêmes en France et en Belgique, et elles seront réglées d'un commun accord entre les deux Gouvernements.

ART. 35.

Les dispositions du présent Traité de commerce sont applicables à l'Algérie, tant pour l'exportation des produits de cette possession que pour l'importation des marchandises belges.

ART. 36.

Les titres émis dans les communes, les départements, les établissements publics et les sociétés anonymes de France, qui seront cotés à la Bourse de Paris, seront admis à la cote officielle des Bourses de Belgique.

Réciproquement, les titres émis par les provinces, les communes, les établissements publics et les sociétés anonymes de Belgique, cotés à la Bourse de Bruxelles, seront admis à la cote officielle des Bourses de France.

Toutefois, ces dispositions ne sont pas applicables aux valeurs émises avec lots ou primes attribuant au prêteur ou porteur de titres un intérêt inférieur à trois pour cent, soit du capital nominal, soit du capital réellement emprunté, si celui-ci est inférieur au capital nominal.

ART. 37.

Chacune des deux Hautes Parties contractantes s'engage à faire profiter l'autre de toute faveur, de tout privilége ou abaissement dans les tarifs des droits à l'importation ou à l'exportation des articles mentionnés ou non dans le présent Traité, que l'une d'Elles pourrait accorder à une tierce Puissance. Elles s'engagent, en outre, à n'établir l'une envers l'autre aucun droit ou prohibition d'importation ou d'exportation qui ne soit, en même temps, applicable aux autres nations.

ART. 38.

Le Traité conclu, entre les Hautes Parties contractantes, le 27 février 1854, continuera provisoirement à être appliqué jusqu'à la mise en vigueur des présentes stipulations.

ART. 39.

Le présent Traité sera soumis à l'assentiment des chambres législatives de Belgique.

ART. 40.

Le présent Traité restera en vigueur pendant dix années, à partir du jour de l'échange des ratifications. Dans le cas où aucune des deux Hautes Parties contractantes n'aurait notifié, douze mois avant la fin de ladite période, son intention d'en faire cesser les effets, il demeurera obligatoire jusqu'à l'expiration d'une année, à partir du jour où l'une ou l'autre des Hautes Parties contractantes l'aura dénoncé.

Les Hautes Parties contractantes se réservent la faculté d'introduire, d'un commun accord, dans ce Traité, toutes modifications qui ne seraient pas en opposition avec son esprit ou ses principes et dont l'utilité serait démontrée par l'expérience.

ART. 41.

Les stipulations qui précèdent seront exécutoires, dans les deux États, le cinquième jour après l'échange des ratifications.

Toutefois, les tarifs ne seront réciproquement mis en vigueur que le 1er juillet prochain pour les sucres bruts et raffinés, et que le 1er octobre suivant à l'égard des produits prohibés à l'entrée par la législation douanière de la France.

ART. 42.

Le présent Traité sera ratifié et les ratifications en seront échangées à Paris dans le délai de deux mois, ou plus tôt si faire se peut, et simultanément avec celles des deux Conventions relatives à la navigation et à la propriété littéraire.

En foi de quoi, les Plénipotentiaires respectifs l'ont signé et y ont apposé le cachet de leurs armes.

Fait en double expédition à Paris, le premier jour du mois de mai de l'an de grâce mil huit cent soixante et un.

(*L. S.*) Signé E. Thouvenel.
(*L. S.*) Signé E. Rouher.
(*L. S.*) Signé Firmin Rogier.
(*L. S.*) Signé Liedts.

TARIF A ANNEXÉ AU TRAITÉ DE COMMERCE CONCLU, LE 1er MAI 1861, ENTRE LA FRANCE ET LA BELGIQUE.

(Article 1er.)

DROITS À L'ENTRÉE EN FRANCE.

DÉSIGNATION DES ARTICLES.	TAUX DES DROITS	
	EN 1861.	AU 1er OCTOBRE 1864.
MÉTAUX.		
FER ET FONTE.		
Minerai de fer	Exempt.	Exempt.
Mâchefer, limailles et scories de forge	Exempts.	Exempts.
Fonte brute en masse et fonte moulée pour lest de navire	2f 50c les 100 kil.	2f 00c les 100 kil.
Débris de vieux ouvrages en fonte		
Fonte épurée dite mazée	3 25 idem.	2 75 idem.
Ferrailles et débris de vieux ouvrages en fer		
Fer brut en massiaux ou prismes retenant encore des scories	5 00 idem.	4 50 idem.
Fers en barres carrées, rondes ou plates, rails de toute forme et dimension, fers d'angle et à T et fils de fer, sauf les exceptions ci-après	7 00 idem.	6 00 idem.
Fers feuillards en bandes d'un millimètre d'épaisseur ou moins	8 50 idem.	7 50 idem.
Tôles laminées ou martelées de plus d'un millimètre d'épaisseur, en feuilles pesant 200 kilogrammes ou moins, et dont la largeur n'excède pas 1m,20 ni la longueur 4m,50		
Tôles laminées ou martelées de plus d'un millimètre d'épaisseur, en feuilles pesant plus de 200 kilogrammes ou bien ayant plus de 1m,20 de largeur ou plus de 4m,50 de longueur	9 50 idem.	7 50 idem.
Tôles minces et fers noirs en feuilles d'un millimètre d'épaisseur ou moins	13 00 idem.	10 00 idem.
(Les feuilles de tôle ou fers noirs, planes, découpées d'une façon quelconque, payeront un dixième en sus des feuilles rectangulaires.)		
Fer étamé (fer-blanc), cuivré, zingué ou plombé	16 00 idem.	13 00 idem.
Fil de fer de 5/10es de millimètre de diamètre et au-dessous, qu'il soit ou non étamé, cuivré ou zingué	14 00 idem.	10 00 idem.
ACIERS.		
En barres de toute espèce et feuillard	15 00 idem.	13 00 idem.
En tôle ou en bandes brunes, laminées à chaud, d'une épaisseur supérieure à un demi-millimètre	22 00 idem.	18 00 idem.
En tôle ou en bandes brunes, laminées à chaud, d'un demi-millimètre d'épaisseur ou moins		
En tôle ou en bandes blanches, laminées à froid, quelle que soit l'épaisseur	30 00 idem.	25 00 idem.
Fil d'acier, même blanchi, pour cordes d'instruments		
CUIVRE.		
Minerai	Exempt.	Exempt.
Limailles et débris de vieux ouvrages en cuivre	Exempts.	Exempts.
Pur ou allié de zinc ou d'étain de première fusion en masses, barres, saumons ou plaques	Exempt.	Exempt.
Pur ou allié de zinc ou d'étain laminé ou battu en barres ou planches	15f 00c les 100 kil.	10f 00c les 100 kil.
Pur ou allié en fils de toute dimension, polis ou non	15 00 idem.	10 00 idem.
Doré ou argenté, battu, étiré ou laminé, filé sur fil ou sur soie	100 00 idem.	100 00 idem.
ZINC.		
Minerai cru ou grillé, pulvérisé ou non	Exempt.	Exempt.
Limailles et débris de vieux ouvrages	Exempts.	Exempts.
En masses brutes, saumons, barres ou plaques	Exempt.	Exempt.
Laminé	6f 00c les 100 kil.	4f 00c les 100 kil.

DÉSIGNATION DES ARTICLES.	TAUX DES DROITS	
	EN 1861.	AU 1er OCTOBRE 1864.
PLOMB.		
Minerai et scories de toute sorte	Exempt.	Exempt.
Limailles et débris de vieux ouvrages	Exempts.	Exempts.
En masses brutes, saumons, barres ou plaques	3f 00c les 100 kil.	Exempt.
Laminé	5 00 idem.	3f 00c les 100 kil.
Allié d'antimoine en masse	5 00 idem.	3 00 idem.
Vieux caractères d'imprimerie	5 00 idem.	3 00 idem.
ÉTAIN.		
Minerai	Exempt.	Exempt.
En masses brutes, saumons, barres ou plaques	Exempt.	Exempt.
Limailles et débris	Exempts.	Exempts.
Allié d'antimoine (métal britannique) en lingots	5f 00c les 100 kil.	2f 00c les 100 kil.
Pur ou allié, battu ou laminé	6 00 idem.	6 00 idem.
Cadmium brut		
Mercure natif		
Bismuth et étain de glace	Exempt.	Exempt.
ANTIMOINE.		
Minerai		
Sulfuré fondu		
Métallique ou régule	8f 00c les 100 kil.	6f 00c les 100 kil.
NICKEL.		
Minerai de nickel et speiss		
Pur ou allié d'autres métaux, notamment de cuivre ou de zinc (argenton), en lingots ou masses brutes	Exempt.	Exempt.
Pur ou allié d'autres métaux, battu, laminé ou étiré	15f 00c les 100 kil.	10f 00c les 100 kil.
Manganèse. — Minerai		
Arsenic. — Minerai	Exempts.	Exempts.
Arsenic métallique		
Minerais non dénommés		

OUVRAGES EN MÉTAUX.

DÉSIGNATION DES ARTICLES.	EN 1861.	AU 1er OCTOBRE 1864.
FONTE.		
Ouvrages en fonte moulée, non tournée ni polie :		
1re classe. — Coussinets de chemins de fer, plaques ou autres pièces coulées à découvert	3f 50c les 100 kil.	3f 00c les 100 kil.
2e classe. — Tuyaux cylindriques, droits, poutrelles et colonnes pleines ou creuses, cornues pour la fabrication du gaz ; baignoires pleines et leurs assemblages, grilles et plaques de foyers, arbres de transmission, bâtis de machines et autres objets sans ornements ni ajustages	4 25 idem.	3 75 idem.
3e classe. — Poteries et tous autres ouvrages non désignés dans les deux classes précédentes	5 00 idem.	4 50 idem.
Ouvrages en fonte polie ou tournée	9 00 idem.	6 00 idem.
Ouvrages en fonte étamée, émaillée ou vernissée	12 00 idem.	10 00 idem.
FER.		
Ferronnerie comprenant :		
Pièces de charpente		
Courbes et calives pour navires		
Ferrures de charrettes et wagons	9 00 idem.	5 00 idem.
Gonds, pentures, gros verrous, équerres et autres gros ferrements de portes ou croisées, non tournés ni polis		
Grilles en fer plein, lits, sièges et meubles de jardins ou autres, avec ou sans ornements accessoires en fonte, cuivre ou acier	9 00 idem.	5 00 idem.
N. B. Les essieux, ressorts et bandages de roues ne sont pas compris dans cette nomenclature, et figurent parmi les pièces détachées de machines.		

DÉNOMINATION DES ARTICLES.	TAUX DES DROITS	
	EN 1861.	AU 1er OCTOBRE 1864.
Serrurerie comprenant :		
Serrures et cadenas en fer de toute sorte, fiches et charnières en tôle, loquets, targettes et tous autres objets en fer ou tôle tournée, polie ou limée pour ferrures de meubles, portes et croisées	15f 00c les 100 kil.	12f 00c les 100 kil.
Clous forgés à la mécanique	10 00 *idem.*	8 00 *idem.*
Clous forgés à la main	15 00 *idem.*	12 00 *idem.*
Vis à bois, boulons et écrous		
Ancres	10 00 *idem.*	8 00 *idem.*
Câbles et chaînes en fer		
Outils en fer pur, emmanchés ou non	12 00 *idem.*	10 00 *idem.*
Tubes en fer étirés, soudés par simples rapprochements :		
De 9 millimètres de diamètre intérieur ou plus	18 00 *idem.*	12 00 *idem.*
De moins de 9 millimètres, raccords de toute espèce	25 00 *idem.*	20 00 *idem.*
Tubes en fer étirés, soudés sur mandrin et à recouvrement	25 00 *idem.*	20 00 *idem.*
Articles de ménage et autres ouvrages non dénommés :		
En fer ou en tôle, polis ou peints	17 00 *idem.*	14 00 *idem.*
En fer ou en tôle, émaillés, étamés ou vernissés	20 00 *idem.*	16 00 *idem.*
ACIER.		
Outils en acier pur (limes, scies circulaires ou droites, faux, faucilles et autres non dénommés)	40 00 *idem.*	32 00 *idem.*
Aiguilles à coudre de moins de 5 centimètres	200 00 *idem.*	200 00 *idem.*
Aiguilles à coudre de 5 centimètres ou plus	100 00 *idem.*	100 00 *idem.*
Plumes métalliques en métal autre que l'or et l'argent	100 00 *idem.*	100 00 *idem.*
Petits objets en acier, tels que perles, coulants, broches et dés à coudre	25 00 *idem.*	20 00 *idem.*
Articles de ménage et autres ouvrages en acier pur non dénommés	40 00 *idem.*	32 00 *idem.*
Hameçons de toute espèce	80 00 *idem.*	80 00 *idem.*
Coutellerie de toute espèce	20 p. % de la valeur, abaissé à 15 p. % à partir du 1er janvier 1866.	
Instruments de chirurgie, de précision, de physique et de chimie (pour laboratoire)	Exempts.	Exempts.
Armes de commerce : Armes blanches	40f 00c les 100 kil.	40f 00c les 100 kil.
Armes de commerce : Armes à feu	160 00 *idem.*	140 00 *idem.*
MÉTAUX DIVERS.		
Outils en fer rechargé d'acier, emmanchés ou non	18 00 *idem.*	15 00 *idem.*
Objets en fonte et fer non polis, le poids du fer étant inférieur à la moitié du poids total	5 00 *idem.*	4 50 *idem.*
Objets en fonte et fer non polis, le poids du fer étant égal ou supérieur à la moitié du poids total	10 00 *idem.*	8 00 *idem.*
Objets en fonte et fer polis, émaillés ou vernissés, même avec ornements accessoires en fer, cuivre, laiton ou acier	15 00 *idem.*	12 00 *idem.*
Toiles métalliques en fer ou en acier	15 00 *idem.*	10 00 *idem.*
Cylindres en cuivre ou laiton pour impression, gravés ou non	15 00 *idem.*	15 00 *idem.*
Chaudronnerie		
Toiles en fils de cuivre ou laiton		
Objets d'art et d'ornement et tous autres ouvrages en cuivre pur ou allié de zinc ou d'étain	25 00 *idem.*	20 00 *idem.*
Ouvrages en zinc de toute espèce	10 00 *idem.*	8 00 *idem.*
Tuyaux et autres ouvrages de plomb de toute sorte	5 00 *idem.*	3 00 *idem.*
Caractères d'imprimerie neufs, clichés et planches gravées pour impressions sur papier	10 00 *idem.*	8 00 *idem.*
Poteries et autres ouvrages en étain pur ou allié d'antimoine	30 00 *idem.*	30 00 *idem.*
Ouvrages en nickel allié au cuivre ou au zinc (argentan)	100 00 *idem.*	100 00 *idem.*
Ouvrages en plaqué, sans distinction de titre	100 00 *idem.*	100 00 *idem.*
Ouvrages en métaux dorés ou argentés, soit au mercure, soit par les procédés électro-chimiques	200 00 *idem.*	100 00 *idem.*
Orfèvrerie et bijouterie en or, argent, platine ou autres métaux	500 00 *idem.*	500 00 *idem.*
Horlogerie	5 p. % de la valeur.	5 p. % de la valeur.
Fournitures d'horlogerie	100f 00c les 100 kil.	100f 00c les 100 kil.

DÉNOMINATION DES ARTICLES.	TAUX DES DROITS EN 1861.	TAUX DES DROITS AU 1er OCTOBRE 1864.
MACHINES ET MÉCANIQUES.		
APPAREILS COMPLETS.		
Machines à vapeur fixes, avec ou sans chaudières, avec ou sans volant	10f 00c les 100 kil.	6f 00c les 100 kil.
Machines à vapeur fixes pour la navigation, avec ou sans chaudières	20 00 idem.	12 00 idem.
Machines locomotives ou locomobiles	15 00 idem.	10 00 idem.
Tenders complets de machines locomotives	10 00 idem.	8 00 idem.
Machines pour la filature	15 00 idem.	10 00 idem.
Machines à nettoyer et ouvrer la laine, le coton, le lin, le chanvre et autres matières textiles	9 00 idem.	6 00 idem.
Machines pour le tissage		
Machines à fabriquer le papier		
Machines à imprimer	9 00 idem.	6 00 idem.
Machines pour l'agriculture		
Machines à bouter les plaques et rubans de cardes		
Métiers à tulle		
Appareils en cuivre à distiller		
Appareils à sucre	15 00 idem.	10 00 idem.
Appareils de chauffage		
Cardes non garnies		
Chaudières à vapeur, en tôle de fer, cylindriques ou sphériques, avec ou sans bouilleurs ou réchauffeurs	10 00 idem.	8 00 idem.
Chaudières à vapeur tubulaires en tôle de fer, à tubes en fer, cuivre ou laiton, étirés ou en tôle clouée, à foyers intérieurs, et toutes autres chaudières de forme non cylindrique ou sphérique simple	15 00 idem.	12 00 idem.
Chaudières à vapeur en tôle d'acier de toute forme	30 00 idem.	25 00 idem.
Gazomètres, chaudières découvertes, poêles et calorifères en tôle ou en fonte et tôle	10 00 idem.	8 00 idem.
Machines-outils et machines non dénommées contenant 75 p. o/o de fonte et plus	9 00 idem.	6 00 idem.
Machines-outils et machines non dénommées contenant 50 à 75 p. o/o exclusivement de leur poids en fonte	15 00 idem.	10 00 idem.
Machines-outils et machines non dénommées contenant moins de 50 p. o/o de leur poids en fonte	20 00 idem.	15 00 idem.
PIÈCES DÉTACHÉES DE MACHINES.		
Plaques et rubans de cardes sur cuir, caoutchouc, ou sur tissus purs ou mélangés	60 00 idem.	50 00 idem.
Dents de rots en fer ou en cuivre	30 00 idem.	30 00 idem.
Rots, ferrures ou peignes à tisser, à dents de fer ou de cuivre	30 00 idem.	30 00 idem.
Pièces en fonte, polies, limées et ajustées	9 00 idem.	6 00 idem.
Pièces en fer forgé, polies, limées et ajustées ou non, quel que soit leur poids	15 00 idem.	10 00 idem.
Ressorts en acier pour carrosserie, wagons et locomotives	17 00 idem.	15 00 idem.
Pièces en acier, polies, limées, ajustées ou non, pesant plus d'un kilogramme	30 00 idem.	25 00 idem.
Pièces en acier, polies, limées, ajustées ou non, pesant un kilogramme ou moins	40 00 idem.	35 00 idem.
Pièces en cuivre pur ou allié de tous autres métaux	25 00 idem.	20 00 idem.
Plaques et rubans de cuir, de caoutchouc et de tissus spécialement destinés pour cardes	20 00 idem.	20 00 idem.
Or et argent battus en feuilles	50 00 le kilogr.	50 00 le kilogr.
Sucres bruts de betteraves (droit de consommation compris)	32 00 les 100 kil.	32 00 les 100 kil.
Sucres raffinés (droit de consommation compris)	41 00 idem.	42 00 idem.
Sucres candis (droit de consommation compris)	44 00 idem.	44 00 idem.
Carrosserie	10 p. o/o de la valeur.	10 p. o/o de la valeur.
Tabletterie et ouvrages en ivoire		
Peaux brutes	Exemptes.	Exemptes.
Peaux vernies, teintes ou maroquinées	100f 00c les 100 kil.	100f 00c les 100 kil.
Peaux préparées de toute autre espèce	15 00 idem.	15 00 idem.

DÉNOMINATION DES ARTICLES.	TAUX DES DROITS	
	EN 1861.	AU 1ᵉʳ OCTOBRE 1864.
Ouvrages en peaux et en cuirs de toute espèce.	10 p. o/o de la valeur.	10 p. o/o de la valeur.
Futailles vides, neuves ou vieilles, montées ou démontées, cerclées en bois.	Exemptes.	Exemptes.
Futailles vides, neuves ou vieilles, montées ou démontées, cerclées en fer.	10 p. o/o de la valeur.	10 p. o/o de la valeur.
Pelles, fourches, râteaux et manches d'outils en bois avec ou sans viroles.	Exempts.	Exempts.
Avirons.	Exempts.	Exempts.
Plats, cuillers, écuelles et autres articles de ménage en bois.	Exempts.	Exempts.
Pièces de charpente, brutes ou façonnées.	Exemptes.	Exemptes.
Pièces de charronnage, brutes ou façonnées.	Exemptes.	Exemptes.
Autres ouvrages en bois non dénommés.	10 p. o/o de la valeur.	10 p. o/o de la valeur.
Meubles.		
Articles d'emballage ayant déjà servi.	Exempts.	Exempts.
	Par tonneau de jauge française :	
Bâtiments de mer construits dans le royaume de Belgique non encore immatriculés ou naviguant sous pavillon belge, en bois.	25f 00c	20f 00c
Bâtiments de mer construits dans le royaume de Belgique non encore immatriculés ou naviguant sous pavillon belge, en fer.	70 00	60 00
Coques de bâtiments de mer et bateaux de rivières, en bois.	15 00	10 00
Coques de bâtiments de mer et bateaux de rivières, en fer.	50 00	40 00
N. B. Les machines et moteurs installés à bord de ces bâtiments seront taxés séparément d'après le chiffre des droits spécifiés sous la rubrique : *Machines et mécaniques.*		
LIN, INDUSTRIES TEXTILES.		
Fils de lin ou de chanvre peigné.	Exempts.	Exempts.
Lin ou chanvre mesurant au kilogramme :		
Simples,		
Écrus :		
6,000 mètres ou moins.	15f 00c les 100 kilogr.	
Plus de 6,000 mètres, pas plus de 12,000 mètres.	20 00 idem.	
Plus de 12,000 mètres, pas plus de 24,000 mètres.	30 00 idem.	
Plus de 24,000 mètres, pas plus de 36,000 mètres.	36 00 idem.	
Plus de 36,000 mètres, pas plus de 72,000 mètres.	60 00 idem.	
Plus de 72,000 mètres.	100 00 idem.	
Blanchis ou teints :		
6,000 mètres ou moins.	20 00 idem.	
Plus de 6,000 mètres, pas plus de 12,000 mètres.	27 00 idem.	
Plus de 12,000 mètres, pas plus de 24,000 mètres.	40 00 idem.	
Plus de 24,000 mètres, pas plus de 36,000 mètres.	48 00 idem.	
Plus de 36,000 mètres, pas plus de 72,000 mètres.	80 00 idem.	
Plus de 72,000 mètres.	133 00 idem.	
Retors :		
Écrus.	Le droit afférent au fil simple écru employé au retordage, augmenté de 30 p. o/o.	
Blanchis ou teints.	Le droit afférent au fil simple teint ou blanchi employé au retordage, augmenté de 30 p. o/o.	
Les fils de lin ou de chanvre mélangés suivent le même régime que les fils de lin ou de chanvre purs, pourvu que le lin ou le chanvre domine en poids.		
Tissus de lin ou de chanvre unis ou ouvrés présentant en chaîne, dans l'espace de 5 millimètres carrés,		
Écrus :		
8 fils ou moins.	38f 00c les 100 kilogr.	
9, 10 et 11 fils.	55 00 idem.	
12 fils.	62 00 idem.	
13 et 14 fils.	90 00 idem.	
15, 16 et 17 fils.	115 00 idem.	
18, 19 et 20 fils.	170 00 idem.	
21, 22 et 23 fils.	260 00 idem.	
24 fils et au-dessus.	400 00 idem.	

DÉNOMINATION DES ARTICLES	TAUX DES DROITS	
	EN 1861.	AU 1er OCTOBRE 1864.
Blanchis, teints ou imprimés :		
8 fils ou moins	38f 00c les 100 kilogr.	
9, 10 et 11 fils	70 00 idem.	
12 fils	95 00 idem.	
13 et 14 fils	120 00 idem.	
15, 16 et 17 fils	155 00 idem.	
18, 19 et 20 fils	230 00 idem.	
21, 22 et 23 fils	330 00 idem.	
24 fils et au-dessus	435 00 idem.	
Coutils unis ou façonnés, écrus, blanchis, teints ou imprimés	16 p. o/o de la valeur.	
Linge damassé	*Idem.*	
Batiste		
Linons	Même régime que les toiles unies.	
Mouchoirs encadrés		
Tulle de lin	15 p. o/o de la valeur.	
Dentelles de lin	5 idem.	
Bonneterie de lin		
Passementerie de lin		
Rubanerie de fil écru, blanchi ou teint	15 idem.	
Articles en lin ou en chanvre, confectionnés en tout ou en partie.		
Vêtements et articles non dénommés		
Tissus de lin ou de chanvre mélangés, quand le lin ou le chanvre domine en poids	15 idem.	
JUTE		
En brins, teillé ou peigné	Exempt.	
Fils de jute, mesurant au kilogramme.		
Écrus :		
Moins de 1,400 mètres	7f 00c les 100 kilogr.	5f 00c les 100 kilogr.
De 1,400 mètres à 3,700 mètres exclusivement	9 00 idem.	6 00 idem.
De 3,700 à 4,200 mètres exclusivement	10 00 idem.	7 00 idem.
De 4,200 à 6,000 mètres exclusivement	15 00 idem.	10 00 idem.
Plus de 6,000 mètres exclusivement	Même régime que les fils de lin.	
Blanchis ou teints :		
Moins de 1,400 mètres	10f 00c les 100 kilogr.	7f 00 les 100 kilogr.
De 1,400 à 3,700 mètres exclusivement	13 00 idem.	9 00 idem.
De 3,700 à 4,200 mètres exclusivement	15 00 idem.	10 00 idem.
De 4,200 à 6,000 mètres exclusivement	22 00 idem.	14 00 idem.
Plus de 6,000 mètres exclusivement	Même régime que les fils de lin.	
Tissus de jute, présentant en chaîne, dans l'espace de de 5 millimètres,		
Écrus :		
1, 2 et 3 fils unis	13f 00c les 100 kilogr.	10f 00c les 100 kilogr.
1, 2 et 3 fils croisés	15 00 idem.	12 00 idem.
4 et 5 fils	21 00 idem.	16 00 idem.
6, 7 et 8 fils	30 00 idem.	24 00 idem.
Plus de 8 fils	Même régime que les tissus de lin, suivant la classe.	
Blanchis ou teints :		
1, 2 et 3 fils unis	19f 00c les 100 kilogr.	15f 00c les 100 kilogr.
1, 2 et 3 fils croisés	22 00 idem.	17 00 idem.
4 et 5 fils	30 00 idem.	23 00 idem.
6, 7 et 8 fils	44 00 idem.	35 00 idem.
Plus de 8 fils	Même régime que les tissus de lin, suivant la classe.	
Tapis de jute, ras ou à poil	32f 00c les 100 kilog.	24f 00c les 100 kilog.
Les fils de jute mélangés avec d'autres matières suivront le même régime que les fils de jute pure, pourvu que le jute domine en poids.		
Tissus de jute mélangés quand le jute domine en poids	20 p. o/o de la valeur.	15 p. o/o de la valeur.

DÉNOMINATION DES ARTICLES.	TAUX DES DROITS EN 1861. — AU 1er OCTOBRE 1864.
VÉGÉTAUX FILAMENTEUX :	
Phormium tenax, abaca et autres végétaux filamenteux non dénommés :	
Filaments :	
Bruts teillés	Exempts.
Peignés ou teillés	
Fils	5 p. o/o de la valeur.
Tissus	10 idem.
CRINS :	
Crin brut de toute nature, même préparé ou frisé	Exempt.
Tissus et ouvrages de crin ou de poils de vaches purs ou mélangés	10 p. o/o de la valeur.
COTONS :	
Coton de l'Inde en laine	Exempt.
Coton en feuilles cardées ou gommées (ouates)	0f 10c le kilogramme.
Fils de coton simple, mesurant au demi-kilogramme,	
Écrus :	
20,000 mètres ou moins	0f 15c idem.
De 21,000 à 30,000 mètres	0 20 idem.
De 31,000 à 40,000 mètres	0 30 idem.
De 41,000 à 50,000 mètres	0 40 idem.
De 51,000 à 60,000 mètres	0 50 idem.
De 61,000 à 70,000 mètres	0 60 idem.
De 71,000 à 80,000 mètres	0 70 idem.
De 81,000 à 90,000 mètres	0 90 idem.
De 91,000 à 100,000 mètres	1 00 idem.
De 101,000 à 110,000 mètres	1 20 idem.
De 111,000 à 120,000 mètres	1 40 idem.
De 121,000 à 130,000 mètres	1 60 idem.
De 131,000 à 140,000 mètres	2 00 idem.
De 141,000 à 170,000 mètres	2 50 idem.
De 171,000 et au-dessus	3 00 idem.
Blanchis	Le droit sur le fil simple écru, augmenté de 15 p. o/o.
Teints	Le droit sur le fil simple écru, augmenté de 25 cent. par kilogr.
Fils de coton retors en deux bouts :	
Écrus	Le droit afférent au numéro du fil simple employé au retordage, augmenté de 30 p. o/o.
Blanchis	Le droit sur le fil écru retors en deux bouts, augmenté de 15 p. o/o.
Teints	Le droit sur le fil écru retors en deux bouts, augmenté de 25 cent. par kilogr.
Chaînes ourdies :	
Écrues	Le droit sur le fil simple, augmenté de 30 p. o/o.
Blanchies	Le droit sur les chaînes ourdies écrues, augmenté de 15 p. o/o.
Teintes	Le droit sur les chaînes ourdies écrues, augmenté de 25 cent. par kilogr.
Fils écrus blanchis ou teints, en trois bouts ou plus :	
À simple torsion	6 cent. par 1,000 mètres.
À plusieurs torsions ou câblés	12 idem.
Tissus de coton écrus, unis, croisés, coutils :	
1re classe, pesant 11 kilogr. et plus les 100 mètres carrés :	
De 35 fils et au-dessous aux 5 millimètres carrés	0f 50c le kilogramme.
De 36 fils et au-dessus	0 80 idem.

47.

DÉNOMINATION DES ARTICLES.	TAUX DES DROITS	
	EN 1861.	AU 1er OCTOBRE 1864.
2e classe, pesant de 7 à 11 kilogr. exclusivement, les 100 mètres carrés :		
De 35 fils et au-dessous	0f 60c le kilogramme.	
De 36 à 43 fils	1 00 idem.	
De 44 fils et au-dessus	2 00 idem.	
3e classe, pesant de 3 à 7 kilogr. exclusivement, les 100 mètres carrés :		
De 27 fils et au-dessous	0 80 idem.	
De 28 à 35 fils	1 20 idem.	
De 36 à 43 fils	1 90 idem.	
De 44 fils et au-dessus	3 00 idem.	
Tissus de coton :		
Blanchis	15 p. % en sus du droit sur l'écru.	
Teints	25 centimes par kilogramme en sus du droit sur l'écru.	
Imprimés	15 p. % de la valeur.	
Velours de coton.		
Façon soie (dits velvets) :		
Écrus	0f 85c le kilogramme.	
Teints ou imprimés	1 10 idem.	
Autres (cords, moleskine, etc.) :		
Écrus	0 60 idem.	
Teints ou imprimés	0 85 idem.	
Tissus de coton écrus, unis ou croisés, pesant moins de 3 kilogrammes par 100 mètres carrés	15 p. % de la valeur.	
Piqués, basins, façonnés, damassés et brillantés		
Couvertures de coton		
Tulles unis ou brodés		
Gazes et mousselines, brodées ou brochées, pour ameublements ou tentures	15 p. % de la valeur.	
Vêtements et articles confectionnés en tout ou en partie		
Articles non dénommés		
Broderies à la main	10 idem.	
Dentelles et blondes de coton	5 idem.	
Les fils de coton mélangés payeront les mêmes droits que les fils de coton pur, pourvu que le coton domine en poids dans le mélange.		
Tissus de coton mélangés quand le coton domine en poids	15 idem.	
Laines :		
Laine en masse de Belgique ou d'Australie	Exempte.	
Laine teinte en masse	25f 00c les 100 kilogrammes.	
Laine peignée, teinte ou non	25 00 idem.	
Fils de laine, blanchis ou non, simples, mesurant au kilogramme :		
De 30,000 mètres et au-dessous	0f 25c le kilogr.	
De 31,000 à 40,000 mètres	0 35 idem.	
De 41,000 à 50,000 mètres	0 45 idem.	
De 51,000 à 60,000 mètres	0 55 idem.	
De 61,000 à 70,000 mètres	0 65 idem.	
De 71,000 à 80,000 mètres	0 75 idem.	
De 81,000 à 90,000 mètres	0 85 idem.	
De 91,000 à 100,000 mètres	0 95 idem.	
De 101,000 mètres et au-dessus	1 00 idem.	
Fils de laine, blanchis ou non, retors pour tissage	Le droit afférent aux fils de laine simples employés au retordage, augmenté de 30 p. %.	
Fils de laine, blanchis ou non, retors pour tapisserie	Le droit du fil simple élevé au double.	
Fils de laine teints simples ou retors	Droit sur le fil non teint, augmenté de 0f 25c par kilogramme.	
Tissus de laine	15 p. % de la valeur.	10 p. % de la valeur.

DÉNOMINATION DES ARTICLES.	TAUX DES DROITS EN 1861.	TAUX DES DROITS AU 1er OCTOBRE 1864.
Feutres de toute sorte	15 p. o/o de la valeur.	10 p. o/o de la valeur.
Couvertures de laine	*Idem.*	*Idem.*
Tapis de toute espèce	*Idem.*	15 p. o/o de la valeur.
Bonneterie de laine	*Idem.*	10 p. o/o de la valeur.
Passementerie de laine	*Idem.*	*Idem.*
Rubanerie de laine	*Idem.*	*Idem.*
Dentelles de laine	*Idem.*	*Idem.*
Chaussons de lisière	10 p. o/o de la valeur.	*Idem.*
Châles et écharpes de cachemire des Indes	5 p. o/o de la valeur.	5 p. o/o de la valeur.
Articles non dénommés	15 p. o/o de la valeur.	10 p. o/o de la valeur.
Lisières de draps de toute espèce, entières ou coupées	Exemptes.	
Vêtements et articles confectionnés :		
Neufs	15 p. o/o de la valeur.	10 p. o/o de la valeur.
Vieux	20f 00c les 100 kilogr.	
Les fils et tissus d'alpaga, de lama, de vigogne et de chameau, purs ou mélangés de laine, suivront le même régime que les fils et tissus de laine, quelle que soit la proportion du mélange.		
Les fils et tissus de laine et des autres matières ci-dessus dénommées, mélangés de coton ou d'autres éléments quelconques, payeront les mêmes droits que les fils et tissus de laine pure, pourvu que la laine domine dans le mélange.		
Les fils de poil de chèvre conserveront le régime qui leur est actuellement applicable.		
Les tissus de poil de chèvre suivront le régime des tissus de laine.		
Soies :		
En cocons	Exemptes.	
Grèges et moulinées	Exemptes.	
Teintes :		
A coudre, à broder et à dentelles	3f 00c le kilog.	Exemptes.
Autres	Exemptes.	Exemptes.
Bourre de soie :		
En masse	Exempte.	
Peignée	0f 10c le kilog.	
Filée, simple et retorse, écrue, blanche, azurée, teinte :		
De 80,000 mètres simples au kilogramme et au-dessous	0 75 idem.	
De 81,000 mètres simples au kilogramme et au-dessus	1 20 idem.	
Tissus, bonneterie, dentelles de pure soie	Exempts.	
Crêpes, façon d'Angleterre, écrus, noirs ou de couleur	10f 00c le kilog.	A partir de 1866, exempts.
Tulles :		
Unis, écrus	20f 00c le kilog.	A partir du 1er oct. 1864, exempts.
Apprêtés	15 p. o/o de la valeur.	Exempts.
Façonnés, écrus ou apprêtés	10 p. o/o de la valeur.	*Idem.*
Tissus de bourre de soie pure, de soie et bourre de soie, écrus, blancs, teints, imprimés	2f 00c le kilog.	
Tissus, passementerie et dentelles de soie ou de bourre de soie :		
Avec or ou argent fin	12 00 idem.	
Avec or ou argent mi-fin ou faux	3 50 idem.	
Tissus de soie ou de bourre de soie mélangés, la soie ou la bourre de soie dominant en poids	3 00 idem.	
Rubans de soie ou de bourre de soie :		
De velours	5 00 idem.	
Autres	8 00 idem.	
Mélangés	10 p. o/o de la valeur.	
Les vêtements et articles confectionnés en soie suivent le régime des tissus dominant en poids.		

DÉNOMINATION DES ARTICLES.	TAUX DES DROITS	
	EN 1861.	AU 1er OCTOBRE 1864.
PRODUITS CHIMIQUES.		
Iode		
Brome		
Acides :		
Sulfurique		
Nitrique		
Tartrique		
Benzoïque		
Borique		
Citrique		
Arsénieux		
Jus de citron		
Oxydes :		
De fer		
De zinc, gris		
D'étain		
D'arsenic		
De cuivre		
Safre et autres composés de cobalt		
Sulfures d'arsenic		
Chlorure de potassium		
Iodure de potassium		
Salin de betteraves		
Carbonate de potasse		
Nitrate de potasse	Exempts.	
Sulfate de potasse		
Tartrate de potasse		
Cendres végétales vives et lessivées		
Lies de vin		
Borax brut		
Nitrate de soude		
Soude de varech		
Noir d'os		
Os calcinés, blancs		
Phosphates naturels		
Ciments de chaux		
Sulfate de magnésie		
Carbonate de magnésie		
Chlorure de magnésium		
Acétate de fer liquide		
Garancine		
Sucre de lait		
Albumine		
Curcuma en poudre		
Murexide		
Bleu de Prusse		
Carmins de toute sorte		
Cendres bleues ou vertes		
Laques en teintures ou en trochisques		
Vert de montagne		
Stil de grain		
Kermès en grains et en poudre (animal)		
Essence de houille et de ses dérivés	3 p. o/o de la valeur.	
Phosphore blanc	40f 00c les 100 kil.	40f 00c les 100 kil.
Oxyde de zinc (blanc de zinc)	5 00 idem.	2 00 idem.
Oxydes et carbonates de plomb		
Acide oléique	5 00 idem.	3 00 idem.
Acide oxalique et oxalates de potasse	15 00 idem.	10 00 idem.
Prussiate jaune de potasse	20 00 idem.	10 00 idem.

DÉNOMINATION DES ARTICLES.	TAUX DES DROITS.	
	EN 1861.	AU 1er OCTOBRE 1864.
Prussiate rouge de potasse	30f 00c les 100 kil.	30f 00c les 100 kil.
Extraits de bois de teinture :		
Pour les noirs et violets	20 00 idem.	20 00 idem.
Pour les rouges et jaunes	30 00 idem.	30 00 idem.
Acide hydrochlorique (acide muriatique)	0 60 idem.	0 60 idem.
Soude caustique	5 00 idem.	5 00 idem.
Carbonate de soude (sel de soude) à tous degrés	4 50 idem.	3 00 idem.
Soude artificielle brute	2 30 idem.	1 50 idem.
Carbonate de soude cristallisé (cristaux de soude)	2 20 idem.	1 50 idem.
Sulfate et sulfite de soude	1 20 idem.	1 20 idem.
Sulfate et sulfite de soude cristallisé (sel de Glauber)	1 00 idem.	0 70 idem.
Bi-carbonate de soude et autres sels de soude non dénommés	5 25 idem.	3 50 idem.
Chlorure de chaux	4 25 idem.	2 80 idem.
Chlorate de potasse	38 50 idem.	25 75 idem.
Savons ordinaires et de parfumerie	6 00 idem.	6 00 idem.
Outremer	15 00 idem.	15 00 idem.
Phosphore rouge	10 p. 0/0 de la valeur.	
Aluminium		
Aluminate de soude		
Chlorure d'aluminium		
Chromates de potasse		
Chromates de plomb		
Couleurs non dénommées, sèches, en pâte et liquides	5 p. 0/0 de la valeur.	
Acide stéarique		
Colle forte et gélatine		
Vernis :		
A l'huile	10 p. 0/0 de la valeur.	
A l'essence		
A l'esprit de vin		
Orseilles de toute sorte	5 p. 0/0 de la valeur.	
Produits chimiques non dénommés		
VERRERIE ET CRISTALLERIE.		
Miroirs ayant moins de un mètre carré	10 p. 0/0 de la valeur.	
Glaces :		
Brutes	1f 50c par mètre carré de superficie.	
Étamées ou polies	4 00 idem.	
Bouteilles de toutes formes	1f 20c les 100 kil.	
Verres :		
A vitres	3 50 idem.	
De couleur, polis ou gravés	10 p. 0/0 de la valeur.	
De montre et d'optique		
Gobeletterie et cristaux, blancs et colorés		
Vitrifications		
Émaux		
Objets en verre non dénommés		
Grésil et verre cassé	Exempts.	
Cristal de roche brute ou ouvré	Exempt.	
N. B. Le cristal monté sera taxé comme la bijouterie ou l'orfèvrerie.		
POTERIES.		
POTERIE GROSSIÈRE.		
Carreaux, briques et tuiles	Exempts.	
Cornues à gaz, tuyaux de drainage et autres creusets de toute sorte, y compris ceux en graphite et plombagine		
Pipes en terre		
Vernissée ou non, de toutes formes		
Vernissée avec décorations à relief unicolores, et multicolores, et platerie et autres	3f 00c les 100 kilog.	

DÉNOMINATION DES ARTICLES.	TAUX DES DROITS EN 1861.	TAUX DES DROITS AU 1er OCTOBRE 1864.
POTERIE DE GRÈS.		
Ustensiles et appareils pour la fabrication des produits chimiques	Exempts.	
Commune de toute sorte, poterie et creux comprenant la forme bouteilles, les carafes, objets de ménage, ustensiles de cuisine, etc.	4f 00c les 100 kilog.	
FAÏENCE.		
Stanifère, pâte colorée, glaçure blanche	Exempts.	
Stanifère, glaçure colorée, majoliques, vernissée, multicolore.	20 p. 0/0 de la valeur.	15 p. 0/0 de la valeur.
Fine	20 p. 0/0 de la valeur.	15 p. 0/0 de la valeur.
Grès fins	20 p. 0/0 de la valeur.	15 p. 0/0 de la valeur.
Porcelaines de toute sorte, blanches ou décorées, parian et biscuit blanc	10 p. 0/0 de la valeur.	
ARTICLES DIVERS.		
Fleurs artificielles	Exemptes.	
Objets de mode	Exempts.	
Tresses en paille de toute sorte	5f 00c les 100 kilog.	
Chapeaux de paille	0 25 la pièce.	
Mercerie de toute sorte	10 p. 0/0 de la valeur.	
Boutons fins ou communs, autres que ceux de passementerie	10 p. 0/0 de la valeur.	
Brosserie de toute espèce	10 p. 0/0 de la valeur.	
Instruments de musique et pièces détachées d'instruments	10 p. 0/0 de la valeur.	
Épingles de toute sorte	50f 00c les 100 kilog.	
Caoutchouc ouvré :		
Pur ou mélangé	25 00 idem.	
Appliqué sur tissus en pièces ou sur d'autres matières	100 00 idem.	
Vêtements confectionnés	150 00 idem.	
En tissus élastiques, pièces de toute dimension	200 00 idem.	
Chaussures	60 00 idem.	
N. B. Les ouvrages en gutta-percha suivent le même régime.		
Toiles cirées :		
Pour emballage	5 00 idem.	
Pour ameublement, tentures ou autres usages	15 00 idem.	
Cire à cacheter	30 00 idem.	
Cirage de toute sorte	4 00 idem.	
Encre à écrire, à dessiner ou imprimer	10 00 idem.	
Filets de pêche	20 00 idem.	
Poisson d'eau douce :		
Frais	Exempt.	
Préparé	10f 00c les 100 kilog.	
Épices préparées (sauces)	25 00 idem.	
Fromages de pâte dure	10 00 idem.	
Fromages de pâte molle	3 00 idem.	
Bière	En sus du droit de consommation. 2f 00c par hectolitre.	
Mélasses contenant :		
Moins de 50 p. 0/0 de richesse saccharine	12f 00c les 100 kilog.	
Plus de 50 p. 0/0 de richesse saccharine	Le droit sur le sucre brut.	
Importées pour la distillation	Exemptes.	
Alcool, par 100 degrés, en sus des droits de consommation	20f 00c par hectol.	15f 00c par hectol.
Eaux-de-vie en bouteilles, et liqueurs, sans distinction de degrés, en sus des droits de consommation	15f 00c par hectolitre.	
Ardoises :		
Pour toiture	4f 00c le 1,000 en nombre.	
En carreaux ou en tables polis	10 00 le 100 idem.	
Poils non spécialement tarifés, bruts et filés	Exempts.	
Poils de chèvre peignés	10f 00c les 100 kilog.	

<table>
<tr><th rowspan="2">DÉNOMINATION DES ARTICLES.</th><th colspan="2">TAUX DES DROITS</th></tr>
<tr><th>EN 1881.</th><th>AU 1er OCTOBRE 1884.</th></tr>
<tr><td>Plumes à écrire, brutes ou apprêtées</td><td colspan="2">Exemptes.</td></tr>
<tr><td>Plumes à lit de toute sorte, duvet et autres</td><td colspan="2">50f 00c les 100 kilog.</td></tr>
<tr><td>Cire brute, jaune ou blanche</td><td colspan="2">1 00 idem.</td></tr>
<tr><td>Cire ouvrée</td><td colspan="2">4 00 idem.</td></tr>
<tr><td>Lait</td><td colspan="2">Exempt.</td></tr>
<tr><td>Beurre frais ou fondu</td><td colspan="2">Exempt.</td></tr>
<tr><td>Beurre salé</td><td colspan="2">2f 50c les 100 kilog.</td></tr>
<tr><td>Miel</td><td colspan="2">Exempt.</td></tr>
<tr><td>Oreillons</td><td colspan="2">Exempts.</td></tr>
<tr><td>Poissons de mer, frais, secs, salés ou fumés, à l'exclusion de la morue</td><td colspan="2">10f 00c les 100 kilog.</td></tr>
<tr><td>Homards</td><td colspan="2">Exempts.</td></tr>
<tr><td>Huîtres fraîches</td><td colspan="2">Le 1,000 en nombre, 1f 50c.</td></tr>
<tr><td>Huîtres marinées</td><td colspan="2">6f 00c les 100 kilog.</td></tr>
<tr><td>Moules et autres coquillages pleins</td><td colspan="2">Exempts.</td></tr>
<tr><td>Graisses de poisson</td><td colspan="2">6f 00c les 100 kilog.</td></tr>
<tr><td>Graisses de toute sorte et dégras de peau</td><td colspan="2">Exempts.</td></tr>
<tr><td>Blanc de baleine et de cachalot</td><td colspan="2">2f 00c les 100 kilog.</td></tr>
<tr><td>Fanons de baleine bruts</td><td colspan="2">Exempts.</td></tr>
<tr><td>Peaux de chien de mer et de phoque brutes, fraîches ou sèches</td><td colspan="2">Exemptes.</td></tr>
<tr><td>Corail brut taillé et non monté</td><td colspan="2">Exempt.</td></tr>
<tr><td>DROGUERIES.
PRODUITS COMPRIS SOUS LA DÉNOMINATION DE DROGUERIES.</td><td colspan="2"></td></tr>
<tr><td>Cantharides desséchées, civette, musc, castoréum, ambre gris, fruits à distiller, storax, styrax, coccocoulle, kino et autres sucs végétaux desséchés, racines médicinales de toute espèce, herbes, fleurs, feuilles et écorces médicinales, agaric (amadou), kermès minéral, extrait de quinquina, camphre brut et raffiné, graines</td><td colspan="2">2f 00c les 100 kilog.</td></tr>
<tr><td>Éponges de toute sorte</td><td colspan="2">50 00 idem.</td></tr>
<tr><td>Os, sabots de bétail et dents de loup</td><td colspan="2">Exempts.</td></tr>
<tr><td>CORNES DE BÉTAIL.</td><td colspan="2"></td></tr>
<tr><td>Brutes</td><td colspan="2">Exemptes.</td></tr>
<tr><td>Préparées et débitées en feuillets de toute dimension</td><td colspan="2">3f 00c les 100 kilog.</td></tr>
<tr><td>Résines de toute sorte, même distillées</td><td colspan="2">Exemptes.</td></tr>
<tr><td>Jus de réglisse</td><td colspan="2">12f 00c les 100 kilog.</td></tr>
<tr><td>LIÈGE.</td><td colspan="2"></td></tr>
<tr><td>Brut et râpé de toute sorte</td><td colspan="2">Exempt.</td></tr>
<tr><td>Ouvré</td><td colspan="2">10 p. 0/0 de la valeur.</td></tr>
<tr><td>Bois de teinture, même moulus</td><td colspan="2" rowspan="5">Exempts.</td></tr>
<tr><td>Joncs et roseaux bruts</td></tr>
<tr><td>Écorces à tan de toute sorte, mêmes moulues</td></tr>
<tr><td>Betteraves</td></tr>
<tr><td>Pommes de terre</td></tr>
<tr><td>Houblon</td><td colspan="2">20f 00c les 100 kilog.</td></tr>
<tr><td>Graines à ensemencer</td><td colspan="2" rowspan="2">Exempts.</td></tr>
<tr><td>Fruits et graines oléagineuses</td></tr>
<tr><td>Légumes salés ou confits au vinaigre</td><td colspan="2">3f 00c les 100 kilog.</td></tr>
<tr><td>RACINES DE CHICORÉE.</td><td colspan="2"></td></tr>
<tr><td>Vertes</td><td colspan="2">0f 25c les 100 kilog.</td></tr>
<tr><td>Sèches</td><td colspan="2">1 00 idem.</td></tr>
<tr><td>Plantes alcalines</td><td colspan="2">Exemptes.</td></tr>
<tr><td>MARBRES ET ALBÂTRES DE TOUTE SORTE.</td><td colspan="2"></td></tr>
<tr><td>Bruts, équarris ou sciés à 16 centimètres et plus d'épaisseur</td><td colspan="2">1f 00c les 100 kilog.</td></tr>
<tr><td>Autrement sciés, sculptés, moulés ou polis</td><td colspan="2">1 50 idem.</td></tr>
<tr><td>ÉCAUSSINES ET AUTRES PIERRES DE CONSTRUCTION, Y COMPRIS LES PIERRES D'ARDOISE.</td><td colspan="2"></td></tr>
<tr><td>Brutes, taillées ou sciées</td><td colspan="2">Exemptes.</td></tr>
</table>

DÉNOMINATION DES ARTICLES.	TAUX DES DROITS en 1861.	TAUX DES DROITS au 1er octobre 1864.
Sculptées ou polies	0f 50c les 100 kilog.	
Pierres gemmes de toute sorte	Exemptes.	
Agates et autres pierres de même espèce ouvrées	10 p. o/o de la valeur.	
Meules		
Pierres à aiguiser de toute sorte	Exempts.	
Chaux et plâtre		
Graphite et plombagine		
CRAYONS.		
Simples en pierre	1f 00c les 100 kilog.	
Composés, à gaines en bois	10 p. o/o de la valeur.	
PARFUMERIES.		
Alcooliques	Régime de l'alcool.	
Autres	10f 00c les 100 kilog.	
Moutarde	5 00 idem.	
Chicorée brûlée ou moulue	5 00 idem.	
Bougies de toute sorte	10 p. o/o de la valeur.	
Chandelles		
Colle de poisson	60f 00c les 100 kilog.	
Extraits de viande	Exempts.	
Chocolat et cacao simplement broyé	35f 00c les 100 kilog.	
Eaux minérales, cruchons compris	Exemptes.	
Papier de toute sorte	10f 00c les 100 kilog.	8f 00c les 100 kilog.
Cartons en feuilles de toute sorte		
Cartons moulés, coupés et assemblés	10 p. o/o de la valeur.	
Livres en langues françaises, mortes ou étrangères		
Gravures, lithographies, photographies et dessins de toute sorte sur papier		
Cartes géographiques		
Musique gravée		
Étiquettes imprimées, gravées et coloriées	Exempts.	
Objets de collection hors de commerce		
STATUES.		
Modernes en marbre ou en pierre		
Modernes en métal de grandeur naturelle ou moins		
Bimbeloterie		
Vannerie	10 p. o/o de la valeur.	
Parasols et parapluies		
Cheveux ouvrés		
Balais communs	Exempts.	
Bois de chêne et de noyer		
Bitumes de toute sorte	Exempts.	
Amidon	1f 50c les 100 kilog.	
Soufre brut, épuré ou sublimé	Exempt.	
Huiles d'origine ou de fabrication belge	6f 00c les 100 kilog.	
Cartes à jouer	15 p. o/o de la valeur.	
Cordes et câbles	18f 00c les 100 kilog.	

Signé E. Thouvenel.
Signé E. Rouher.
Signé Firmin Rogier.
Signé Liedts.

TARIF B ANNEXÉ AU TRAITÉ DE COMMERCE CONCLU, LE 1er MAI 1861, ENTRE LA FRANCE ET LA BELGIQUE.

(Article 2.)

DROITS À L'ENTRÉE EN BELGIQUE.

DÉNOMINATION DES ARTICLES.	BASE.	TAUX DES DROITS EN 1861.	TAUX DES DROITS AU 1er OCTOBRE 1864.
Fer : Minerai et limailles	»	Libres.	
Fer : Fonte brute et vieux fer	Les 100 kilog.	1f 50c	1f 00c
Fer : Fer battu, étiré ou laminé	Idem	4 00	3 00
Fer : Fer-blanc non ouvré	Idem.	9 00	6 00
Acier non ouvré	Idem.	1 00	1 00
Cuivre pur ou allié de zinc ou d'étain, brut	»	Libre.	
Cuivre pur ou allié de zinc ou d'étain, battu, étiré ou laminé, doré ou argenté, filé sur fil ou sur soie	Les 100 kilog.	10f 00c	
Zinc : brut	»	Libre.	
Zinc : laminé ou étiré	Les 100 kilog.	3f 00c	3f 00c
Plomb : brut	»	Libre.	
Plomb : laminé ou étiré	Les 100 kilog.	3f 00c	3f 00c
Étain : brut	»	Libre.	
Étain : laminé, comprenant l'étain de glace	Les 100 kilog.	6f 00c	6f 00c
Bismuth brut	»	Libre.	
Antimoine brut	»	Idem.	
Nickel : brut	»	Idem.	
Nickel : battu, étiré ou laminé	Les 100 kilog.	10f 00c	10f 00c
Minerais de toute sorte	»	Libres.	
OUVRAGES EN MÉTAUX.			
Fonte ouvrée	Les 100 kilog.	6f 00c	4f 00c
Fer ouvré	Idem.	9 00	6 00
Clous en fer	Idem.	6 00	6 00
Fer-blanc ouvré	La valeur.	10 p. o/o.	
Acier ouvré (ouvrages d'acier, y compris les outils d'acier)	Les 100 kilog.	9f 00c	8f 00c
Coutellerie de toute espèce	La valeur.	10 p. o/o.	
Instruments de chirurgie, de précision, de physique et de chimie (pour laboratoire)	»	Libres.	
Armes blanches et à feu de toute espèce, y compris les pièces détachées	»	Idem.	
Les objets d'équipement payeront le droit afférent à la matière dont ils sont fabriqués.			
Ouvrages en cuivre, étain, plomb, zinc et nickel purs ou mélangés, y compris la chaudronnerie	La valeur.	10 p. o/o.	
Toiles métalliques en fer ou en acier	Les 100 kilog.	9f 00c	6f 00c
TOILES EN FIL DE CUIVRE OU DE LAITON.			
Pour machines ou mécaniques	Idem.	14 00	12 00
Autres	La valeur.	10 p. o/o.	
Caractères d'imprimerie neufs, clichés et planches gravées pour impression sur papier	Les 100 kilog.	10f 00c	8f 00c
Orfèvrerie et bijouterie en or, argent, platine et aluminium	La valeur.	5 p. o/o.	
Montres et mouvements d'horlogerie	Idem.	Idem.	
Fournitures d'horlogerie	Idem.	Idem.	
MACHINES ET PIÈCES DÉTACHÉES DE MACHINES.			
En fonte	Les 100 kilog.	6f 00c	4f 00c
En fer ou en acier	Idem.	9 00	6 00
En cuivre ou en toute autre matière	Idem.	14 00	12 00
En bois	La valeur.	10 p. o/o.	
Or et argent battu en feuilles	Idem.	5 p. o/o.	

DÉNOMINATION DES ARTICLES.	BASE.	TAUX DES DROITS en 1861.	TAUX DES DROITS au 1er octobre 1864.
SUCRES.			
Sucres ...... brut de betterave (droit de consommation compris)	Les 100 kilog.	45f 00c	
Sucres ...... raffinés, mélis, lumps et candis (droit de consommation compris)	*Idem.*	60f 00c	
Carrosserie	La valeur.	10 p. 0/0.	
Tabletterie (ouvrages en ivoire)	*Idem.*	*Idem.*	
Peaux brutes	»	Libres.	
Peaux de chèvre et de mouton, tannées en croûte	Les 100 kilog.	5f 00c	
Peaux tannées et corroyées	*Idem.*	15 00	
Peaux autrement préparées	*Idem.*	30 00	
Ouvrages en peaux et en cuir de toute espèce	La valeur.	10 p. 0/0.	
Meubles et ouvrages en bois de toute espèce et futailles	*Idem.*	*Idem.*	
Bâtiments de mer de toute espèce et bateaux de rivière	Le tonneau de jauge de 1 1/2 mètre cube.	5f 00c	
Articles d'emballage ayant déjà servi	»	Libres.	
LINS, ETC.			
Filaments végétaux bruts, peignés, non spécialement tarifés. .	»	*Idem.*	
FIL DE LIN, DE CHANVRE ET DE JUTE, MESURANT AU KILOGRAMME :			
10,000m ou moins, non tors et non teints	Les 100 kilog.	15f 00c	10f 00c
10,000m ou moins, tors ou teints	*Idem.*	22 50	15 00
Plus de 10,000m, non tors et non teints	*Idem.*	30 00	20 00
Plus de 10,000m, tors ou teints	*Idem.*	45 00	30 00
Tissus de lin, de chanvre et de jute de toute espèce	La valeur.	15 p. 0/0.	
Bonneterie, passementerie et rubanerie	*Idem.*	*Idem.*	
Tulles de lin	*Idem.*	*Idem.*	
Batistes et linons	*Idem.*	10 p. 0/0.	
Dentelles de lin	*Idem.*	5 p. 0/0.	
Vêtements et autres articles en lin, confectionnés en tout ou en partie	*Idem.*	10 p. 0/0.	
Articles non dénommés	*Idem.*	15 p. 0/0.	
Tissus mélangés quand le lin ou le chanvre domine en poids. .	La valeur.	15 p. 0/0.	
Les fils de tous autres végétaux filamenteux purs ou mélangés suivent le même régime que les fils de lin et de chanvre.			
Tissus en végétaux non dénommés	*Idem.*	10 p. 0/0.	
Crin brut, frisé ou autrement préparé	»	Libres.	
Tissus et ouvrages de crin ou de poil de vache purs ou mélangés	La valeur.	10 p. 0/0.	
Coton :			
Coton brut, y compris les ouates	»	Libre.	
FIL DE COTON ÉCRU OU BLANCHI MESURANT AU DEMI-KILOGRAMME			
20,000 mètres ou moins	Les 100 kil.	15f 00c	
20,000 à 30,000 mètres	*Idem.*	20 00	
30,000 à 40,000 mètres	*Idem.*	30 00	
Plus de 40,000 mètres	*Idem.*	40 00	
Fils de coton teints ou cardés	Le droit sur le fil écru ou blanchi augmenté de 10 fr. par 100 kilogr.		
TISSUS DE COTON ÉCRU, UNIS, CROISÉS, COUTILS.			
1re classe, pesant 11 kilog. et plus les 100 mètres carrés .... de 35 fils et moins aux 5 millimètres carrés	Les 100 kilog.	30f 00c	
1re classe .... de 36 fils et plus	*Idem.*	50 00	
2e classe, pesant de 7 à 11 kilog. exclusivement les 100 mètres carrés .... de 35 fils et moins	*Idem.*	60 00	
2e classe .... de 36 à 43 fils	*Idem.*	100 00	
2e classe .... de 44 fils et plus	*Idem.*	200 00	

DÉNOMINATION DES ARTICLES.	BASE.	TAUX DES DROITS en 1861.	TAUX DES DROITS au 1er octobre 1864.
3e classe, pesant de 3 à 7 kilog. exclusivement les 100 mètres carrés — de 27 fils et moins	Les 100 kil.	80f 00c	
— de 28 à 35 fils	Idem.	120 00	
— de 36 à 43 fils	Idem.	190 00	
— de 44 fils et plus	Idem.	300 00	
Tissus de coton — blanchis	•	15 p. o/o en sus du droit sur l'écru.	
— teints	•	25 fr. par 100 kilog. en sus du droit sur l'écru.	
— imprimés	La valeur.	15 p. o/o.	
VELOURS DE COTON.			
Façon soie dit velvets — écrus	Les 100 kil.	85f 00c	
— teints ou imprimés	Idem.	110 00	
Autres (cords, moleskins, etc) — écrus	Idem.	60 00	
— teints ou imprimés	Idem.	85 00	
Tissus de coton écrus, unis ou croisés, pesant moins de 3 kilog. par 100 mètres carrés	La valeur.	15 p. o/o.	
Piqués, basins, façonnés, damassés et brillantés	Idem.	Idem.	
Couvertures de coton	Idem.	Idem.	
Tulles unis ou brochés	Idem.	Idem.	
Gazes et mousselines brodées ou brochées pour ameublement ou tentures	Idem.	Idem.	
Vêtements et autres articles confectionnés en tout ou en partie	Idem.	Idem.	
Articles non dénommés	Idem.	Idem.	
Bonneterie	Idem.	Idem.	
Passementerie	Idem.	Idem.	
Rubanerie	Idem.	Idem.	
Broderie à la main	Idem.	10 p. o/o.	
Dentelles et blondes de coton	Idem.	5 p. o/o.	
Les fils de coton mélangés payeront les mêmes droits que les fils de coton pur, pourvu que le coton domine en poids dans le mélange.			
Tissus de coton mélangé quand le coton domine en poids	Idem.	15 p. o/o.	
Le Gouvernement belge se réserve la faculté de substituer, en tout ou en partie, aux taxes spécifiques sur les tissus et velours de coton, un droit de 15 p. o/o de la valeur.			
LAINES.			
Laines en masse	•	Libre.	
Laine teinte en masse	Les 100 kil.	10f 00c	
Laine peignée ou teinte	Idem.	Idem.	
Les poils de chèvre, d'alpaga, de lama, de vigogne et de chameau sont assimilés à la laine.			
Fils non tors et non teints	Idem.	25f 00c	20f 00c
Fils tors ou teints	Idem.	35 00	30 00
Tissus de laine	La valeur.	15 p. o/o.	10 p. o/o.
Feutres de toute sorte	Idem.	Idem.	Idem.
Couvertures de laine	Idem.	Idem.	Idem.
Tapis de toute espèce	Idem.	15 p. o/o.	
Bonneterie de laine; Passementerie de laine; Rubanerie de laine	Idem.	15 p. o/o.	10 p. o/o.
Dentelles de laine	Idem.	10 p. o/o.	
Chaussons de lisière	Idem.	5 p. o/o.	
Châles et écharpes de cachemire des Indes	Idem.	15 p. o/o.	10 p. o/o.
Articles non dénommés	•	Libres.	
Lisières de drap de toute espèce, entières ou coupées	La valeur.	10 p. o/o.	
Vêtements confectionnés neufs et vieux			
Les fils et tissus de laine et de ses similaires mélangés de coton ou d'autres filaments quelconques payeront les mêmes droits que les fils et tissus de laine pure, pourvu que la laine et ses similaires dominent en poids dans le mélange.			

DÉNOMINATION DES ARTICLES.	BASE.	TAUX DES DROITS EN 1861.	TAUX DES DROITS AU 1er OCTOBRE 1864.
SOIES.			
Soies en cocons	»	Libres.	
Soies grèges, moulinées et filées	»	*Idem.*	
Tissus de toute espèce	Les 100 kil.	300f 00c	
Passementerie, bonneterie et rubanerie	*Idem.*	*Idem.*	
Tulles et dentelles	La valeur.	5 p. o/o.	
PRODUITS CHIMIQUES.			
Acides — nitrique	»	Libres.	
Acides — sulfurique	»	Libres.	
Acides — acétique	Les 100 kil.	6f 00c	
Acides — hydrochlorique	*Idem.*	2f 00c	0f 66c
Chlorure de chaux	*Idem.*	4 00	2 00
Sels ammoniacaux	*Idem.*	5 00	2 00
Bleu de Prusse	»	Libres.	
Carmine de toute sorte et kermès en poudre	»	*Idem.*	
Cendres bleues et vertes	»	*Idem.*	
Laques en teinture ou en trochisques	»	*Idem.*	
Vert de montagne	»	*Idem.*	
Mousseile et stil de grains	»	*Idem.*	
Essence de houille — servant comme couleur	»	*Idem.*	
Essence de houille — Autres	Les 100 kil.	2f 00	
Sels de potasse	»	Libres.	
Sels de soude — Carbonates	Les 100 kil.	3f 00c	
Sels de soude — Sulfates et sulfites	*Idem.*	1 50	
Sels de soude — Autres, le sel marin excepté	»	Libres.	
Produits chimiques non dénommés	Les 100 kil.	2f 00c	
Teintures et couleurs préparées à l'huile	*Idem.*	6 00	
Teintures et couleurs autres	»	Libres.	
Les sels de soude mélangés de plus de 15 p. o/o de sel marin acquitteront le droit sur le sel raffiné.			
VERRERIE ET CRISTALLERIE.			
Glaces brutes, étamées ou polies	La valeur.	10 p. o/o.	
Bouteilles de toute forme et autres objets en verre à bouteille.	Les 100 kil.	2f 00c	
Verres — à vitre	La valeur.	10 p. o/o.	
Verres — de couleur	La valeur.	10 p. o/o.	
Verres — polis ou gravés	La valeur.	10 p. o/o.	
Verres — de montre ou d'optique	La valeur.	10 p. o/o.	
Objets en verre ou en cristal, unis ou moulés, non colorés et non taillés	Les 100 kil.	12f 00c	
Objets en verre ou en cristal, taillés, gravés ou colorés	La valeur.	10 p. o/o.	
Émaux	*Idem.*	*Idem.*	
Objets en verre non dénommés	*Idem.*	*Idem.*	
Groisil et verre cassé	»	Libre.	
Le droit sur les bouteilles et autres objets en verre à bouteille sera réduit à 1 franc en cas de suppression de la taxe supplémentaire, prévue à l'article 4 du traité.			
POTERIES.			
Terre cuite — Carreaux, briques et tuiles	»	Libres.	
Terre cuite — Tuyaux de drainage et autres	»	*Idem.*	
Poterie commune de terre ou de grès, vernissée ou non, de toute sorte, y compris les pipes de terre	Les 100 kil.	1f 50c	
Creusets à gaz, creusets de toute sorte y compris les creusets en graphite et en plombagine	*Idem.*	1 50	
Faïence, cailloutage, grès fin	La valeur.	20 p. o/o.	15 p. o/o.
Porcelaines de toute sorte, blanches ou décorées, parian et biscuit blanc	*Idem.*	15 p. o/o.	10 p. o/o.

DÉNOMINATION DES ARTICLES.	BASE.	TAUX DES DROITS EN 1861.	TAUX DES DROITS AU 1er OCTOBRE 1864.
ARTICLES DIVERS.			
Fleurs artificielles	La valeur.	10 p. o/o.	
Objets de mode et chapeaux	*Idem.*	10 p. o/o.	
Tresses de paille de toute sorte	*Idem.*	5 p. o/o.	
Mercerie de toute sorte	*Idem.*	10 p. o/o.	
Boutons fins ou communs autres que de passementerie	*Idem.*	10 p. o/o.	
Brosserie de toute espèce	*Idem.*	10 p. o/o.	
Instruments de musique et pièces détachées d'instruments	*Idem.*	5 p. o/o.	
Épingles de toute sorte	*Idem.*	10 p. o/o.	
CAOUTCHOUC ET GUTTA-PERCHA.			
Bruts en feuilles ou filés	»	Libres.	
Ouvrés, purs ou mélangés	La valeur.	10 p. o/o.	
Toiles cirées de toute sorte	*Idem.*	10 p. o/o.	
Cire à cacheter	*Idem.*	10 p. o/o.	
Cirage de toute sorte	»	Libre.	
Encre à écrire ou à dessiner	La valeur.	10 p. o/o.	
Encre à imprimer	*Idem.*	Libre.	
CORDES ET CÂBLES.			
De 5 centimètres de diamètre et plus	Les 100 kilog.	6f 00c	
De moins de 5 centimètres de diamètre	*Idem.*	15 00	
Filets de toute espèce	La valeur.	10 p. o/o.	
Épices préparées (sauces) et moutardes	*Idem.*	15 p. o/o.	
BIÈRES ET AUTRES BOISSONS FERMENTÉES, DROIT DE CONSOMMATION COMPRIS.			
En cercles	L'hectolitre.	6f 00c	
En bouteilles	*Idem.*	7 00	
Mélasses et sirops importés pour la distillation	»	Libres.	
EAUX-DE-VIE DE TOUTE ESPÈCE (DROIT DE CONSOMMATION COMPRIS.)			
A 50 degrés ou moins	L'hectolitre.	45f 00c	42f 50c
Pour chaque degré au-dessus de 50	*Idem.*	0 90	0 85
Eaux-de-vie en bouteilles et liqueurs, sans distinction de degré (droit de consommation compris)	*Idem.*	85f 00c	
Autres liquides alcooliques (droit de consommation compris)	*Idem.*	80 00	
Poils non spécialement tarifés, bruts ou filés	»	Libres.	
Plumes à écrire — brutes	»	*Idem.*	
Plumes à écrire — apprêtées	La valeur.	10 p. o/o.	
Plumes à lit de toute sorte, duvet et autres	»	Libres.	
Cheveux ouvrés	La valeur.	10 p. o/o.	
Cire — brute, jaune ou blanche	»	Libre.	
Cire — ouvrée	La valeur.	10 p. o/o.	
Lait	»	Libre.	
Fromages de toute espèce	Les 100 kilog.	10f 00c	
Beurre	*Idem.*	5 00	
Miel	*Idem.*	12 00 (1)	
Homards	*Idem.*	10 00 (1)	
Huîtres	*Idem.*	10 00	
Autres coquillages de toute espèce	»	Libres.	
Harengs de toute espèce, plies séchées et stockfish	Les 100 kilog.	1f 50c	
Autres poissons de toute espèce, frais, secs, salés ou fumés à l'exclusion de la morue	*Idem.*	6 00	
Graisses de poisson et blanc de baleine ou de cachalot	*Idem.*	2 00	
Huiles — de fabrique	*Idem.*	2 00	
Huiles — de graines et huiles alimentaires	*Idem.*	6 00	

(1) Ce droit sera applicable aux homards et aux huîtres qui sont en destination des parcs ou huîtrières, comme à ceux qui sont livrés directement à la consommation.

DÉNOMINATION DES ARTICLES.	BASE.	TAUX DES DROITS en 1861.	TAUX DES DROITS au 1er octobre 1864.
Fanons de baleine bruts	»	Libres.	
Peaux de chien de mer et de phoque, brutes, fraîches ou sèches.	»	Idem.	
Matières animales brutes, savoir : oreillons, os et sabots de bétail et cornes de bétail brutes	»	Idem.	
Corail brut ou taillé et non monté	»	Idem.	
Drogueries	Les 100 kilog.	2f 00c	
Sont compris dans cette classe les articles suivants, savoir : cantharides, civettes, musc, castoréum, ambre gris, fruits à distiller, storax, styrax, sarcocolle, kino et autres sucs végétaux desséchés, racines médicinales de toute espèce, herbes, fleurs, feuilles et écorces médicinales, agaric (amadou), bézoard minéral, extrait de quinquina, camphre brut ou raffiné, prêle, éponges de toute sorte et colle de poisson.			
Résines de toute sorte, même distillées	»	Libres.	
Jus de réglisse	Les 100 kilog.	12f 00c	
Liège { brut et râpé de toute sorte	»	Libre.	
Liège { ouvré	La valeur.	10 p. 0/0.	
Bois de chêne et de noyer	Le mètre cube.	1f 00c	
Bois de teinture, même moulus	»	Libres.	
Joncs et roseaux bruts	»	Idem.	
Écorces à tan de toute sorte, même moulues	»	Idem.	
Balais communs	»	Idem.	
Pommes de terre	»	Idem.	
Betteraves	»	Idem.	
Houblon	Les 100 kilog.	2f 50c	
Graines oléagineuses	Idem.	2 00	
Graines à ensemencer	»	Libres.	
Légumes salés ou confits au vinaigre	Les 100 kilog.	10f 00c	
Racines de chicorée, vertes ou sèches	»	Libres.	
Plantes alcalines	»	Idem.	
Pierres de toute sorte, y compris les marbres et l'albâtre { brutes, taillées ou sciées	»	Idem.	
Pierres de toute sorte, y compris les marbres et l'albâtre { polies ou sculptées	La valeur.	10 p. 0/0.	
Pierres de toute sorte, y compris les marbres et l'albâtre { Ardoises pour toitures	Les 1,000.	4f 00c	
Pierres de toute sorte, y compris les marbres et l'albâtre { Meules et pierres à aiguiser de toute sorte	»	Libres.	
Pierres gemmes de toute sorte	»	Idem.	
Chaux et plâtre	»	Idem.	
Graphite et plombagine	»	Idem.	
Bitumes de toute sorte	»	Idem.	
Crayons simples et composés	La valeur.	10 p. 0/0.	
Parfumerie de toute espèce	Idem.	Idem.	
Amidon	Les 100 kilogr.	3f 50c	
Chicorée brûlée ou moulue	Idem.	2 00	
Bougies de toute sorte et chandelles	La valeur.	10 p. 0/0.	
Savons de toute espèce	Les 100 kilogr.	10f 00c	
Le droit de 10 francs sera réduit à 6 francs en cas de suppression de la taxe supplémentaire prévue à l'article 4 du traité.			
Extraits de viande	Idem.	20 00	
Chocolat et cacao simplement broyé	Idem.	35 00	
Eaux minérales (cruchons compris)	Idem.	2 00	
Papiers de toute sorte / Cartes en feuille de toute sorte	Idem.	10f 00c	8f 00c
Cartons moulés, coupés et assemblés	La valeur.	10 p. 0/0.	
Livres en langues française, mortes ou étrangères	»	Libres.	
Gravures, photographies et lithographies de portefeuille	»	Idem.	
Cartes géographiques de portefeuille	»	Idem.	
Musique gravée	»	Idem.	
Étiquettes imprimées, gravées et coloriées	»	Idem.	
Dessins industriels de toute sorte sur papier	»	Idem.	
Objets de collection hors de commerce	»	Idem.	
Statues { modernes en marbre ou en pierre	»	Idem.	
Statues { en métal de grandeur naturelle au moins	»	Idem.	

DÉSIGNATION DES ARTICLES.	BASE.	TAUX DES DROITS en 1861.	TAUX DES DROITS au 1er octobre 1864.
Bimbeloterie	La valeur.	10 p. 0/0.	
Parapluies et parasols			
Cartes à jouer	»	Libre.	
Soufre brut, épuré ou sublimé	Les 100 kilogrammes.	15f 00c	
Poudre à tirer			

Signé E. Thouvenel.
Signé E. Rouher.
Signé Firmin Rogier.
Signé Liedts.

TARIF C ANNEXÉ AU TRAITÉ DE COMMERCE CONCLU, LE 1er MAI 1861, ENTRE LA FRANCE ET LA BELGIQUE.

(Article 3.)

SORTIE DE FRANCE.

DÉNOMINATION DES ARTICLES.	BASE.	TAUX DES DROITS.
Peaux brutes	»	Exempts.
Oreillons	»	Idem.
Os de toute espèce et cornes de bétail	»	Idem.
Tourteaux de graines oléagineuses	»	Idem.
Engrais	»	Idem.
Soies en cocons	»	Idem.
Soies teintes de toute sorte	»	Idem.
Soies à coudre	»	Idem.
Bourre de soie filée	»	Idem.
Chiffons de laine sans mélange	»	Idem.
Chardons, cardères	»	Idem.
Noir animal	»	Idem.
Moules	»	Idem.
Bois de noyer	»	Idem.
Autres chiffons et drilles de toute espèce	Les 100 kilogrammes.	12f 00c
Pâte à papier		
Vieux cordages goudronnés ou non	Idem.	4 00

Signé E. Thouvenel.
Signé E. Rouher.
Signé Firmin Rogier.
Signé Liedts.

TARIF D ANNEXÉ AU TRAITÉ DE COMMERCE CONCLU, LE 1er MAI 1861, ENTRE LA FRANCE ET LA BELGIQUE.

(Article 3.)

SORTIE DE BELGIQUE.

DÉNOMINATION DES ARTICLES.	BASE.	TAUX DES DROITS.
Étoupes et moussures de lin et de chanvre.	»	Libres.
Minerai de fer de toute sorte	»	Idem.
Os de toute espèce et cornes de bétail	»	Idem.
Chiffons de laine sans mélange	»	Idem.
Autres chiffons et drilles de toute espèce.	Les 100 kilogrammes.	12 francs.
Pâte à papier		
Vieux cordages goudronnés ou non	Idem.	4 francs.

Pour le minerai de fer actuellement prohibé, la libre exportation prendra cours à partir du 1er janvier 1860.

Signé E. Thouvenel.
Signé E. Rouher.
Signé Firmin Rogier.
Signé Liedts.

ART. 2.

Notre Ministre secrétaire d'État au département des Affaires étrangères est chargé de l'exécution du présent décret.

Fait à Paris, le 27 mai 1861.

Signé NAPOLÉON.

Par l'Empereur :

Le Ministre des Affaires étrangères,

Signé E. Thouvenel.

DÉCRET.

NAPOLÉON,

Par la grâce de Dieu et la volonté nationale, EMPEREUR DES FRANÇAIS,

A tous présents et à venir, SALUT :

Sur le rapport de notre Ministre secrétaire d'État au département de l'Agriculture, du Commerce et des Travaux Publics;

Vu le Traité de commerce conclu avec l'Angleterre le 23 janvier 1860, et les conventions complémentaires des 12 octobre et 16 novembre de la même année;

Vu le Traité de commerce conclu avec la Belgique le 1er mai 1861;

Vu la loi du 2 juillet 1836;

Vu l'article 4 de la loi du 5 juillet 1836;

Vu la loi du 6 mai 1841;

AVONS DÉCRÉTÉ et DÉCRÉTONS ce qui suit:

ARTICLE PREMIER.

Les ports de Dunkerque, de Calais, de Boulogne, du Havre, de Rouen, de Nantes et de Bordeaux, et les bureaux de douane de Lille, Valenciennes, Turcoing et Roubaix sont ouverts à l'importation des fils de coton du n° 143 métrique et au-dessus, et des fils de laine longue tordus et grillés.

ART. 2.

Nos Ministres secrétaires d'État au département de l'Agriculture,

19.

du Commerce et des Travaux Publics, et au département des Finances, sont chargés de l'exécution du présent décret.

Fait au palais des Tuileries, le 29 mai 1861.

Signé NAPOLÉON.

Par l'Empereur :

Le Ministre de l'Agriculture, du Commerce et des Travaux Publics,

Signé E. Rouher.

DÉCRET.

NAPOLÉON,

Par la grâce de Dieu et la volonté nationale, EMPEREUR DES FRANÇAIS,

A tous présents et à venir, SALUT :

Sur le rapport de notre Ministre secrétaire d'État au département de l'Agriculture, du Commerce et des Travaux Publics;

Vu le Traité conclu, le 1er mai 1861, entre la France et la Belgique,

AVONS DÉCRÉTÉ ET DÉCRÉTONS ce qui suit :

ARTICLE PREMIER.

Les marchandises d'origine et de manufacture belges inscrites dans le Traité conclu, le 1er mai 1861, entre la France et la Belgique, importées autrement que par terre ou par navires français ou belges, seront soumises :

1° A une surtaxe de vingt-cinq centimes par cent kilogrammes, lorsque ces marchandises sont affranchies de tout droit à l'entrée, ou lorsqu'elles sont taxées à moins de trois francs par cent kilogrammes;

2° Aux surtaxes édictées par l'article 7 de la loi du 28 avril 1816, lorsque ces marchandises sont assujetties à un droit de trois francs et au-dessus par cent kilogrammes.

ART. 2.

Nos Ministres secrétaires d'État au département de l'Agriculture, du Commerce et des Travaux Publics, et au département des Finances, sont chargés, chacun en ce qui le concerne, de l'exécution du présent décret.

Fait au palais des Tuileries, le 29 mai 1861.

Signé NAPOLÉON.

Par l'Empereur :

Le Ministre secrétaire d'État au département de l'Agriculture, du Commerce et des Travaux Publics,

Signé E. ROUHER.

DÉCRET.

NAPOLÉON,

Par la grâce de Dieu et la volonté nationale, EMPEREUR DES FRANÇAIS,

A tous présents et à venir, SALUT.

Sur le rapport de notre Ministre secrétaire d'État au département de l'Agriculture, du Commerce et des Travaux Publics;

Vu la convention conclue, le 1er mai 1861, entre la France et la Belgique;

Vu l'article 20 de la loi du 28 avril 1816;

Vu l'article 8 de la loi du 27 mars 1817;

Vu la loi du 6 mai 1841,

Avons DÉCRÉTÉ ET DÉCRÉTONS ce qui suit :

ARTICLE PREMIER.

Les marchandises d'origine et de manufactures belges dénommées dans le Traité conclu le 1er mai 1861 seront, selon les différentes catégories du tarif auxquelles elles appartiennent, importées, soit par les bureaux de la frontière de terre, soit par les ports désignés par les lois et règlements des douanes, et notamment par l'article 20 de la loi du 28 avril 1816, l'article 8 de la loi du 27 mars 1817, et par la loi du 6 mai 1841.

ART. 2.

Nos Ministres secrétaires d'État au département de l'Agriculture, du Commerce et des Travaux Publics, et au département des Finances, sont chargés, chacun en ce qui le concerne, de l'exécution du présent décret.

Fait au palais des Tuileries, le 29 mai 1861.

Signé NAPOLÉON.

Par l'Empereur :

Le Ministre secrétaire d'État au département de l'Agriculture, du Commerce et des Travaux Publics,

Signé E. ROUHER.

DÉCRET.

NAPOLÉON,

Par la grâce de Dieu et la volonté nationale, Empereur des Français,

A tous présents et à venir, salut :

Sur le rapport de notre Ministre secrétaire d'État au département de l'Agriculture, du Commerce et des Travaux Publics;

Vu l'article 4 de la convention complémentaire conclue, le 16 novembre 1860, entre la France et l'Angleterre;

Vu l'article 27 du Traité de commerce conclu, le 1er mai 1861, entre la France et la Belgique,

Avons décrété et décrétons ce qui suit :

ARTICLE PREMIER.

Les tissus purs ou mélangés, taxés à la valeur, ne pourront être introduits que par les ports de Calais, Boulogne et le Havre, et par les bureaux de Lille et de Valenciennes. Les tissus dont il s'agit devront être dirigés, sous plomb et par acquit-à-caution, sur la douane de Paris, qui seule vérifiera la marchandise et percevra les droits d'entrée.

ART. 2.

Nos Ministres secrétaires d'État au département de l'Agriculture, du Commerce et des Travaux Publics, et au département des Finances, sont chargés, chacun en ce qui le concerne, de l'exécution du présent décret.

Fait au palais des Tuileries, le 29 mai 1861.

Signé NAPOLÉON.

Par l'Empereur :

Le Ministre secrétaire d'État au département de l'Agriculture, du Commerce et des Travaux Publics,

Signé E. Rouher.

DÉCRET.

NAPOLÉON,

Par la grâce de Dieu et la volonté nationale, EMPEREUR DES FRANÇAIS,

A tous présents et à venir, SALUT.

Sur le rapport de notre Ministre secrétaire d'État au département de l'Agriculture, du Commerce et des Travaux Publics,

Vu le Traité de commerce conclu entre la France et l'Angleterre, le 23 janvier 1860, ainsi que les conventions annexes des 12 octobre et 16 novembre de la même année;

Vu le Traité de commerce conclu, le 1er mai 1861, entre la France et la Belgique;

AVONS DÉCRÉTÉ et DÉCRÉTONS ce qui suit :

ARTICLE PREMIER.

Les dispositions du Traité de commerce conclu, le 1er mai 1861, entre la France et la Belgique, sont applicables à l'Angleterre.

ART. 2.

Nos Ministres secrétaires d'État au département de l'Agriculture, du Commerce et des Travaux Publics, et au département des Finances, sont chargés, chacun en ce qui le concerne, de l'exécution du présent décret.

Fait au palais des Tuileries, le 29 Mai 1861.

Signé NAPOLÉON.

Par l'Empereur :

Le Ministre secrétaire d'État au département de l'Agriculture, du Commerce et des Travaux Publics,

Signé E. ROUHER.

DÉCRET.

NAPOLÉON,

Par la grâce de Dieu et la volonté nationale, EMPEREUR DES FRANÇAIS,

A tous présents et à venir, SALUT.

Sur le rapport de notre Ministre secrétaire d'État au département de l'Agriculture, du Commerce et des Travaux Publics;

Vu le Traité de commerce conclu, le 1er mai 1861, entre la France et la Belgique;

Considérant qu'il importe de mettre le Tarif général de France en harmonie avec les stipulations du Traité précité, en ce qui touche certaines marchandises d'entrepôt, c'est-à-dire non exclusivement originaires de Belgique;

Vu l'article 34 de la loi du 17 décembre 1814;

Vu les lois des 17 mai 1826 et 5 juillet 1836;

Vu l'article 3 de la loi du 11 juin 1845;

Vu les décrets des 17 mars et 18 août 1852,

AVONS DÉCRÉTÉ ET DÉCRÉTONS ce qui suit :

ARTICLE PREMIER.

Le tarif à l'importation des marchandises ci-après désignées est établi ainsi qu'il suit, décimes compris :

Poils de toute sorte bruts			Exempts.
Plumes à écrire brutes ou apprêtées			Exemptes.
Plumes à lit de toute sorte, duvet et autres			50f 00c les 100 kilog.
Cire brune, jaune ou blanche, brute	par navires français,	directement des pays de production	1f 00c les 100 kilog.
		d'ailleurs	3 00 les 100 kilog.
	par navires étrangers		3 00 les 100 kilog.

Marchandises	Transport	Provenance	Droits
Cire ouvrée			4f 00c les 100 kilog.
Lait			Exempts.
Beurre		frais ou fondu	Exempts.
		salé	2f 50c les 100 kilog.
Miel			Exempts.
Oreillons			Exempts.
Homards			Exempts.
Huîtres marinées			6f 00c les 100 kilog.
Moules et autres coquillages pleins			Exempts.
Graisses de poisson de pêche étrangère	par navires français,	directement des pays hors d'Europe	6f 00c les 100 kilog.
		d'ailleurs	8 00 les 100 kilog.
	par navires étrangers		8 00 les 100 kilog.
Blanc de baleine et de cachalot brut de pêche étrangère	par navires français,	directement des pays hors d'Europe	2f 00c les 100 kilog.
		d'ailleurs	4 00 les 100 kilog.
	par navires étrangers		4 00 les 100 kilog.
Fanons de baleine bruts de toute pêche	par navires français,	directement des pays hors d'Europe	Exempts.
		d'ailleurs	2f 00c les 100 kilog.
	par navires étrangers		2f 00c les 100 kilog.
Peaux de chiens de mer fraîches ou sèches, de toute pêche	par navires français,	des pays hors d'Europe	Exemptes.
		d'ailleurs	2f 00c les 100 kilog.
	par navires étrangers		2f 00c les 100 kilog.
Peaux de phoque brutes			Exemptes.
Corail brut ou taillé, mais non monté			Exempt.
Cantharides desséchées, civette, musc, castoréum, ambre gris			2f 00c les 100 kilog.
Fruits à distiller (Anis vert)	par navires français,	directement des pays de production	2f 00c les 100 kilog.
		d'ailleurs	4 00 les 100 kilog.
	par navires étrangers		4 00 les 100 kilog.
Styrax liquide			2 00 les 100 kilog.
Storax, sarcocolle, kino et autres sucs végétaux desséchés	par navires français,	directement des pays hors d'Europe	Exempts.
		d'ailleurs	2f 00c les 100 kilog.
	par navires étrangers		2f 00c les 100 kilog.
Herbes, feuilles et fleurs médicinales non dénommées	par mer, par navires français,	des pays hors d'Europe	Exemptes.
		du cru des pays d'Europe	2f 00c les 100 kilog.
		d'ailleurs	5 00 les 100 kilog.
	par mer, par navires étrangers		5 00 les 100 kilog.
	par terre,	du cru des pays d'Europe	2 00 les 100 kilog.
		d'ailleurs	5 00 les 100 kilog.
Racines médicinales de toute sorte (ipécacuanha, rhubarbe, jalap, iris de Florence, ginseng, nard-judieu et autres non dénommées)	par mer, par navires français,	des pays hors d'Europe	Exemptes.
		du cru des pays d'Europe	2f 00c les 100 kilog.
		d'ailleurs	5 00 les 100 kilog.
	par mer, par navires étrangers		5 00 les 100 kilog.
	par terre,	du cru des pays d'Europe	2 00 les 100 kilog.
		d'ailleurs	5 00 les 100 kilog.
Écorces de quinquina et autres écorces médicinales	par mer, par navires français,	des pays hors d'Europe	Exemptes.
		du cru des pays d'Europe	2f 00c les 100 kilog.
		d'ailleurs	5 00 les 100 kilog.
	par mer, par navires étrangers		5 00 les 100 kilog.
	par terre,	du cru des pays d'Europe	2 00 les 100 kilog.
		d'ailleurs	5 00 les 100 kilog.
Agaric de chêne ou de mélèze, amadouvier préparé (amadou)			2f 00c les 100 kilog.
Kermès minéral			2 00 les 100 kilog.
Extrait de quinquina de toute sorte			2 00 les 100 kilog.

Marchandises		Transport	Provenance	Droits
Camphre	brut	par navires français	directement des pays de production	Exempt.
			d'ailleurs	
		par navires étrangers		2f 00c les 100 kilog.
	raffiné			2 00 les 100 kilog.
Éponges de toute sorte		par navires français	directement des pays hors d'Europe	50 00 les 100 kilog.
			d'ailleurs	
		par navires étrangers		55 00 les 100 kilog.
Os et sabots de bétail		par navires français	des pays hors d'Europe	Exempts.
			d'ailleurs	
		par navires étrangers		2f 00c les 100 kilog.
Cornes de bétail	brutes	par navires français	directement du pays de production	Exemptes.
			d'ailleurs	
		par navires étrangers		2f 00c les 100 kilog.
	préparées ou débitées en feuilles			3 00 les 100 kilog.
Résines indigènes de toute sorte,		par navires français et par terre,	directement du pays de production	Exemptes.
			d'ailleurs	
		par navires étrangers		1f 00c les 100 kilog.
Liége	brut, râpé ou en planches	par navires français et par terre,	directement du pays de production	Exempt.
			d'ailleurs	
		par navires étrangers		1f 00c les 100 kilog.
	ouvré			10 p. o/o de la valeur.
Bois de teinture moulu.		par navires français et par terre,	directement des pays de production	Exempt.
			d'ailleurs	
		par navires étrangers		3f 00c les 100 kilog.
Joncs et roseaux	exotiques,	par navires français,	directement des pays hors d'Europe	Exempts.
			d'ailleurs	
		par navires étrangers		2f 00c les 100 kilog.
	d'Europe,	par navires français et par terre,	directement des pays de production	Exempts.
			d'ailleurs	
		par navires étrangers		1f 00c les 100 kilog.
Écorces à tan moulues				Exemptes.
Betteraves				Exemptes.
Graines à ensemencer				Exemptes.
Légumes salés ou confits				3f 00c les 100 kilog.
Racines de chicorée	vertes			0f 25c les 100 kilog.
	sèches			1 00 les 100 kilog.
Pierres gemmes				Exemptes.
Meules à aiguiser				Exemptes.
Chaux de toute sorte				Exempte.
Plâtre brut ou préparé				Exempt.
Graphite ou plombagine				Exempt.
Colle de poisson		par navires français,	directement des pays hors d'Europe	40f 00c les 100 kilog.
			d'ailleurs	
		par navires étrangers		45 00 les 100 kilog.
Extraits de viande				Exempts.
Eaux minérales de toute sorte (cruchons compris)				Exemptes.
Curcuma en poudre				Exempt.
Maurelle				Exempte.
Bleu de Prusse				Exempt.
Carmins de toute sorte				Exempts.

Cendres bleues ou vertes	Exemptes.
Vert de montagne	Exempt.
Stil de grain	Exempt.
Kermès en grains et en poudre (animal)	Exempt.
Cheveux ouvrés	Exempts.
Balais communs	Exempts.
Bois de chêne ou de noyer brut ou scié	Exempt.
Bitumes fluides et goudron minéral provenant de la distillation de la houille	Exempts.
Soufre brut épuré ou sublimé	Exempt.
Chapeaux de paille, d'écorces, de sparte, communs ou fins	0f 25c la pièce.

ART. 2.

Les drawbacks accordés par le décret du 18 août 1852 aux produits ci-après désignés sont modifiés ainsi qu'il suit :

Chlorure de chaux	7f 50c	les 100 kilog.
Gobeleterie, verres à vitres et autres verres blancs	2 00	
Bouteilles	0 80	
Outremer factice	6 75	
Sel ammoniacal	10 00	

ART. 3.

Sont et demeurent supprimées les primes actuellement accordées à l'exportation des chapeaux de paille de sparte et d'écorces apprêtées.

Toutefois, les primes continueront d'être appliquées pendant un mois à partir de la promulgation du présent décret.

ART. 4.

Nos Ministres secrétaires d'État au département de l'Agriculture, du Commerce et des Travaux Publics, et au département des Finances, sont chargés, chacun en ce qui le concerne, de l'exécution du présent décret.

Fait au palais des Tuileries, le 29 mai 1861.

Signé NAPOLÉON.

Par l'Empereur :

Le Ministre secrétaire d'État au département de l'Agriculture, du Commerce et des Travaux Publics,

Signé E. Rouher.

DÉCRET.

NAPOLÉON,

Par la grâce de Dieu et la volonté nationale, Empereur des Français,

A tous présent et à venir, salut :

Sur le rapport de notre Ministre secrétaire d'État au département de l'Agriculture, du Commerce et des Travaux publics;

Vu l'article 41 du Traité conclu, le 1er mai 1861, entre la France et la Belgique;

Avons décrété et décrétons ce qui suit:

ARTICLE PREMIER.

A dater du 1er juin prochain, les tarifs établis, tant à l'importation de Belgique en France, qu'à l'exportation de France en Belgique, par le Traité conclu entre Nous et Sa Majesté le Roi des Belges, le 1er mai 1861, seront applicables à tous les produits énumérés dans ledit Traité, à l'exception de ceux repris dans le tableau annexé au présent décret.

2. Nos Ministres secrétaires d'État au département de l'Agriculture, du Commerce et des Travaux Publics, et au département des Finances, sont chargés, chacun en ce qui le concerne, de l'exécution du présent décret.

Fait au palais des Tuileries, le 29 mai 1861.

Signé NAPOLÉON.

Par l'Empereur :

Le Ministre secrétaire d'État au département de l'Agriculture, du Commerce et des Travaux Publics,

Signé E. Rouher.

Tableau présentant la liste des marchandises comprises dans le Traité conclu, le 1er mai 1861, entre la France et la Belgique, et qui ne seront admises que le 1er juillet ou le 1er octobre prochain.

---

§ 1er.

Marchandises qui ne seront admises que le 1er juillet 1861.

Sucres bruts de betterave.
Sucres raffinés.
Sucres candis.

§ 2.

Marchandises qui ne seront admises que le 1er octobre prochain.

Coutellerie de toute espèce.
Carrosserie.
Tabletterie et ouvrages en ivoire, sauf les billes de billard en ivoire et les peignes en ivoire ou en écailles.

Peaux.......... { vernies, teintes ou maroquinées. | préparées de toute autre espèce, sauf les peaux d'agneau et de chevreau en poil, en confit ou mégies, le parchemin et vélin bruts ou achevés, les peaux de cygne ou d'oie, les cuirs de veaux odorants dits *de Russie*, propres à la reliure, simplement tannées ou corroyées au tan ou hongroyées et mégissées à l'alun. }

Ouvrages en peau et en cuir de toute espèce, autres que la sellerie grossière et les outres.
Bâtiments de mer construits dans le royaume de Belgique, en bois ou en fer.
Coques de bâtiments de mer, en bois ou en fer.
Fils de lin ou de chanvre mélangés de coton, de laine ou de poils.
Tulle de lin.
Tissus de lin ou de chanvre mélangés de coton, de crin, de laine ou de poils.
Fils de jute mélangés de coton, de laine ou de poils.

Tissus et ouvrages de crin, { purs, sauf la toile à tamis, la passementerie et les chapeaux. | mélangés. }

Tissus et ouvrages de poil de vache, { purs, sauf les couvertures, tapis et la bonneterie. | mélangés de coton ou de laine. }

Fils de coton simples écrus, mesurant au demi-kilogramme moins de cent quarante-trois mille mètres.
Fils de coton simples écrus, mesurant au demi-kilogramme moins de cent quarante-trois mille mètres, blanchis.
Fils de coton simples écrus, mesurant au demi-kilogramme moins de cent quarante-trois mille mètres, teints.

Fils de coton retors en deux bouts, écrus, mesurant au demi-kilogramme moins de cent quarante-trois mille mètres.

Fils de coton retors en deux bouts, écrus, mesurant au demi-kilogramme moins de cent quarante-trois mille mètres, blanchis.

Fils de coton retors en deux bouts, écrus, mesurant au demi-kilogramme moins de cent quarante-trois mille mètres, teints.

Chaines de coton ourdies, écrues.

Chaines de coton ourdies, écrues, blanchies.

Chaines de coton ourdies, écrues, teintes.

Fils de coton en trois bouts ou plus.........
- écrus, à simple torsion, mesurant au demi-kilogramme moins de cent quarante-trois mille mètres.
- écrus, à plusieurs torsions ou câbles, mesurant au demi-kilogramme moins de cent quarante-trois mille mètres.
- blanchis.
- teints.

Tissus de coton...
- écrus, unis, croisés, coutils, toutes les classes.
- blanchis.
- teints.
- imprimés.

Velours de coton..
- façon soie (dite *velvets*)..
  - écrus.
  - teints ou imprimés.
- autres (cords, moleskins, etc) ....
  - écrus.
  - teints ou imprimés.

Tissus de coton écru, unis ou croisés, pesant moins de trois kilogrammes, et par cent mètres carrés.

Piqués, basins, façonnés, damassés et brillantés.

Couvertures de coton.

Tulles de coton, unis ou brodés.

Gazes et mousselines de coton, brodées ou brochées, pour ameublement ou tentures.

Vêtements et articles confectionnés en tout ou en partie.

Articles non dénommés.

Broderies à la main.

Fils de coton mélangé.

Tissus de coton mélangé.

Fils de laine, blanchis ou non, simples.

Fils de laine, blanchis ou non, retors pour tissage, sauf les fils de laine longue, peignée, écrus, retors à un ou plusieurs bouts, dégraissés et grillés.

Fils de laine, blanchis ou non, retors pour tapisseries.

Tissus de laine, sauf les couvertures, les tapis, la passementerie et la rubanerie et la toile à blutoir, sans couture.

Feutres de toute sorte, sauf le feutre à filtrer, les semelles en feutre, le feutre verni et peint pour tapis et surtouts de table, le feutre pour visières, les galettes ou carcasses en feutre grossier pour chapeaux de soie, etc. le feutre pour garniture de marteaux de piano en lanière, de un mètre vingt centimètres au moins de longueur sur soixante centimètres de largeur, et les manchons sans couture pour la fabrication du papier à la mécanique.

Bonneterie de laine.

Dentelle de laine.
Chaussons de lisières.
Articles non dénommés.
Lisières de drap de toute espèce, entières.
Vêtements et articles confectionnés neufs.
Tissus d'alpaga, de lama et de vigogne, purs ou mélangés, sauf les couvertures, les tapis, la passementerie et la rubanerie.
Fils d'alpaga, de lama et de vigogne, purs ou mélangés, sauf les fils écrus, retors à un ou plusieurs bouts, dégraissés et grillés.
Fils de poil de chameau.
Tissus de poil de chameau, sauf les couvertures, les tapis et la bonneterie.
Fils de laine et des autres matières ci-dessus dénommées, purs ou mélangés de coton et d'autres filaments quelconques.
Tissus de laine et des autres matières ci-dessus dénommées, purs ou mélangés de coton et d'autres filaments quelconques.
Tissus de poil de chèvre, sauf les couvertures, les tapis et la bonneterie.
Tulles de soie, unis, écrus.
Tulles de soie, apprêtés.
Tulles de soie, façonnés, écrus ou apprêtés.
Tissus de bourre de soie; tissus façon cachemire.
Tissus de soie, avec or ou argent mi-fin ou faux.
Tissus de bourre de soie, avec or ou argent mi-fin ou faux.
Tissus de soie ou de bourre de soie, mélangés de laine, de coton ou de poils.
Rubans de soie ou de bourre de soie, mélangés de laine, de coton ou de poils.
Vêtements et articles confectionnés, mélangés de laine, de coton ou de poils.
Chlorure de magnésium.
Garancine.
Curcuma en poudre.
Dérivés de l'essence de houille, sauf l'azuline ou azélaine, la fuchsine et la roséine (couleurs).
Phosphore blanc.
Extraits de bois de teinture.
Soude caustique.
Sulfite de soude.
Bicarbonate de soude.
Chlorure de chaux.
Chlorate de potasse.
Savons ordinaires.
Phosphore rouge.
Aluminium.
Aluminate de soude.
Chlorure d'aluminium.
Produits chimiques non dénommés au Traité, sauf l'acide hydrochloronitrique (acide nitromuriatique ou eau régale); l'acide phosphorique; la potasse; les natrons, sels ammoniacaux bruts et raffinés; sel médicinal de Kreutznach; sulfate de baryte (spath pesant), sulfate de fer (couperose verte); sulfate de cuivre (couperose bleue); sulfate de zinc (couperose blanche); sulfate double de fer et de cuivre, dit *vitriol d'Almonde et de Salzbourg;* alun brûlé, calciné

et autres; borax mi-raffiné; acétate de cuivre brut et non cristallisé (vert-de-gris), humide ou sec, et acétate de cuivre cristallisé (verdet cristallisé); acétate de plomb (sel de saturne); acétate de potasse (terre foliée) et de soude; arseniate de potasse; carbonate de baryte natif, et sulfure de mercure en pierres, naturel ou artificiel (cinabre) et pulvérisé (vermillon).

Bouteilles de toutes formes, sauf les bouteilles pleines.

Verres à vitres.

Verres de couleur, polis ou gravés.

Gobeletterie et cristaux, blancs et colorés.

Objets en verres non dénommés.

Cristal de roche ouvré.

Faïence stanifère, glaçure colorée, majoliques, vernissée, multicolore.

Faïence fine.

Grès fin.

Caoutchouc ouvré, vêtements confectionnés, sauf ceux en tissus non prohibés.

Caoutchouc, tissus en pièces.

Mélasses, autres que pour la distillation.

Poils filés, non spécialement tarifés.

Drogueries, kermès minéral.

Drogueries, extrait de quinquina.

Chicorée brûlée ou moulue.

Cartes à jouer.

Vu pour être annexé au décret du 29 mai 1861.

Le Ministre de l'Agriculture, du Commerce et des Travaux Publics,

Signé E. ROUHER.

TABLES GÉNÉRALES ALPHABÉTIQUES,

PAR INDUSTRIE,

DES DÉPOSANTS ENTENDUS

DANS L'ENQUÊTE RELATIVE AU TRAITÉ DE COMMERCE

AVEC L'ANGLETERRE.

TABLE

DE L'INDUSTRIE MÉTALLURGIQUE.

INDUSTRIE MÉTALLURGIQUE.

NOMS.	QUALITÉS.	SOMMAIRE DE LA DÉPOSITION.	NATURE de LA DÉPOSITION.	TOMAISON GÉNÉRALE.	PAGES.
		A			
AUBERT............	Représentant de M. Demandre, à la Chaudeau (Haute-Saône).	Fers et dérivés du fer; tréfilerie.	Orale.	I.	495
		B			
BALAINE fils........	Fabricant d'objets en plaqué à Paris.	Plaqué en bandes; articles divers en plaqué.	Orale.	II.	303
BARBEZAT...........	Fabricant de fontes moulées (Haute-Marne et Paris).	Fontes et fer; fontes moulées.	*Idem.*	I.	243
BAUDRY.............	Maître de forges à Treveray (Meuse) et à Athis-Mons (Seine-et-Oise).	Fontes et fers.......	*Idem.*	I.	103
BAUR...............	Représentant de la maison COULAUX ET Cie, fabricants de quincaillerie, à Molsheim (Bas-Rhin).	Aciers; quincaillerie..	*Idem.*	II.	85
Idem..............	*Idem*....................	Armes blanches.....	Écrite.	II.	107
BÉHIC (Armand).....	Président du conseil d'administration de la *Société des Messageries impériales*, et Président du conseil d'administration de la *Société des forges et chantiers de la Méditerranée.*	Machines et mécaniques.	Orale.	II.	574
Idem..............	*Idem*....................	Prix de revient, main-d'œuvre et frais généraux (chaudières).	Écrite.	II.	597
BENOIST D'AZY (Le Cte)..	Membre du conseil d'administration des usines de Fourchambault (Nièvre).	Fontes et fers.......	Orale.	I.	1

NOMS	QUALITÉS.	SOMMAIRE DE LA DÉPOSITION.	NATURE de LA DÉPOSITION.	TOMAISON GÉNÉRALE.	PAGES.
BIDDULH (John)......	Propriétaire d'usines à fers-blancs dans le pays de Galles.	Fers-blancs.........	Orale.	I.	541
BIRD..............	Négociant en métaux à Londres...	Fontes et fers.......	*Idem.*	I.	48
BLACQUE...........	Banquier, représentant de la *Société des mines de plomb de Poullaouen* (Finistère).	Plomb, zinc........	*Idem.*	II.	232
BLANZY............	Fabricant de plumes métalliques à Boulogne (Pas-de-Calais).	Plumes métalliques...	*Idem.*	I.	846
BOUCHAUD (DE).....	Directeur des usines de Terre-Noire et Président de la Chambre de commerce de St-Étienne (Loire).	Fontes et fers.......	*Idem.*	I.	1
BOUTEVILLAIN......	Fabricant de tubes en fer creux à Paris.	Serrurerie; grilles et grillages; tubes en fer; lits en fer.	*Idem.*	I.	568
BOUTMY (A.)........	Maître de forges à Carignan (Ardennes).	Fontes moulées......	*Idem.*	I.	243
BRICARD...........	Fabricant d'ouvrages de serrurerie à Paris.	Serrurerie; grilles et grillages; tubes en fer; lits en fer.	*Idem.*	I.	568
BRUNEAUX..........	Ingénieur constructeur à Paris....	Machines et mécaniques.	*Idem.*	II.	552
BUDD (Palmer).......	Propriétaire d'usines à fers-blancs dans le pays de Galles.	Fers-blancs........	*Idem.*	I.	541
BUYER (Arthur DE)...	Maître de forges à la Chaudeau (Haute-Saône).	Fontes et fers... ...	*Idem.*	I.	173
Idem................	*Idem.*....................	*Idem.*..............	Écrite et orale.	I.	515

C

CALLA..............	Constructeur de machines à Paris..	Machines..........	Orale.	I.	317
Idem................	*Idem.*....................	*Idem.*..............	*Idem.*	I.	381
Idem................	*Idem.*....................	*Idem.*..............	*Idem.*	II.	399
CARDEILHAC........	Coutelier à Paris..............	Coutellerie.........	*Idem.*	I.	707
CARTERON (Ch.).....	De la maison CARTERON ET WENTZ, batteurs d'or à Paris, successeur de MM. Favrel et Cie.	Or battu...........	*Idem.*	II.	261
Idem................	*Idem.*....................	*Idem.*..............	Écrite.	II.	266

NOMS.	QUALITÉS.	SOMMAIRE DE LA DÉPOSITION.	NATURE de la déposition.	TOMAISONS générales.	PAGES.
CHAPERON..........	Directeur du chemin de fer de Paris à Lyon.	Fontes et fers.......	Orale.	I.	191
CHARRIÈRE.........	Fabricant d'aciers à Allevard (Isère).	Aciers............	*Idem.*	I.	448
CHARRIÈRE.........	Fabricant d'instruments de chirurgie à Paris.	Instruments de chirurgie; machines et instruments de précision.	*Idem.*	I.	480
CHEILUS...........	Représentant et associé de la maison CAIL ET Cie, constructeurs de machines à Paris.	Machines et mécaniques.	*Idem.*	I.	115
Idem...............	*Idem*.....................	*Idem*.............	*Idem.*	I.	317
Idem...............	*Idem*.....................	*Idem*.............	*Idem.*	II.	363
CHRISTOFLE........	Fabricant d'orfévrerie argentée et dorée à Paris.	Orfévrerie; bijouterie; argenture et dorure; galvanoplastie.	*Idem.*	II.	291
CLERC.............	Maître de forges à Seveux (Haute-Saône).	Fontes et fers.......	*Idem.*	I.	173
COLAS.............	Fabricant de fontes moulées à Paris et à Montier-sur-Saulx.	*Idem*.............	*Idem.*	I.	381
CORLIEU...........	Fabricant de poterie d'étain à Paris.	Poterie d'étain......	*Idem.*	II.	353
CORNEAU...........	Fondeur en fer à Charleville (Ardennes).	Fontes et fer.......	*Idem.*	I.	265
CUBAIN............	Fabricant de laiton filé et de planches de cuivre à Rouen.	Fonte; laminage; tréfilerie.	*Idem.*	II.	155

D

NOMS.	QUALITÉS.	SOMMAIRE DE LA DÉPOSITION.	NATURE de la déposition.	TOMAISONS générales.	PAGES.
DANEY aîné.........	Fabricant de chaudières et appareils distillatoires à Bordeaux.	Machines et mécaniques.	Orale.	II.	419
DAVID et Cie.........	Fabricants de câbles-chaînes au Havre.	Clous de construction en fer forgé.	*Idem.*	II.	15
Idem...............	*Idem*.....................	*Idem*.............	Écrite.	II.	24
DEBLADIS..........	Directeur des usines d'Imphy (Nièvre).	Fers et dérivés du fer.	Orale.	I.	513
DELACOUR..........	Armurier à Paris.............	Armes............	*Idem.*	II.	44
DENIÈRE fils......	Fabricant de bronzes d'art à Paris..	Bronzes d'art.......	*Idem.*	II.	140
DESFORGES.........	Maître de forges à Brousseval (Haute-Marne).	Fontes et fers.......	*Idem.*	I.	283

NOMS.	QUALITÉS.	SOMMAIRE DE LA DÉPOSITION.	NATURE de LA DÉPOSITION.	TOMAISONS générales.	PAGES.
DESPRET	Fabricant d'aciers et de limes à Milourd (Nord).	Aciers; limes, lames, marteaux, pièces en acier fondu, aimants en acier trempé.	Orale.	I.	734
DIARD	Maître de forges à Tonnerre (Yonne).	Fontes et fers	Idem.	I.	265
DIÉTRICH (E. DE)	Maître de forges à Niederbronn (Bas-Rhin).	Fontes moulées	Idem.	I.	243
Idem	Idem	Idem	Idem.	I.	406
DOÉ	Maître de forges à Chamouilly (H^{te}-Marne).	Fontes et fers	Idem.	I.	127
DOLLFUS (Jean)	Fabricant de toiles peintes à Mulhouse.	Rouleaux en cuivre pour impression; machines pour filatures.	Idem.	II.	71
DORÉMIEUX fils, ALBY et Cie.	Fabricants de chaînes-câbles à Saint-Amand (Nord).	Clous de construction en fer forgé.	Idem.	II.	15
DORIAN	De la maison HOLTZER, de Firminy (Loire).	Fabrication d'aciers	Idem.	I.	448
DUBOUT	Fabricant de plumes métalliques à Boulogne (Pas-de-Calais).	Plumes métalliques	Idem.	I.	846
DUCHAUFFOUR-PÉRIN	Lamineur de plomb à Lille	Plomb; zinc	Idem.	II.	232
DUFOUR	Représentant diverses branches de la coutellerie de Thiers.	Coutellerie	Idem.	I.	620
DUMONT	Propriétaire de hauts fourneaux à Ferrière-la-Grande (Nord).	Fontes et fers	Idem.	I.	59
DUPUY DE LÔME	Directeur du matériel au ministère de la marine.	Fontes et fers	Idem.	I.	324
Idem	Idem	Machin. et mécaniques.	Idem.	II.	380
DURET	Négociant commissionnaire en métaux à Paris.	Commerce des métaux; acquits-à-caution.	Idem.	I.	487
DURU	Fabricant de fournitures d'horlogerie à Paris.	Ressorts et fournitures d'horlogerie.	Idem.	I.	865
DUVOIR	Fabricant d'instruments aratoires à Bonligny (Seine-et-Oise).	Machines agricoles; instruments aratoires.	Idem.	II.	627
E					
ESSIQUE	Fabricant de dés à coudre et de perles métalliques à Paris.	Dés, garnitures, fermoirs, perles et ornements divers en acier.	Orale.	II.	133

NOMS.	QUALITÉS.	SOMMAIRE DE LA DÉPOSITION.	NATURE de LA DÉPOSITION.	TOMAISONS générales.	PAGES.
ESTIVAN aîné.........	Fondeur et fabricant de cuivre laminé à Givet (Ardennes).	Cuivre, étain, plomb, zinc, antimoine.	Orale.	II.	217
EUVERTE............	Ingénieur à Terre-Noire.........	Fontes et fers.......	*Idem.*	I.	1

F

NOMS.	QUALITÉS.	SOMMAIRE DE LA DÉPOSITION.	NATURE de LA DÉPOSITION.	TOMAISONS générales.	PAGES.
FLACHAT (Eugène)....	Ingénieur en chef des chemins de fer de l'Ouest et du Midi.	Fers, fontes, etc.....	Orale.	II.	659
FLAMM..............	Fabricant d'aiguilles et d'épingles à Phlin (Meurthe).	Aiguilles; épingles...	*Idem.*	I.	824
FLETCHER...........	Négociant en quincaillerie à Birmingham, délégué de la Chambre de commerce de cette ville.	Quincaillerie.......	*Idem.*	I.	551
Idem...............	*Idem*......................	Industrie de Birmingham; ustensiles de ménage, coutellerie, clouterie, etc.; métaux et autres ouvrages en métaux autres que le fer; laitons, plaqués, métal anglais.	Écrite.	I.	762
FLOUQUET...........	Négociant en fontes et fers à Lille..	Fontes et fers.......	Orale.	I.	337
FOUQUET...........	Fabricant de laiton à Rugles (Eure).	Fils et plaques en laiton.	*Idem.*	II.	254
FOURNIER..........	Représentant de la maison Bernard-Fleury à Laigle (Orne).	Fil de fer, tréfilerie...	*Idem.*	I.	495
FROMENT...........	Constructeur de machines et fabricant d'instruments de précision à Paris.	Instruments de chirurgie; machines et instruments de précision.	*Idem.*	I.	480

G

NOMS.	QUALITÉS.	SOMMAIRE DE LA DÉPOSITION.	NATURE de LA DÉPOSITION.	TOMAISONS générales.	PAGES.
GAILLY............	Juge au tribunal de commerce de Charleville, représentant de la clouterie des Ardennes.	Clouterie des Ardennes.	Orale.	I.	771
GANDILLOT.........	Fabricant de tubes en fer creux à la Briche-Saint-Denis.	Serrurerie; grilles et grillages; tubes en fer; lits en fer.	*Idem.*	I.	568

NOMS.	QUALITÉS.	SOMMAIRE DE LA DÉPOSITION.	NATURE de LA DÉPOSITION.	TOMAISON GÉNÉRALE.	PAGES.
GANNERON (Édouard).	Ingénieur civil, propriétaire-directeur de l'entrepôt général des machines agricoles à Paris.	Wagons à marchandises; machines agricoles.	Orale.	II.	607
GARNIER (Ernest).....	Fabricant de zinc brut à Viviez (Aveyron); de zinc laminé et de cuivre à Dangu (Eure); de plomb en saumon à Bouc, près Marseille.	Étain et zinc........	Écrite.	II.	284
GAUTIER............	Fabricant de taillanderie à Paris...	Vis; quincaillerie; scies; taillanderie.	Orale.	I.	670
GAUVAIN............	Armurier à Paris..............	Armes............	*Idem.*	II.	44
GÉRARD............	Constructeurs de wagons pour marchandises et de machines aratoires à Paris.	Wagons à marchandises; machines agricoles.	*Idem.*	II.	607
GILLIBRAND........	Secrétaire général de la *Société de la Vieille-Montagne* (Belgique).	Zinc............	*Idem.*	II.	274
Idem.............	*Idem.*..................	*Idem.*............	Écrite.	II.	287
GILLOTIN-DAVID et Cie.	Fabricants de rots ou peignes à tisser et de lames de tissage à Lisieux.	Rots ou peignes à tisser.	*Idem.*	II.	566
GIRARD............	Fabricant d'ustensiles de ménage à Paris.	Articles en fer battu, étamés ou non étamés; ustensiles divers en tôle étamée ou plombée.	Orale.	II.	128
Idem.............	*Idem.*..................	Ferronnerie........	Écrite.	II.	131
GIRARD-DUMAS.......	Représentant de diverses branches de la coutellerie de Thiers.	Coutellerie.........	Orale.	I.	620
GODIN-LEMAIRE......	Fabricant d'appareils de chauffage à Guise (Aisne).	Fourneaux et appareils de chauffage; ustensiles de ménage en fonte émaillée.	*Idem.*	II.	111
GOLDENBERG père et fils.	Fabricants de quincaillerie au Zornhorff, près Saverne (Bas-Rhin).	Quincaillerie.......	*Idem.*	II.	85
GOLDENBERG père....	*Idem.*..................	*Idem.*............	Écrite.	II.	108
GOUIN............	Constructeur de machines à Paris.	Machines et mécaniques.	Orale.	I.	317
Idem.............	*Idem.*..................	*Idem.*............	*Idem.*	II.	442
GRADOS............	Fabricant d'ornements d'architecture en métaux à Paris.	Ornements d'architecture en cuivre, tôle, plomb et zinc.	*Idem.*	II.	249
GROSSIN-LEVALLEUX.	Fabricant de cardes à Rouen......	Cardes et garnitures..	Écrite.	II.	526

NOMS.	QUALITÉS.	SOMMAIRE DE LA DÉPOSITION.	NATURE de la DÉPOSITION.	TOMAISON GÉNÉRALE.	PAGES.
GRUN	Ingénieur-mécanicien à Guebwiller.	Machines et mécaniques.	Orale.	II.	493
GRUNER	Ingénieur en chef des mines à Paris.	Aciers, fers-blancs, tôles. (Production en Angleterre.)	*Idem.*	II.	683
GUILLESERT	Représentant de diverses branches de la coutellerie de Thiers.	Coutellerie	*Idem.*	I.	620
GUNTHER	Commissionnaire pour les armes françaises et belges à Paris.	Armes	*Idem.*	II.	63

H

NOMS.	QUALITÉS.	SOMMAIRE DE LA DÉPOSITION.	NATURE de la DÉPOSITION.	TOMAISON GÉNÉRALE.	PAGES.
HADROT	Fabricant de lampes à Paris	Lampes	Orale.	II.	210
HAMOIR (René)	Propriétaire de hauts fourneaux à Maubeuge (Nord).	Fontes et fers	*Idem.*	I.	59
HARDY	Fabricant de clous à Mohon (Ardennes).	Clouterie	*Idem.*	I.	794
HOCHET (Jules)	Administrateur des usines de Fourchambault (Nièvre).	Fontes et fers	*Idem.*	I.	127
HUET	Fabricant de garnitures, fermoirs, perles en acier, à Paris.	Dés, garnitures, fermoirs, perles et ornements divers en acier.	*Idem.*	II.	133
HURTREL	Constructeur de machines à Lille (Nord).	Fontes et fers	*Idem.*	I.	115

J

NOMS.	QUALITÉS.	SOMMAIRE DE LA DÉPOSITION.	NATURE de la DÉPOSITION.	TOMAISON GÉNÉRALE.	PAGES.
JACKSON (Robert)	Président de la corporation des couteliers et vice-président de la chambre de commerce de Sheffield	Outils divers, coutellerie, etc.	Orale.	I.	413
JACKSON (J.)	De St-Seurin-sur-l'Isle (Gironde).	Fabrication d'aciers	*Idem.*	I.	448
JACQUEMART	Fondeur en fer à Charleville (Ardennes).	Fontes et fers	*Idem.*	I.	265
JALABERT	Directeur du musée d'armes de Saint-Étienne.	Armes	*Idem.*	II.	26
Idem	*Idem*	*Idem*	Écrite.	II.	39
JAPY (A.)	Fabricant d'articles de quincaillerie et de serrurerie à Beaucourt (Haut-Rhin).	Quincaillerie, serrurerie, etc.	*Idem.*	I.	515

NOMS.	QUALITÉS.	SOMMAIRE DE LA DÉPOSITION.	NATURE de la DÉPOSITION.	TOMAISON GÉNÉRALE.	PAGES.
JOBEZ	Maître de forges (Jura)	Fontes et fers	Orale.	I.	173
JOHNSON (Richard)	Fabricant de fils de fer à Manchester (Angleterre).	Tréfilerie de fer	*Idem.*	II.	629
JOLY	Constructeur de charpentes et d'ouvrages en fer à Argenteuil.	Serrurerie; grilles et grillages; tubes en fer, lits en fer.	*Idem.*	I.	568
JULLIEN	Dépositaire des plumes Gillott à Paris.	Plumes métalliques	*Idem.*	I.	857
JUSSY	De la maison PONDEVEAUX ET JUSSY, fabricants d'armes à St-Étienne.	Armes	*Idem.*	II.	26

K

NOMS.	QUALITÉS.	SOMMAIRE DE LA DÉPOSITION.	NATURE de la DÉPOSITION.	TOMAISON GÉNÉRALE.	PAGES.
KERGORLAY (Cte DE)	Député au Corps législatif	Instruments aratoires.	Orale.	II.	617
KŒCHLIN (Thierry)	Représentant la maison ANDRÉ KŒCHLIN ET Cie, de Mulhouse, constructeurs de mécaniques pour filature et tissage.	Machines et mécaniques.	*Idem.*	II.	493

L

NOMS.	QUALITÉS.	SOMMAIRE DE LA DÉPOSITION.	NATURE de la DÉPOSITION.	TOMAISON GÉNÉRALE.	PAGES.
LACROIX	Représentant de la maison DUPONT, fabricant de lits en fer à Paris.	Serrurerie; grilles et grillages; tubes en fer, lits en fer.	Orale.	I.	568
LACROIX fils	Constructeur de machines à vapeur à Rouen.	Machines et mécaniques.	*Idem.*	II.	423
LAN	Ingénieur ordinaire des mines à Paris.	Aciers, fers-blancs, tôles.	*Idem.*	II.	683
LAURENT	Fabricant de quincaillerie à Plancher-les-Mines (Haute-Saône).	Vis, quincaillerie, scies, taillanderie.	*Idem.*	I.	670
LAVEISSIÈRE	Fondeur et lamineur de métaux à Paris.	Cuivre, étain, plomb, zinc, antimoine.	*Idem.*	II.	217
LECHANTEUR	Maire de Charleville, représentant de la clouterie des Ardennes.	Clouterie des Ardennes.	*Idem.*	I.	771
LECHATELIER	Ingénieur en chef des mines à Paris.	Fontes et fers	*Idem.*	I.	191
LECLERCQ (Martial)	Directeur des *Forges de la Sambre* à Maubeuge (Nord).	Fontes et fers	*Idem.*	I.	257
LECLERCQ fils	Maître de forges à Frith-St-Léger (Nord).	*Idem.*	*Idem.*	I.	257

NOMS.	QUALITÉS	SOMMAIRE DE LA DÉPOSITION.	NATURE DE LA DÉPOSITION.	TOMAISON GÉNÉRALE.	PAGES.
LEFAUCHEUX........	Armurier à Paris..............	Armes............	Orale.	II.	44
LE GAVRIAN........	Fondeur et constructeur de machines à Lille.	Fonte moulée......	Écrite.	I.	255
Idem...............	Ingénieur mécanicien à Lille.....	Machines et mécaniques.	Orale.	II.	435
LÉTRANGE ET Cie......	Fondeurs de cuivre (usines de Saint-Denis, de Romilly et d'Imphy).	Cuivre et laiton, zinc et plomb; fonte, laminage, tréfilerie.	*Idem.*	II.	155
LERMINIER.........	Fabricant de pointes de Paris à Laigle.	Clouterie; pointes de Paris.	*Idem.*	I.	818
LIMET.............	Fabricant de limes à Saint-Maur (Seine).	Limes, lames, marteaux, pièces en acier fondu, aimants en acier trempé.	*Idem.*	I.	734
LINGET............	Quincaillier à Paris...........	Limes, scies, outils divers, quincaillerie, serrurerie.	*Idem.*	I.	698
LUCQ aîné..........	Administrateur, principal associé de la maison DANDOY-MAILLIARD, LUCQ ET Cie, fabricants de pièces détachées pour filature à Maubeuge.	Machines et mécaniques.	*Idem.*	II.	552
LUUYT.............	Maître de forges à Vierzon-Village (Cher).	Fontes et fers.......	*Idem.*	I.	59

M

NOMS.	QUALITÉS	SOMMAIRE DE LA DÉPOSITION.	NATURE DE LA DÉPOSITION.	TOMAISON GÉNÉRALE.	PAGES.
MANCEAUX.........	Armurier à Paris..............	Armes............	Orale.	II.	44
MARET.............	Bijoutier à Paris..............	Argenture et dorure; galvanoplastie.	*Idem.*	II.	291
MARILHAT..........	Président de la chambre de commerce de Thiers (Puy-de-Dôme).	Coutellerie.........	*Idem.*	I.	620
MARTENOT (Aug.)....	Maître de forges à Commentry et à Châtillon.	Fontes et fer........	*Idem.*	I.	59
MARTIN (Émile)......	Ancien propriétaire de la fonderie de Fourchambault.	*Idem*.............	*Idem.*	I.	305
MASSON............	Fabricant de feuilles d'étain à Paris.	Poterie d'étain......	*Idem.*	II.	353
MATTHEWS (William-Anthony).	Alderman à Sheffield...........	Outils divers; coutellerie.	*Idem.*	I.	413
MAYER-LIPMANN.....	Négociant en métaux à Paris.....	Fontes et fer........	*Idem.*	I.	83

NOMS.	QUALITÉS.	SOMMAIRE DE LA DÉPOSITION.	NATURE de LA DÉPOSITION.	TOMAISON GÉNÉRALE.	PAGES.
MAZELINE	Constructeur de machines au Havre (Seine-Inférieure).	Machines et mécaniques.	Orale.	I.	115
Idem	Idem.	Idem.	Idem.	II.	598
MERCIÉ (Ch.).........	Fondeur de plomb, cuivre et zinc au Havre.	Plomberie; zinc.....	Idem.	II.	232
MERCIER (A.).........	Constructeur mécanicien à Louviers.	Machines et mécaniques.	Idem.	II.	529
MERMILLIOD aîné.....	Représentant de la coutellerie de Châtellerault.	Coutellerie.........	Idem.	I.	707
MERMILLIOD jeune...	Idem.	Idem.	Idem.	I.	707
MIRIO................	Négociant en fer à Paris.........	Fontes et fers.......	Idem.	I.	83
MONCHICOURT.......	Fabricant de plumes métalliques et successeur de M. Cuthbert à Paris.	Plumes métalliques..	Idem.	I.	846
MONGIN..............	Fabricant de scies à Paris........	Scies; taillanderie vis; quincaillerie.	Idem.	I.	670
MONTANDON.........	Fabricant de ressorts d'horlogerie à Paris.	Ressorts et fournitures d'horlogerie.	Idem.	I.	865
MONY................	Directeur des *Forges de Commentry* (Allier).	Fontes et fers.......	Idem.	I.	127
MORTEMART (Le duc DE).	Sénateur, président du conseil général du département du Cher, propriétaire de forges.	Idem.	Idem.	I.	1
MOUSSETTE.........	Inspecteur principal des chemins de fer à Paris.	Prix des transports anglais.	Idem.	I.	345

N

NILLUS..............	Constructeur de machines au Havre.	Machines et mécaniques.	Écrite.	II.	571

O

ODIOT...............	Fabricant d'orfèvrerie à Paris.....	Argenture et dorure; galvanoplastie.	Orale.	II.	291
OESCHGER - MESDACH et Cie.	Fondeurs de cuivre à Biache-Saint-Vaast.	Fonte; laminage; tréfilerie.	Idem.	II.	155

P

PAPILLON...........	Marchand de fil de fer et de clous à Paris.	Fils de fer; clouterie..	Orale.	I.	616

NOMS.	QUALITÉS.	SOMMAIRE DE LA DÉPOSITION.	NATURE de LA DÉPOSITION.	TOMAISON des DÉBATS.	PAGES.
PASCALON - BELLE - JAMBE.	Quincaillier à Lyon............	Limes; scies; outils divers; quincaillerie; serrurerie, etc.	Orale.	I.	698
PASTOR............	Directeur des établissements de la société John Cockerill à Seraing, près de Liége.	Tôles, aciers, machines.	*Idem.*	I.	639
Idem..............	*Idem*.....................	*Idem*.............	Écrite.	I.	731
Idem..............	*Idem*.....................	*Idem*.............	*Idem.*	II.	361
PELTEREAU DE VILLENEUVE.	Président de la Chambre consultative des arts et manufactures de Joinville (Haute-Marne).	Fontes et fers.......	Orale.	I.	127
PÉREIRE (Émile).....	Président du conseil d'administration du chemin de fer du Midi.	*Idem*.............	*Idem.*	I.	191
PÉTIN.............	De la maison PÉTIN GAUDET ET Cie de Rive-de-Gier (Loire).	Fabrication d'aciers ..	*Idem.*	I.	448
PEUGEOT frères......	Fabricants de quincaillerie à Valentigney (Doubs).	Quincaillerie	*Idem.*	II.	85
PICAULT...........	Représentant de la coutellerie de Châtellerault.	Coutellerie........	*Idem.*	I.	707
PINART (Ed.)........	Maître de forges à Marquise (Pas-de-Calais).	Fontes et fers......	*Idem.*	I.	283
PLATT (John)........	Constructeur de machines à filer et à tisser le coton à Oldham.	Machines et mécaniques.	*Idem.*	II.	453
PLICHON...........	Fabricant de grosse clouterie et de chaînes-câbles à Saint-Amand (Nord).	Clouterie; chaînes-câbles.	*Idem.*	I.	811
PLUMEREL..........	Fabricant de coutellerie à Nogent (Haute-Marne).	Coutellerie........	*Idem.*	I.	800
POTALIER..........	Fabricant de bijouterie dorée à Paris.	Bijouterie dorée.....	*Idem.*	II.	333
POTTECHER.........	Fabricant de couverts en fer battu et d'étrilles à Bussang (Vosges).	Couverts en fer battu et étrilles.	*Idem.*	II.	121
PRUINES (DE).......	Maître de forges à Semouse (Vosges).	Fontes et fers.......	*Idem.*	I.	173
POWELL...........	Ingénieur-mécanicien à Rouen....	Machines et mécaniques.	*Idem.*	II.	423

NOMS	QUALITÉS.	SOMMAIRE DE LA DÉPOSITION.	NATURE de LA DÉPOSITION.	TOMAISON GÉNÉRALE.	PAGES.
		Q			
QUERROY..........	Négociant à Charleville, représentant de la clouterie des Ardennes.	Clouterie des Ardennes.	Orale.	I.	771
QUILLACQ..........	Constructeur de machines à Anzin.	Machines et mécaniques.	*Idem.*	II.	435
		R			
RICOT....	Maître de forges à Varigney (Haute-Saône).	Fontes et fers.......	Orale.	I.	173
Idem..............	*Idem*..	*Idem*.............	*Idem.*	I.	381
ROBINSON..........	Copropriétaire des usines d'Ebbwale (pays de Galles).	*Idem*............	*Idem.*	I.	48
ROBINSON..........	Représentant de la maison SHARP-STEWART, et constructeur de machines locomotives et autres, à Manchester.	Machines et mécaniques.	*Idem.*	II.	453
ROLLAND..........	Fabricant de feuilles et de tubes de cuivre à Gisors et à Paris.	Cuivre et laiton; affinage et laminage.	*Idem.*	II.	191
ROSWAG aîné........	Fabricant de toiles métalliques à Paris.	Toiles métalliques....	*Idem.*	II.	68
ROUSSEL..........	Maître de forges à Orthe (Mayenne).	Fontes moulées.....	*Idem.*	I.	243
ROY..	Fabricant de grilles et de grillages à Paris.	Serrurerie, grilles et grillages.	*Idem.*	I.	568
ROZAN............	Fondeur de plomb à Marseille ...	Plomb; zinc........	*Idem.*	II.	232
ROZET............	Président de la Chambre de commerce de Saint-Dizier (Haute-Marne).	Fontes et fers.......	*Idem.*	I.	127
		S			
SABATIER..........	Représentant de diverses branches de coutellerie de Thiers.	Coutellerie.........	Orale.	I.	620
SACCALÉ....	Fabricant de décorations et ornements en acier poli à Paris.	Dés, garnitures, fermoirs, perles et ornements divers en acier.	*Idem.*	II.	133

NOMS.	QUALITÉS.	SOMMAIRE DE LA DÉPOSITION.	NATURE de LA DÉPOSITION.	TOMAISON SPÉCIALE.	PAGES.
SAGLIER............	Dépositaire des plumes de la maison Perry à Paris.	Plumes métalliques...	Orale.	I.	857
Idem................	*Idem*......................	Métal anglais.......	*Idem*.	II.	343
SAINT-JOHANNY-BLONDEL.	Représentant de diverses branches de coutellerie de Thiers.	Coutellerie.........	*Idem*.	I.	620
SAINT-VIGOR........	Gérant des usines de Montataire (Oise).	Fontes et fers.......	*Idem*.	I.	59
SAUVAGE...........	Ingénieur en chef du matériel et de la traction du chemin de fer de l'Est.	*Idem*.............	*Idem*.	I.	192
SCHLUMBERGER et Cie.	Constructeurs de machines pour filatures et peignages à Guebwiller.	Machines et mécaniques.	*Idem*.	II.	493
SCHMIDT (Paul)......	Associé de la maison GAISET, fabricant de plaqué à Paris.	Articles divers en plaqué.	*Idem*.	II.	303
SCRIVE............	Fabricant de cardes à Lille......	Machines et mécaniques.	*Idem*.	II.	552
SECRETAN..........	Ingénieur opticien à Paris.......	Instruments d'optique et de précision.	*Idem*.	II.	340
SIMON.............	Ingénieur, gérant de la *Société des mines de Pallières*, à Alais (Gard).	Plomb; zinc........	*Idem*.	II.	232
SINGTON...........	Représentant de MM. PLATT FRÈRES ET Cie, de Manchester.	Machines et mécaniques.	*Idem*.	II.	453
SMITH (Jobson).......	Président de la chambre de commerce de Sheffield.	Outils divers; coutellerie.	*Idem*.	I.	413
SOMMELET..........	Fabricant de coutellerie à Nogent (Haute-Marne).	Coutellerie.........	*Idem*.	I.	800
SPENCE (James)......	Propriétaire d'usines à fers-blancs dans le pays de Galles.	Fers-blancs........	*Idem*.	I.	542
SPENCER (Eli).......	Constructeur de machines à filer et à tisser le coton à Oldham.	Machines et mécaniques.	*Idem*.	II.	453
SPIERS............	Agent général des mines et usines belges à Paris.	Fontes et fers.......	*Idem*.	I.	48
SPIERS............	Ingénieur civil à Paris..........	*Idem*.............	*Idem*.	II.	659
STEHELIN..........	De la maison STEHELIN ET Cie, constructeurs de machines à vapeur, turbines, roues hydrauliques, mécaniques pour filatures, à Bitschwiller.	Machines et mécaniques.	*Idem*.	II.	493

NOMS.	QUALITÉS.	SOMMAIRE DE LA DÉPOSITION.	NATURE de LA DÉPOSITION.	TOMAISON GÉNÉRALE.	PAGES.
STROHL............	Directeur des *Forges et fonderies d'Audincourt* (Doubs).	Fontes et fers.......	Orale.	I.	173
Idem...............	*Idem*....................	*Idem*.............	*Idem*.	I.	381
SUBLET.............	Fondeur de métaux à Paris......	*Idem*.............	*Idem*.	I.	381
SURELL	Directeur de l'exploitation du chemin de fer du Midi et du canal latéral à la Garonne.	*Idem*............	*Idem*.	I.	191

T

NOMS.	QUALITÉS.	SOMMAIRE DE LA DÉPOSITION.	NATURE de LA DÉPOSITION.	TOMAISON GÉNÉRALE.	PAGES.
TAILFER...........	Fabricant d'aiguilles et d'épingles à Laigle (Orne).	Aiguilles et épingles..	Orale.	I.	824
TALABOT (Léon)......	Président du conseil d'administration de la *Société des hauts fourneaux et forges de Denain et d'Anzin* (Nord).	Fontes et fers.......	*Idem*.	I.	1
Idem...............	*Idem*....................	*Idem*.............	*Idem*.	II.	637
TALABOT (Paulin)....	Directeur du chemin de fer de Lyon à la Méditerranée.	Fontes et fers.......	*Idem*.	I.	191
TANGRE	Fabricant de toiles métalliques à Paris.	Toiles métalliques....	*Idem*.	II.	68
TARPIN	Fabricant de passementerie en or filé à Paris.	Passementerie en cuivre ou laiton filé, argenté ou doré; argent filé; or filé sur soie.	*Idem*.	II.	268
THÉVENARD.........	Négociant en fontes et en fers à Bordeaux.	Fontes et fers.......	*Idem*.	I.	337
THOUREAU.........	Maître de forges à Villars (Côte-d'Or).	Fil de fer; tréfilerie..	*Idem*.	I.	495
TIXIER............	Représentant de diverses branches de la coutellerie de Thiers.	Coutellerie........	*Idem*.	I.	620
TOURON-PARIZOT...	Coutelier à Paris............	*Idem*.............	*Idem*.	I.	707
TRELON...........	Ancien juge au tribunal de commerce à Paris.	Cuivre allié, or et argent; plaqué.	*Idem*.	II.	197
TRONCHON.........	Fabricant de grilles et de grillages à Paris.	Serrurerie; grilles et grillages.	*Idem*.	I.	568

NOMS.	QUALITÉS.	SOMMAIRE DE LA DÉPOSITION.	NATURE de la DÉPOSITION.	TOMAISON GÉNÉRALE.	PAGES.
		V			
VANBLOTAQUE........	Dépositaire des plumes de la maison John Mitchell à Paris.	Plumes métalliques..	Orale.	I.	857
VANECHOUT.........	Directeur de l'établissement impérial de la marine à Guérigny (Nièvre).	Chaines-câbles, ancres.	*Idem.*	II.	1
VAUTHERIN..........	Maître de forges à Fraisans (Doubs).	Fontes et fers.......	*Idem.*	I.	173
VAUTHERIN..........	Directeur gérant de la *Compagnie des forges de la Franche-Comté.*	Fil de fer; tréfilerie..	*Idem.*	I.	495
VERDIER...........	Fabricant à Firminy (Loire)......	Fabrication de l'acier.	*Idem.*	I.	448
VEYRAT............	Orfèvre et fabricant de plaqué à Paris.	Orfèvrerie en plaqué..	*Idem.*	II.	322
VIELLARD..........	Fabricant de vis de bois et de boulons à Morvillars (Haut-Rhin).	Vis, quincaillerie, scies, taillanderie.	*Idem.*	I.	670
VITRY-CHARRIÈRE....	Fabricant de coutellerie à Nogent (Haute-Marne).	Coutellerie.........	*Idem.*	I.	800
VORUZ.............	Député au Corps législatif, propriétaire de fonderies près de Nantes.	Fontes et fers.......	*Idem.*	I.	366
		W			
WAGNER............	Négociant en quincaillerie à Birmingham et délégué de la Chambre de commerce de cette ville.	Quincaillerie	Orale.	I.	551
Idem...............	*Idem*..............	*Idem*..............	*Idem.*	I.	762
WALTON (William)....	Fabricant de garniture de cardes à Manchester.	Machines et mécaniques.	*Idem.*	II.	453
WAUTELET..........	Président de la chambre de commerce de Charleroi.	Clouterie..........	*Idem.*	I.	661
WEIL..............	Dépositaire de plumes métalliques de Libert Hill et Cie à Paris.	Plumes métalliques..	*Idem.*	I.	846
Idem...............	Fabricant de boutons à Paris.....	Boutons en métal; cuivre allié or et argent; plaqué.	*Idem.*	II.	197
WELDON............	Dépositaire de plumes métalliques de Libert Hill et Cie à Paris.	Plumes métalliques...	*Idem.*	I.	846
Idem...............	Fabricant de boutons à Paris....	Boutons de métal....	*Idem.*	II.	197

NOMS.	QUALITÉS.	SOMMAIRE DE LA DÉPOSITION.	NATURE de LA DÉPOSITION.	TOMAISON GÉNÉRALE.	PAGES.
WENDEL (DE)........	Député au Corps législatif, propriétaire des *Hauts Fourneaux et forges d'Hayange* (Moselle).	Quincaillerie, serrurerie.	Orale.	I.	59
Idem...............	*Idem*.......................	*Idem*.............	*Idem.*	I.	515
WESTERMANN........	Fabricant d'ustensiles de ménage à Ars-sur-Moselle.	Casserie; ustensiles de ménage en tôle.	*Idem.*	II.	118
WINNERL...........	Président de la *Société des horlogers de Paris.*	Ressorts et fournitures d'horlogerie.	*Idem.*	I.	865

TABLE

DE L'INDUSTRIE DE LA LAINE.

INDUSTRIE DE LA LAINE.

NOMS.	QUALITÉS.	SOMMAIRE DE LA DÉPOSITION.	NATURE de LA DÉPOSITION.	TOMAISON GÉNÉRALE.	PAGES.
		A			
ADAM...............	Négociant en tissus de laines à Paris.	Draps, tissus divers; exportation.	Orale.	III.	387
ALBINET............	Fabricant de couvertures à Paris...	Bonneterie orientale; couvertures.	*Idem.*	III.	355
ANGRAVE (Richard)...	Représentant de la maison ANGRAVE ET FRÈRES, fabricants de bonneterie de laine (gilets et autres vêtements de corps) à Leicester (Angleterre).	Articles divers; bonneterie; tissus mélangés de caoutchouc.	*Idem.*	III.	341
AUDRESSET.........	Fabricant de tissus de cachemire unis et de filés pour châles à Paris et à Louviers.	Châles; tissus de cachemire filés pour châles.	*Idem.*	III.	732
		B			
BACOT (David).......	Fabricant de draps à Sedan......	Achat et préparation des laines; filature, tissage et apprêts.	Orale.	III.	166
BACOT (Frédéric).....	*Idem*..........................	Filature; draperie foulée.	Écrite.	III.	210
BALSAN.............	Fabricant de draps à Châteauroux (Indre).	Achat et préparation des laines; filature, tissage et apprêts; fabrication des draps.	Orale.	III.	303
BARIL fils...........	Fabricant de velours d'Utrecht à Amiens.	Velours d'Utrecht....	*Idem.*	III.	665

NOMS.	QUALITÉS.	SOMMAIRE DE LA DÉPOSITION.	NATURE de LA DÉPOSITION.	TOMAISON GÉNÉRALE.	PAGES.
BELLEST (Édouard)...	Fabricant de draps à Elbeuf......	Achat et préparation des laines; filature, tissage et apprêts; fabrication des draps.	Orale.	III.	67
BERRIER fils.........	*Idem*.......................	*Idem*.............	*Idem.*	III.	129
BERTÈCHE..........	Fabricant de draps à Sedan......	*Idem*.............	*Idem.*	III.	166
BLAY..............	Laveur de laine et teinturier à Elbeuf.	Industrie de la laine..	*Idem.*	III.	27
BLAZY.............	De la maison PÉRILLEUX-MICHELEZ, AKERMANN ET BLAZY, filateurs et peigneurs de laine à Paris.	Filature et peignage; laine à tapisserie, tapisserie à la main et canevas de coton.	*Idem.*	III.	494
BLAZY (Léon)........	Filateur et peigneur de laine à Paris.	*Idem*.............	*Idem.*	III.	494
BONJOUR...........	Fabricant de tissus de laine à Ribemont.	Peignage, filature, tissage, apprêts et teinture; tissus de laine et mélangés; nouveautés, mérinos, etc.; exportation.	*Idem.*	III.	589
BORDEAUX..........	Fabricant de draps, président du tribunal de commerce de Lisieux.	Achat et préparation des laines; filature, tissage et apprêts; fabrication des draps.	*Idem.*	III.	242
BORDEREL jeune.....	Fabricant de draps à Sedan......	....	Écrite.	III.	157
BOUFFARD..........	Négociant en tissus de laines à Paris.	Draps, tissus divers; exportation.	Orale.	III.	387
BOULOGNE..........	Teinturier en laine à Reims......	Teinture et apprêts...	*Idem.*	III.	435
BOUVIER...........	Fabricant de draps à Vienne (Isère).	Filature, tissage et apprêts; fabrication des draps.	*Idem.*	III.	303
BRADFORD (Chambre de commerce de).	MM. les Délégués............	Laines, alpaga, poil de chèvre.	Écrite.	III.	298
BRADFORD, BATLEY ET HUDDERSFIELDS (Chambre de commerce de).	MM. les Délégués............	Couvertures de laine, etc. etc.; salaires des ouvriers.	*Idem.*	III.	459
BRAQUENIÉ.........	Fabricant de tapis à Paris.......	Tapis moquette veloutés ou bouclés; tapis à points noués; tapis veloutés en chenille; tapis double face; tapis en jute ou chanvre.	Orale.	III.	677

NOMS.	QUALITÉS.	SOMMAIRE DE LA DÉPOSITION.	NATURE de LA DÉPOSITION.	TOMAISONS GÉNÉRALES.	PAGES.
BRINTON (John)......	Représentant la maison Brinton et Lewis (filature de laine et fabrique de tapis à Kidderminster).	Tapis............	Orale.	III.	371
BRUNET (DE)........	Membre de la Chambre de commerce de Reims.	Flanelles et mérinos..	*Idem.*	III.	407
BUFFAULT...........	Fabricant de couvertures à Paris...	Bonneterie orientale; couvertures.	*Idem.*	III.	355
C					
CHAMBRE CONSULTATIVE DE TURCOING.	M. le Président...............	Laines mélangées et main-d'œuvre en France et en Angleterre.	Écrite.	III.	755
CHAMBRE DE COMMERCE DE BRADFORD.	MM. les Délégués.............	Laines, alpaga, poil de chèvre.	*Idem.*	III.	298
CHAMBRE DE COMMERCE DE BATLEY, BRADFORD ET HUDDERSFIELD.	MM. les Délégués............	Couvertures de laines; salaire des ouvriers.	*Idem.*	III.	459
CHAMBRE DE COMMERCE DE VERVIERS.	MM. les Délégués............	Fils de laine, drap; exportation.	*Idem.*	III.	568
CHENEST............	Associé de la maison BERNOVILLE FRÈRES, LARSONNIER FRÈRES ET CHENEST.	Peignage, filature, tissage, apprêts et teinture; tissus de laine et mélangés; nouveautés, mérinos, etc.	Orale.	III.	589
CHENNEVIÈRE........	Fabricant de draps à Louviers.....	Achat et préparation des laines; filature.	*Idem.*	III.	129
CHENNEVIÈRE frères...	Fabricants de draps à Elbeuf.....	Filature, tissage et apprêts.	*Idem.*	III.	67
CHOCQUEEL.........	De la maison REQUILLART, ROUSSEL ET CHOCQUEEL, fabricants de tapis à Tourcoing et à Aubusson.	Tapis moquette, veloutés ou bouclés; tapis à points noués; tapis veloutés en chenille; tapis double face; tapis en jute ou en chanvre.	*Idem.*	III.	677
CONSTANT fils........	Membre de la Chambre de commerce de Nîmes.	Fabrique de châles de Nîmes.	Écrite.	III.	735

NOMS.	QUALITÉS.	SOMMAIRE DE LA DÉPOSITION.	NATURE DE LA DÉPOSITION.	TOMAISON ET PAGES.	PAGES.
CORMOULS..........	De la maison HOULÈS ET CORMOULS, fabricants de draps à Mazamet (Tarn).	Draps de troupe; draps pour le Levant; draps, velours, cuirs de laine, étoffes communes, couvertures.	Orale.	III.	316
CROSSLEY (Franck)...	Membre du parlement pour le West-Riding (Yorkshire), représentant de la maison J. CROSSLEY ET FILS, filateurs de laine et fabricants de tapis à Halifax.	Tapis............	*Idem.*	III.	371
CROUTELLE.........	Fabricant de tissus de laine à Reims.	Flanelles et mérinos..	*Idem.*	III.	407
CUNIN-GRIDAINE.....	Président de la Chambre consultative des arts et manufactures, fabricant de draps à Sedan.	Filature, tissage et apprêts; fabrication des draps.	*Idem.*	III.	166
D					
DANNET............	Fabricant de draps et membre de la Chambre consultative des arts et manufactures de Louviers.	*Idem*.............	Orale.	III.	105
DASTIS............	Fabricant de draps à Lavelanet (Ariége).	Draps de troupe; draps pour le Levant; draps, velours, cuirs de laine, étoffes communes; couvertures.	*Idem.*	III.	316
DAUDIER...........	Président de la Chambre de commerce et fabricant de couvertures et de bonneterie orientale à Orléans.	Bonneterie orientale; couvertures.	*Idem.*	III.	355
DEHESELLE (Victor.)..	Membre de la chambre de commerce de Verviers, fabricant d'étoffes de flanelle à Thimister (Belgique).	Flanelles, draps; production en Belgique.	*Idem.*	III.	549
DELACOUR..........	Fabricant de bonneterie à Villers-Bretonneux.	Bonneterie........	*Idem.*	III.	710
DELANDEMARE......	Fabricant à Elbeuf...........	Filature, tissage et apprêts; fabrication des draps; nouveautés.	*Idem.*	III.	91
DELATTRE (Henri)....	Fabricant de tissus de laine à Roubaix.	Achat, préparation, filature, tissage, apprêts; tissus de pure laine, tissus mélangés.	*Idem.*	III.	616

NOMS.	QUALITÉS.	SOMMAIRE DE LA DÉPOSITION.	NATURE de LA DÉPOSITION.	TOMAISON GÉNÉRALE.	PAGES.
DELFOSSE..........	Fabricant de tissus de laine à Roubaix.	Achat et préparation des laines; filature..	Orale.	III.	616
DELLOUE-STAINCQ....	Fabricant de laine peignée à Fourmies (Nord).	Peignage, filature....	*Idem.*	III.	471
DESTEUQUE (Eugène)..	Fabricant de tissus en laine cardée à Reims.	Fils et tissus en laine cardée.	*Idem.*	III.	229
DOVE-HARRIS (J.).....	Ex-membre du parlement pour Leicester.	Articles divers; bonneterie; tissus mélangés de caoutchouc.	*Idem.*	III.	341
Idem................	*Idem*.....................	*Idem*.............	Écrite.	III.	347
DUCHÉ.............	Fabricant de châles à Paris et à Seboncourt (Aisne).	Châles, tissus de cachemire unis et de filés.	Orale.	III.	732
DURIEZ fils..........	Filateur de laines à Roubaix (Nord).	Filature..........	*Idem.*	III.	741
DUVERGER..........	Fabricant de châles à Paris......	Châles, tissus de cachemire, filés pour châles.	*Idem.*	III.	732
DUVILLIEZ..........	Filature de laines à Tourcoing (Nord).	Filature..........	*Idem.*	III.	741
DYSON-TAYLOR......	Fabricant d'étoffes à gilets et de lainage à Huddersfield, délégué de la Chambre de commerce de cette ville.	Draperie, tissus divers, couvertures, laine artificielle.	*Idem.*	III.	444

E

NOMS.	QUALITÉS.	SOMMAIRE DE LA DÉPOSITION.	NATURE de LA DÉPOSITION.	TOMAISON GÉNÉRALE.	PAGES.
ESCAILLE (DE L')....	De la maison L'ESCAILLE ET MONTHOLON, négociants en fils et en laine à Paris.	Commerce des fils de laine.	Orale.	III.	529

F

NOMS.	QUALITÉS.	SOMMAIRE DE LA DÉPOSITION.	NATURE de LA DÉPOSITION.	TOMAISON GÉNÉRALE.	PAGES.
FERGUSON..........	Fabricant de dentelles de laine et poils à Amiens.	Passementerie, dentelles.	Orale.	III.	633
FIRTH (James).......	Filateur et fabricant de drap et de couvertures à Hickmondwicke.	Draperie, tissus divers, couvertures, laines artificielle.	*Idem.*	III.	444

NOMS.	QUALITÉS.	SOMMAIRE DE LA DÉPOSITION.	NATURE de LA DÉPOSITION.	TOMAISONS GÉNÉRALE.	PAGES.
FLAVIGNY (Charles)...	Fabricant de draps à Elbeuf......	Achat et préparation des laines, filature, tissage et apprêts; fabrication des draps.	Orale.	III.	67
FOURMENT (Éd. DE)..	Filateur à Cercamp-lès-Frévent (Pas-de-Calais).	Peignage et filature...	*Idem.*	III.	490
FOURNIER (Émile)....	De la maison PURCH, SALAVILLE ET ARNAÉ, fabricants de draps à Lodève.	Draps de troupe, draps pour le Levant, draps, velours, cuirs de laine, étoffes communes, couvertures.	*Idem.*	III.	316
FROMONT...........	Laveur de laine et teinturier à Elbeuf.	Industrie de la laine..	*Idem.*	III.	27
Idem...............	*Idem*.....................	*Idem*.............	Écrite.	III.	41

G

NOMS.	QUALITÉS.	SOMMAIRE DE LA DÉPOSITION.	NATURE de LA DÉPOSITION.	TOMAISONS GÉNÉRALE.	PAGES.
GAIDAN (Arnaud).....	Fabricant de tapis et d'étoffes riches pour meubles à Nîmes.	Tapis et étoffes pour meubles.	Écrite.	III.	703
GALLERAD..........	Fabricant de tapis à Paris.......	Nouveaux procédés de fabrication mécanique.	Orale.	III.	705
GILIS...............	Négociant en tissus de laines à Paris.	Tissus de laines; draps, tissus divers; exportation.	*Idem.*	III.	387
GOUVY..............	Président de la Chambre de commerce de Verviers (Belgique), filateur de laines cardées.	Filature et tissage; flanelles, draps; production en Belgique.	*Idem.*	III.	549

H

NOMS.	QUALITÉS.	SOMMAIRE DE LA DÉPOSITION.	NATURE de LA DÉPOSITION.	TOMAISONS GÉNÉRALE.	PAGES.
HARTMANN..........	De la maison HARTMANN, SCHMALZER ET Cie, peigneurs et filateurs de laines, à Malmerspach (Haut-Rhin).	Filature et peignage; laine à tapisserie; tapisserie à la main et canevas de coton.	Orale.	III.	494
HENDERSON (John)...	Représentant de la maison HENDERSON ET Cie, filature de laine et fabrique de tapis à Durham.	Tapis............	*Idem.*	III.	371
HERBAUX-TIBAUT....	Filature de laine à Tourcoing (Nord).	Filature..........	*Idem.*	III.	741

NOMS.	QUALITÉS.	SOMMAIRE DE LA DÉPOSITION.	NATURE de LA DÉPOSITION.	TOMAISON GÉNÉRALE.	PAGES.
HODGES (Thom.-Will.)..	Membre du conseil municipal de Leicester, représentant de la maison HODGES ET TURNER, fabricants de tissus élastiques (caoutchouc combiné avec des matières textiles).	Articles divers; bonneterie; tissus mélangés de caoutchouc.	Orale.	III.	341
HOLDEN.	Peigneur de laines à Saint-Denis, à Reims et à Croix, près Roubaix.	Peignage des laines...	*Idem.*	III.	479
HUTH (Ed.).........	Négociant exportateur à Huddersfield, délégué de la chambre de commerce de cette ville.	Draperie, tissus divers; couvertures; laine artificielle.	*Idem.*	III.	444

J

NOMS.	QUALITÉS.	SOMMAIRE DE LA DÉPOSITION.	NATURE de LA DÉPOSITION.	TOMAISON GÉNÉRALE.	PAGES.
JARDIN.............	De la maison JARDIN ET LANTIN, fabricants de tissus de laine à Paris.	Peignage, filature, tissage, apprêts et teinture; tissus de laine et mélangés, nouveautés, mérinos, etc.	Orale.	III.	389
JOANNÈS-MOREAU....	Filateur de laines à Elbeuf......	Industrie de la laine..	*Idem.*	III.	45
JOURDAN (Antonin)....	De la maison JOURDAN FRÈRES ET Cie, fabricants de draps et de couverture à Lodève (Hérault).	Draps de troupe, draps pour le Levant, draps, velours, cuirs de laine, étoffes communes, couvertures.	*Idem.*	III.	316
JUBB (John).........	Négociant et fabricant de laine artificielle (renaissance), à Batley.	Draperie; tissus divers, couvertures, laine artificielle.	*Idem.*	III.	444
JUBB (Samuel)........	Fabricant de lainages à Batley, délégué de la chambre de commerce de cette ville.	*Idem*...............	*Idem.*	III.	444
JUHEL-DESMARES....	De la maison JULES JUHEL-DESMARES ET GOHIN AÎNÉ, fabricants de draps à Vire (Calvados).	Draps communs.....	*Idem.*	III.	265
Idem...	*Idem*..........................	*Idem*............	Écrite.	III.	298

K

NOMS.	QUALITÉS.	SOMMAIRE DE LA DÉPOSITION.	NATURE de LA DÉPOSITION.	TOMAISON GÉNÉRALE.	PAGES.
KELL (Robert).......	Négociant à Bradford, membre du Comité consultatif de la chambre de la laine de Bradford.	Industrie de la laine..	Orale.	III.	271

NOMS.	QUALITÉS.	SOMMAIRE DE LA DÉPOSITION.	NATURE de LA DÉPOSITION.	TOMAISON GÉNÉRALE.	PAGES.
KELL (Robert)........	Négociant à Bradford, membre du Comité consultatif de la chambre de la laine de Bradford.	Industrie de la laine ..	Écrite.	III.	198
Idem...............	*Idem*.....................	Draperie, tissus divers, couvertures, laine artificielle.	Orale.	III.	144
KOECHLIN...........	De la maison KOECHLIN-DOLFUS, filateurs et peigneurs de laine à Mulhouse.	Filature et peignage; laine à tapisserie; tapisserie à la main et canevas de coton.	*Idem.*	III.	494
KOENIG (Napoléon)....	Fabricant de tissus à Sainte-Marie-les-Mines.	Tissage et apprêts; articles de fantaisie; tissus mélangés, de laine, de coton, de soie, de poil de chèvre	*Idem.*	III.	655
KUNTZER............	Fabricant de draps à Bischwiller (Bas-Rhin).	Draperie foulée......	*Idem.*	III.	199

L

NOMS.	QUALITÉS.	SOMMAIRE DE LA DÉPOSITION.	NATURE de LA DÉPOSITION.	TOMAISON GÉNÉRALE.	PAGES.
LANSEIGNE..........	Marchand de laines à Paris.......	Commerce des laines.	Orale.	III.	1
LARSONNIER........	De la maison BERNOVILLE FRÈRES, LARSONNIER FRÈRES ET CHENEST, fabricants de tissus de laine à Saint-Quentin.	Peignage, filature, tissage, apprêts et teinture, tissus de laine et mélangés; nouveautés, mérinos, etc.	*Idem.*	III.	589
LAVALARD..........	Fabricant de bonneterie à Roye (Somme).	Bonneterie.........	*Idem.*	III.	710
LEFÈVRE (Henri).....	Filature de laine cardée à Reims...	Filature de laine cardée	*Idem.*	III.	212
LEFEBVRE DU CATEAU.	Fabricant de tissus de laine à Roubaix.	Achat, préparation, filature, tissage, apprêts.	*Idem.*	III.	616
LEGRAND (Théophile)..	De la maison THÉOPHILE LEGRAND ET FILS, fabricants de mérinos à Fourmies (Nord).	Tissus en pure laine; tissus mélangés; nouveautés, mérinos.	*Idem.*	III.	589
LELARGE............	De la maison LELARGE, ANDRÈS ET AUGER, fabricants de tissus de laine à Reims.	Flanelles et mérinos.	*Idem.*	III.	407
Idem..............	*Idem*.....................	*Idem*..............	Écrite.	III.	423

NOMS.	QUALITÉS.	SOMMAIRE DE LA DÉPOSITION.	NATURE de la déposition.	TOMAISON GÉNÉRALE.	PAGES.
LIGNIÈRES (Pascal)....	Fabricant de draps, président de la Chambre de commerce de Carcassonne.	Achat et préparation des laines; filature, tissage et apprêts; fabrication des draps.	Orale.	III.	303
LIZÉ................	Négociant, exportateur de draps à Elbeuf.	Draps, tissus divers, exportation.	*Idem.*	III.	387
LOUVET............	Fabricant de passementerie de laine à Paris.	Passementerie, dentelles.	*Idem.*	III.	633

M

NOMS.	QUALITÉS.	SOMMAIRE DE LA DÉPOSITION.	NATURE de la déposition.	TOMAISON GÉNÉRALE.	PAGES.
MALI (Jules)..........	Fabricant de draps et d'étoffes de laine, membre de la Chambre de commerce de Verviers (Belgique).	Filature et tissage; flanelles; draps, production en Belgique.	Orale.	III.	549
MARTEAU...........	Négociant commissionnaire en laine, fils et tissus à Reims.	Tissus divers; importation des laines; exportation des tissus.	*Idem.*	III.	536
MAURY..............	De la maison SOULAS AINÉ ET MAURY, fabricants de tapis à Marguerittes, près Nîmes.	Tapis de moquette, veloutés ou bouclés, etc.	*Idem.*	III.	677
MAY (Jules)..........	Filateur de laines à Elbeuf.......	Industrie de la laine; filature.	*Idem.*	III.	745
MAZURE (Louis).	Fabricant de tissus de laine à Roubaix.	Achat et préparation, filature; tissage, apprêts; tissus pure laine, tissus mélangés.	*Idem.*	III.	616
MÉRY-SANSON.......	Fabricant de drap à Lisieux......	Achat et préparation; filature, tissage et apprêts; fabrication des draps.	*Idem.*	III.	242
MOLLET jeune.......	Négociant exportateur de draps à Elbeuf et à Paris.	Draps, exportation...	*Idem.*	III.	378
MONTAGNAC (DE)....	Député au Corps législatif, fabricant de drap à Sedan.	Tissage; fabrication des draps; nouveautés de fantaisie.	*Idem.*	III.	158
MORRIS (William)....	Filateur de laines peignées à Halifax.	Industrie de la laine..	*Idem.*	III.	271
MOTTE-BOSSUT......	Fabricant de tissus de laine à Roubaix.	Achat, préparation, filature, tissage, apprêts; tissus pure laine, tissus mélangés.	*Idem.*	III.	616

NOMS	QUALITÉS.	SOMMAIRE DE LA DÉPOSITION.	NATURE de la déposition.	TOMAISON GÉNÉRALE.	PAGES.
		N			
NORMANT frères......	Fabricant de draps à Elbeuf et à Romorantin.	Lavage, teinture, filature.	Écrite.	III.	103
		O			
OFF..............	Marchand de laines à Sedan.....	Commerce des laines.	Orale.	III.	22
OLLIVIER...........	Fabricant de draps à Elbeuf......	Achat et préparation des laines; filature.	*Idem.*	III.	129
		P			
PATON (John)........	De la maison S. ET D. PATON ET Cie de Tillicoultrie (Écosse), fabricants de châles laine.	Fabrication des châles; châles écossais dits *tartans.*	Orale.	II.	349
PAYEN............	Fabricant de velours d'Utrecht à Amiens.	Velours d'Utrecht....	*Idem.*	III.	665
PERSON............	Négociant consignataire à New-York.	Draperie; exportation; comparaison entre la fabrication française et diverses fabrications étrangères.	*Idem.*	III.	402
PHILIPPOT..........	Fabricant de tissus de laine à Reims.	Tissus divers........	*Idem.*	III.	546
PIOT (Charles).......	Négociant en tissus de laine à Paris.	Draps, tissus divers; exportation.	*Idem.*	III.	387
PRÉSIDENT de la Chambre consultative de Tourcoing......		Comparaison des prix anglais et français.	Écrite.	III.	755
POITEVIN..........	Fabricant de draps et président de la Chambre consultative des arts et manufactures de Louviers.	Achat et préparation des laines; filature, tissage et apprêts; fabrication des draps	Orale.	III.	105
POUSSIN (Augustin)...	Fabricant de drap à Elbeuf.......	*Idem*...........	*Idem.*	III.	67
PRELLER (E.).......	Négociant à Bradford, membre de la Chambre de commerce de cette ville.	Industrie de la laine..	*Idem.*	III.	271

NOMS.	QUALITÉS.	SOMMAIRE DE LA DÉPOSITION.	NATURE de LA DÉPOSITION.	TOMAISONS GÉNÉRALES.	PAGES.
		R			
RANDOING..........	Député au Corps législatif, fabricant de draps à Abbeville.	Draps fins et nouveautés.	Orale.	III.	189
Idem...............	*Idem*.....................	*Idem*.............	Écrite.	III.	195
ROEDERER..........	Fabricant de draps à Bischwiller (Bas-Rhin).	Filature; draperie foulée.	Orale.	III.	199
ROWLETT jeune (William).	Membre du conseil municipal de Leicester et secrétaire honoraire de la Chambre de commerce, représentant la maison ROWLETT ET RUSSEL, fabricants de bonneterie de fantaisie.	Articles divers; bonneterie; tissus mélangés de caoutchouc; production anglaise.	*Idem.*	III.	341
		S			
SALLANDROUZE DE LAMORNAIX.	Député au Corps législatif, fabricant de tapis à Aubusson.	Tapis moquette, veloutés ou bouclés; tapis à points noués; tapis veloutés en chenille; tapis double face; tapis en jute ou en chanvre.	Orale.	III.	677
SAUTRET...........	Fabricant de tissus en laine peignée à Bethenivillle (Marne).	Importation des laines; exportation des tissus	*Idem.*	III.	536
SCHWEBEL.........	Fabricant de draps à Bischwiller (Bas-Rhin).	Filature, draperie foulée.	*Idem.*	III.	199
SEILLIÈRE (Le Baron).	Manufacturier à Pierrepont (Moselle)	Achat, filature, tissage, etc.; fabrication des draps pour la troupe.	*Idem.*	III.	257
SHIELS (John-Caverhill).	Négociant, commissionnaire à Londres.	Fabrication des châles; châles écossais dits tartans.	*Idem.*	III.	349
SHIRLEY-HARRIS (G.).	Représentant de la maison R. HARRIS ET FILS, fabricant de bonneterie de laine et de fantaisie.	Articles divers; bonneterie; tissus mélangés de caoutchouc.	*Idem.*	III.	341
SIEBER.............	De la maison AUG. SEYDOUX, SIEBER ET Cie, fabricants de tissus de laine peignée mérinos.	Peignage, filature et tissage; tissus de laine peignée.	*Idem.*	III.	570
Idem...............	*Idem*.....................	*Idem*.............	Écrite.	III.	586

NOMS.	QUALITÉS.	SOMMAIRE DE LA DÉPOSITION.	NATURE de LA DÉPOSITION.	TOMAISON GÉNÉRALE.	PAGES.
STEAD (Charles)......	De la maison TITUS SALT FILS ET Cie, filateurs et manufacturiers à Saltaire.	Alpaga, poil de chèvre, laine peignée.	Orale.	III.	271
T					
TAILBOUIS..........	Fabricant de bonneterie à Saint-Just (Oise) et à Paris.	Bonneterie.........	Orale.	III.	710
TETARD.............	Fabricant de tapis à Beauvais....	Tapis moquette, veloutés ou bouclés; tapis à points noués; tapis veloutés en chenille, etc.	Note.	III.	677
TIMMERMANN........	Fabricant de châles à Paris et à Seboncourt (Aisne).	Tissus de cachemire; filés pour châles.	*Idem.*	III.	732
TOURCOING (Chambre consultative de).	M. le Président...............	Laines mélangées; main-d'œuvre en France et en Angleterre.	Écrite.	III.	755
TRAPP (Édouard)......	De la maison SCHWARTS, TRAPP ET Cie, filateurs de laine peignée à Mulhouse.	Laines à tapisserie; tapisserie à la main; canevas de coton.	Orale.	III.	494
V					
VERVIERS (Chambre de commerce de).	MM. les délégués.............	Fils de laine; Draps; exportation.	Écrite.	III.	568
VILLEMINOT-HUARD.	Filateur de laines peignées, fabricant de tissus mérinos et ancien constructeur de machines à Reims.	Laine peignée; filature et tissage, mérinos.	Orale.	III.	639
W					
WARNIER...........	Négociant en tissus et en laines à Reims.	Flanelle, mérinos; renseignements généraux sur la fabrique de Reims.	Orale.	II.	426
WEISS (Ch.).........	Négociant exportateur à Huddersfield, délégué de la Chambre de commerce de cette ville.	Draperie, tissus divers, couvertures, laine artificielle.	*Idem.*	III.	446

NOMS.	QUALITÉS.	SOMMAIRE DE LA DÉPOSITION.	NATURE de LA DÉPOSITION.	TOMAISON GÉNÉRALE.	PAGES.
WILSON............	De la maison WILLIAM WILSON ET FILS, fabricants de châles à Paisley (Écosse), délégué par les fabricants de cette ville.	Fabrication des châles; châles écossais dits *tartans*.	*Idem*.	III.	349
Idem...............	*Idem*......................	*Idem*......	Écrite.	III.	352
WITHWORTH (John)..	Filateur et manufacturier à Halifax.	Laines peignées.....	Orale.	III.	271

TABLE

DE L'INDUSTRIE DU COTON.

INDUSTRIE DU COTON.

NOMS.	QUALITÉS.	SOMMAIRE DE LA DÉPOSITION.	NATURE de LA DÉPOSITION.	TOMAISONS GÉNÉRALE.	PAGES.
A					
ASHWELL (Th.)......	Manufacturier.................	Bonneterie de coton; industrie de Nottingham.	Orale.	IV.	726
ASHWORTH (Henry)...	Filateur et manufacturier à Manchester.	Filature et tissage du coton en Angleterre.	*Idem.*	IV.	261
B					
BAILEY.............	De la maison BAILLY ET DUTILLEUX, fabricant de tulle uni à Douai.	Tulles unis ou façonnés; broderies.	Orale.	IV.	627
BARBE-SCHMITZ......	Fabricant de broderies à Nancy (Meurthe).	Broderie; imitation de broderie.	*Idem.*	IV.	666
BARBET (Émile)......	Fabricant d'indiennes à Deville-lès-Rouen.	Tissus de coton; indiennes, rouenneries	*Idem.*	IV.	412
BARROIS (Théodore)...	Filateur de coton à Lille.........	Filature et tissage, fils de coton pour tulles.	*Idem.*	IV.	195
BASQUIN (Hector).....	Fabricant de broderies dites anglaises à Saint-Quentin (Aisne).	Broderie; imitation de broderie.	*Idem.*	IV.	666
BECKETT (Hugh).....	De la maison de R. DALGLISH, FALCONER ET Cie, imprimeur sur étoffes, à Glasgow, délégué par la Chambre de commerce de cette ville.	Filature et tissage du coton en Angleterre.	*Idem.*	IV.	261
BERTHIER-ROBLOT...	Fabricant de bonneterie à Troyes (Aube).	Tissage, bonneterie...	*Idem.*	IV.	710
BIAN...............	Filateur et fabricant à Willer (Haut-Rhin).	Filature et tissage....	*Idem.*	IV.	431
BOIGEAL-JAPY.......	Fabricant de fils de tissus de coton à Giromagny (Haut-Rhin).	*Idem*...............	*Idem.*	IV.	154
BOMPARD (H.).......	Filateur de coton à Bar-le-Duc....	Filature..........	*Idem.*	IV.	54

NOMS.	QUALITÉS.	SOMMAIRE DE LA DÉPOSITION.	NATURE de LA DÉPOSITION.	TOMAISONS GÉNÉRALES.	PAGES.
BORNÈQUE..........	Fabricant à Beswiller (Haut-Rhin).	Filature, tissage.....	Orale.	IV.	434
BOULANGER (E.).....	Fabricant de tissus de couleur à Rouen.	Tissus de couleur....	*Idem.*	IV.	389
BOULY-LEPAGE père et fils.	Fabricants de bonneterie à Moreuil (Somme).	Bonneterie.........	*Idem.*	IV.	710
BRESSON............	De la maison CARTIER ET BRESSON FRÈRES, fabricants de fils de coton à coudre à Paris.	Cotons à coudre, cotons retors.	*Idem.*	IV.	318
BROWN (R. Samuel)...	Fabricant de mousselines brodées et brochées à Glasgow, délégué de la Chambre de commerce de cette ville.	Filature et tissage du coton en Angleterre.	*Idem.*	IV.	261
C					
CAMBRONNE.........	Filateur et fabricant de tissus de coton à Saint-Quentin (Aisne).	Filature...........	Orale.	IV.	569
CAUVIN (Hugues).....	Manufacturier à St-Quentin (Aisne).	Mousselines brochées, gazes, piqués, organdis; commission.	*Idem.*	VI.	544
CHATELUS-DUBOST...	Fabricant de mousseline à Tarare (Rhône).	Tarlatanes et mousselines brochées; fabrication; apprêts.	*Idem.*	IV.	620
CHOCQUART.........	Fabricant de tissus de coton à Gouy (Aisne).	Mousselines brodées, gazes, piqués, organdis; commission.	*Idem.*	IV.	544
CORDIER............	Fabricant de tissus de coton à Canteleu.	Indiennes, rouenneries	*Idem.*	IV.	412
COSSERAT...........	Fabricant de velours de coton à Amiens.	Velours, moleskines, draps de coton.	*Idem.*	IV.	752
COX (Edmond).......	Filateur de coton à Lille.........	Fils de coton pour tulles, retordage.	*Idem.*	IV.	195
CRONIER............	Teinturier et apprêteur de tissus à Rouen.	Teinture, blanchiment	*Idem.*	IV.	451
D					
DELAMARRE.........	Teinturier en fils de coton à Rouen.	Impression; teinture..	Orale.	IV.	451
DELATRE............	Fabricant de tulle et de broderies à Inchy (Nord).	Tulles unis ou façonnés; broderies.	*Idem.*	IV.	627

NOMS.	QUALITÉS.	SOMMAIRE DE LA DÉPOSITION.	NATURE de LA DÉPOSITION.	TOMAISON GÉNÉRALE.	PAGES.
DELESALLE (Alfred)...	Filateur de coton à Lille.........	Filature et tissage; fils de coton pour toiles; retordage.	Orale.	IV.	195
DESCHAMPS.........	Fabricant de tissus de coton à Cholet.	Tissage et filature, toiles de coton croisé, mouchoirs, articles pour pantalons et pour robes.	*Idem.*	IV.	530
DOLFUS (Jean).......	Filateur et tisseur de coton à Dornach (Haut-Rhin).	Filature, tissage et impression.	*Idem.*	IV.	97
Idem...............	*Idem*......................	Prix des filés, du coton, et prix de façon en Angleterre.	Écrite.	IV.	147
DOUINE............	Filateur et fabricant de tricots circulaires à Troyes.	Tricots, cotons de couleur.	Orale.	IV.	349
DUBOIS-BANGOFSKY..	Fabricant de broderies à Nancy (Meurthe).	Broderie; imitation de broderie.	*Idem.*	IV.	666
DUPONT-POULET.....	Filateur de cotons de couleur à Troyes.	Tricots, cotons de couleur.	*Idem.*	IV.	349
DURET (Maxime)......	Filateur de coton à Brionne (Eure).	Filature..........	*Idem.*	IV.	54
E					
ENGEL............	Associé de MM. DOLFUS, MIEG ET Cie, fabricants de fils de coton retors à Mulhouse.	Cotons à coudre; cotons retors.	Orale.	IV.	348
Idem...............	*Idem*......................	*Idem*..............	Écrite.	IV.	342
F					
FALLOT............	De la maison LEGRAND ET FALLOT, fabricants de rubans retors à Fonday (Bas-Rhin).	Tissus de coton mélangés de caoutchouc, soie, laine; poil de chèvre; bretelles, jarretières, ceintures, bracelets, tissus élastiques pour chaussures et rubans de coton retors.	Orale.	IV.	736
FAUQUET (Octave)....	Filateur de coton à Rouen.......	Filature..........	*Idem.*	IV.	54

NOMS.	QUALITÉS.	SOMMAIRE DE LA DÉPOSITION.	NATURE de LA DÉPOSITION.	TOMAISON GÉNÉRALE.	PAGES.
FERAY.............	Filateur de coton à Essonnes (Seine-et-Oise).	Filature...........	Orale.	IV.	293
FLIPO DE SURMONT..	Filateur de cotons moyens à Tourcoing.	Filature; cotons fins, cotons moyens.	*Idem.*	IV.	356
FLURY-HURLIMANN...	Filateur à Richtenweil (Suisse)....	Filature et tissage; industrie suisse.	*Idem.*	IV.	683
FONTAINE...........	De la maison FONTAINE ET SIMONNOT, filateurs et fabricants de tricots circulaires à Troyes (Aube).	Tricots; cotons de couleur.	*Idem.*	IV.	349
FOUCAULT-DESNOS...	Président de la Chambre consultative, fabricant de tissus de coton à Flers.	Tissage, coutils, étoffes pour ameublements, linge de table.	*Idem.*	IV.	500
FRANCK.............	De la maison FRANCK ET BRUNNER, imprimeurs sur tissus de coton à Mulhouse.	Impression, teinture, blanchiment.	*Idem.*	IV.	451
FRÉROT.............	Fabricant de bonneterie à Troyes (Aube).	Tissage, bonneterie...	*Idem.*	IV.	710

G

NOMS.	QUALITÉS.	SOMMAIRE DE LA DÉPOSITION.	NATURE de LA DÉPOSITION.	TOMAISON GÉNÉRALE.	PAGES.
GELIOT.............	Filateur et tisseur de coton à Plainfaing (Vosges).	Filature et tissage....	Orale.	IV.	434
GROS (Aimé).........	Imprimeur sur étoffes à Wesserling (Haut-Rhin).	Impression, teinture, blanchiment.	*Idem.*	IV.	451
GROS (Albin)........	Filateur et tisseur de coton à Wesserling (Haut-Rhin).	Filature et tissage....	*Idem.*	IV.	1
Idem.............	*Idem*....................	*Idem*............	Écrite.	IV.	53
GROS (Édouard)......	De la maison GROS, ODIER, ROMAN ET Cie, fabricants de fils et de tissus à Hüsseren-Wesserling (Haut-Rhin).	*Idem*............	Orale.	IV.	154
GUILLOUD...........	Fabricant de tissus de coton à Roanne.	Tissage...........	*Idem.*	IV.	493
GUIVET.............	Fabricant de bonneterie à Troyes (Aube).	Tissage; bonneterie...	*Idem.*	IV.	710

H

NOMS.	QUALITÉS.	SOMMAIRE DE LA DÉPOSITION.	NATURE de LA DÉPOSITION.	TOMAISON GÉNÉRALE.	PAGES.
HAZARD (Narcisse)....	Fabricant de tissus de coton à Malaunay.	Indiennes; rouenneries.	Orale.	IV.	412

NOMS.	QUALITÉS.	SOMMAIRE DE LA DÉPOSITION.	NATURE DE LA DÉPOSITION.	TOMAISON GÉNÉRALE.	PAGES.
HENRY-GILLET.......	Teinturier, Président de la Chambre de commerce de Bar-le-Duc (Meuse).	Teinture des filés de coton.	Orale.	IV.	252
HEYMANN (L.)........	De la maison HEYMANN et ALEXANDER, manufacturier et négociant à Nottingham.	Tulles et dentelles de coton.	*Idem.*	IV.	778
HUET..............	Fabricant de tissus en coton et en caoutchouc pour bretelles à Rouen.	Tissus mélangés de caoutchouc; soie, laine, poil de chèvre. Bretelles, jarretières, ceintures, bracelets, tissus élastiques pour chaussures, etc. etc. Rubans de coton retors.	*Idem.*	IV.	736
HUET-JACQUEMIN.....	Fabricant de tissus imitant la broderie, à Saint-Quentin (Aisne).	Broderie; imitation de broderie.	*Idem.*	IV.	666
HUGUENIN (Louis).....	Imprimeur sur coton à Mulhouse..	Impression, teinture, blanchiment.	*Idem.*	IV.	451
HUMBERT...........	Filateur de coton à Gamaches (Somme).	Filature...........	*Idem.*	IV.	293

J

NOMS.	QUALITÉS.	SOMMAIRE DE LA DÉPOSITION.	NATURE DE LA DÉPOSITION.	TOMAISON GÉNÉRALE.	PAGES.
JACQUEMIN-LEFÈVRE..	Fabricant de tulle et de broderies à Caudry (Nord).	Tulles unis ou façonnés; broderies.	Orale.	IV.	627
JANISSON............	Fabricant de mousselines à Tarare (Rhône).	Tarlatanes et mousselines brochées; fabrication; apprêts.	*Idem.*	IV.	620
JOLY...............	Filateur et fabricant de tissus de coton à Saint-Quentin (Aisne).	Filature...........	*Idem.*	IV.	569

K

NOMS.	QUALITÉS.	SOMMAIRE DE LA DÉPOSITION.	NATURE DE LA DÉPOSITION.	TOMAISON GÉNÉRALE.	PAGES.
KŒCHLIN (Édouard)...	Filateur et fabricant de tissus à Mulhouse.	Filature et tissage....	Orale.	IV.	434
KŒCHLIN (Fritz).....	Filateur et fabricant de tissus à Mulhouse.	Filature et tissage....	*Idem.*	IV.	154

NOMS.	QUALITÉS.	SOMMAIRE DE LA DÉPOSITION.	NATURE de LA DÉPOSITION.	TOMAISON GÉNÉRALE.	PAGES.
L					
LALLEMANT (Mme).....	Fabricante de broderies à Paris et à Mirecourt (Vosges).	Broderie, imitation de broderie.	Orale.	IV.	666
LATTEUX...........	Fabricant de velours de coton à Amiens.	Velours, moleskines, draps de coton.	*Idem.*	IV.	752
LEBLOND (Jacques)....	Fabricant de mouchoirs de couleur à Bolbec.	Tissus de couleur....	*Idem.*	IV.	389
LEPICARD...........	Fabricant de tissus de couleur à Rouen.	*Idem*.............	*Idem.*	IV.	389
LEROY.............	Fabricant de tissus de coton à Mayenne (Mayenne).	Toiles de coton, croisés, mouchoirs, articles pour pantalons et pour robes.	*Idem.*	IV.	530
LEURENT-LESTIBOU-DOIS).	Filateur de cotons fins à Tourcoing.	Cotons fins; cotons moyens.	*Idem.*	IV.	356
LEVAVASSEUR (Ch.)...	Filateur de coton à Radepont (Eure).	Filature..........	*Idem.*	IV.	283
LOYER.............	Filateur de coton à Lille........	Fils de cotons pour tulles; retordage.	*Idem.*	IV.	195
LUCAS.............	Filateur de coton à Serquigny (Eure).	Filature..........	*Idem.*	IV.	293
LUCAS (Paul).........	Associé de M. MICHELEZ FILS AÎNÉ, retordeur et fabricant de lacets de coton à Lardy (Seine-et-Oise) et à Paris.	Retordage. Lacets de coton.	*Idem.*	IV.	771
M					
MAC-CULLOCH.......	Apprêteur de mousselines à Tarare (Rhône).	Mousselines; fabrication, apprêts.	Orale.	IV.	601
MAILLIAVIN père et fils..	Fabricants de velours de coton à Mareuil (Pas-de-Calais).	Velours, moleskines, draps de coton.	*Idem.*	IV.	752
MALCOLM-ROSS......	Vice-président de la Chambre de commerce de Manchester, négociant.	Filature et tissage du coton en Angleterre.	*Idem.*	IV.	261
MALLET (Ed.).......	Fabricant de tulle de coton à Calais, délégué par la Chambre de commerce.	Tulles unis ou façonnés; broderies.	*Idem.*	IV.	627
MICHELEZ fils aîné....	Retordeur et fabricant de lacets de coton à Lardy (Seine-et-Oise) et à Paris.	Retordage; lacets de coton.	*Idem.*	IV.	771

NOMS.	QUALITÉS.	SOMMAIRE DE LA DÉPOSITION.	NATURE de LA DÉPOSITION.	TOMAISON GÉNÉRALE.	PAGES.
MONTIER-HUET......	Fabricant de mouchoirs de couleur à Bolbec.	Tissus de couleur....	Orale.	IV.	389
MUNDELLA (A. J.).....	De la maison HINE, MUNDELLA et Cie, fabricants de bonneterie de coton à Nottingham.	Bonneterie de coton; industrie de Nottingham.	*Idem.*	IV.	726
N					
NAEGELY (Ch.) fils....	Filateur de coton à Mulhouse.....	Filature et tissage....	Orale.	IV.	1
P					
PELLIER-BOISNE......	Filateur à Condé-sur-Noireau.....	Tissage, coutils, étoffes pour ameublements, linge de table.	Orale.	IV.	500
POUYER-QUERTIER...	Député au Corps législatif, filateur et tisseur de coton à Rouen.	Filature et tissage....	*Idem.*	IV.	1
Q					
QUESNEL (E.)........	Fabricant de tissus de couleur à Rouen.	Tissus de couleur....	Orale.	IV.	389
R					
RICHARD...........	Fabricant de tissus de coton et filateur à Cholet (Maine-et-Loire)...	Toiles de coton, croisés, mouchoirs, articles pour pantalons et pour robes.	Orale.	IV.	530
RICHARDSON (A.-T.)...	Fabricant de tissus mélangés de coton à Manchester, membre du comité consultatif de la Chambre de commerce de Manchester.	Filature et tissage du coton en Angleterre.	*Idem.*	IV.	261
RIETER-ROTHPLETZ..	Imprimeur sur étoffes à Winterthur (Suisse).	Impressions sur étoffes.	Écrite.	IV.	496
ROBILLARD aîné.....	Filateur et fabricant de tissus de coton à Condé-sur-Noireau (Calvados).	Tissage, coutils, étoffes pour ameublements, linge de table.	Orale.	IV.	500
ROMAN.............	Directeur de la maison GROS, ODIER, ROMAN et Cie à Wesserling (Haut-Rhin).	Impression, teinture, blanchiment.	*Idem.*	IV.	451

TABLE

DE L'INDUSTRIE DU CHANVRE, DU JUTE ET DU LIN.

INDUSTRIE DU CHANVRE, DU JUTE ET DU LIN.

NOMS.	QUALITÉS.	SOMMAIRE DE LA DÉPOSITION.	NATURE de LA DÉPOSITION.	TOMAISON générale.	PAGES.
		A			
AUBRY.............	Fabricant de dentelles à Paris....	Renseignements sur la fabrication des dentelles de lin et des dentelles de coton.	Orale.	V.	417
		B			
BARBE.............	Fabricant de coutil à Évreux.....	Coutils, tissus pur fil; tissus de fil et de coton; tissus de coton.	Orale.	V.	387
BARY..............	Fabricant de toiles au Mans......	Toiles écrues; toiles blanches et mi-blanches; toiles pour bâches et toiles pour les divers services des Administrations de la Guerre et de la Marine.	*Idem.*	....	295
BENARD............	De la maison BENARD-VALLÉE fabricants de mouchoirs en fil de lin et toiles légères à Cholet.	Toiles; mouchoirs dits de *Cholet*.	*Idem.*	....	402
BERTRAND-MILCENT..	Fabricant de toiles, batistes et linons à Cambrai et à Courtrai.	Toiles fines pour chemises, batistes, unies et avec bordures pour mouchoirs.	*Idem.*	V.	345
BESNARD-RICHOUX...	Vice-Président de la Chambre de commerce d'Angers, fabricant de cordes et cordages à Angers.	Filature des chanvres de France et d'Italie.	*Idem.*	V.	148
BLÉMONT...........	Négociant à Paris (ancienne maison CREVAUX-AUBERTOT à Paris).	Renseignements sur la fabrication des toiles en Angleterre et en Belgique.	*Idem.*	V.	332

NOMS.	QUALITÉS.	SOMMAIRE DE LA DÉPOSITION.	NATURE de LA DÉPOSITION.	TOMAISON DE L'ENQUÊTE.	PAGES.
BOCQUET du Pas-de-Calais.	Filateur et tisseur de lin et de jute dans le département du Pas-de-Calais.	Filature et tissage du lin et de jute.	Orale.	V.	74
BOCQUET de la Somme.	Fabricant de fils et de tissus de lin dans le département de la Somme.	Industrie du jute; fabrication en France et en Angleterre.	Écrite.	V.	100
BOULARD...........	De la maison BOULARD et PIEDNOIR, fabricants de mouchoirs en fil de lin et toiles légères à Cholet.	Toiles légères, mouchoirs de fil et mouchoirs mélangés de fil et de coton.	Orale.	V.	402
BROUCKÈRE (Ch. de)..	Filateur d'étoupes, membre de la Chambre de commerce de Roulers et membre du Conseil Supérieur du Commerce et de l'Industrie de Belgique.	Industrie du lin et du chanvre en Belgique; fils d'étoupes; tissus de lin.	*Idem.*	V.	267
BUYSE VAN ISSELSTEYN.	Fabricant de tissus de lin, Président de la Chambre de commerce de Courtrai, et membre du Conseil Supérieur du Commerce et de l'Industrie de Belgique.	*Idem*.............	*Idem.*	V.	267

C

NOMS.	QUALITÉS.	SOMMAIRE DE LA DÉPOSITION.	NATURE de LA DÉPOSITION.	TOMAISON DE L'ENQUÊTE.	PAGES.
CHAMBRE CONSULTATIVE DE VIMOUTIERS.	....	Renseignements sur la culture et la filature du lin.	Écrite.	V.	144
CHARVET............	Fabricant de chemises à Paris....	Chemiserie; exportation.	Orale.	V.	423
COLOMBIER-BATTEUR	Marchand de toiles en gros, filateur et tisseur à Lille.	Filature; tissage, lins de Russie, de Picardie.	*Idem.*	V.	123
COMMISSION CONSULTATIVE DES TOILES DE RENNES.	....	Renseignements sur le tissage et le blanchiment des toiles de Bretagne.	Écrite.	V.	211
CORNILLEAU.......	Fabricant de tissus de lin au Mans, gérant de la *Compagnie industrielle de la Sarthe*.	Industrie du lin et du chanvre; tissage.	Orale.	V.	391
COX...............	Fabricant de fils et de tissus de lin de jute à Dundee.	Filature et tissage....	*Idem.*	V.	359
CRESPEL-TILLOY (Ch.).	Fabricant de fils à coudre à Lille.	Filature et retordage; fil à coudre.	*Idem.*	V.	106

NOMS.	QUALITÉS.	SOMMAIRE DE LA DÉPOSITION.	NATURE de la déposition.	TOMAISON désignée.	PAGES.
		D			
DANSET............	Fabricant de linge de table et de linge damassé à Halluin (Nord).	Tissus de lin; tissus en lin et étoupe; toiles à voiles; toiles ordinaires, écrues, blanches; linges damassés et ouvrés.	Orale.	V.	313
DEQUOY............	Filateur et tisseur à Lille........	Filature des lins et des étoupes.	*Idem.*	V.	229
DICKSON...........	Filateur de lin à Dunkerque......	Filature des lins, des étoupes, du chanvre et du jute; emploi des lins français, des lins de la Baltique, de la Hollande et de la Belgique, des chanvres de France et de Russie, des étoupes de St-Pétersbourg et d'Archangel, du jute de Calcutta.	*Idem.*	V.	43
DROULERS et AGACHE.	Filateurs à Lille et à Perenchies...	Filature du lin et de l'étoupe.	Écrite.	V.	115
DUTUIT (Adolphe).....	Filateur de lin à Dénestanville près Dieppe.	Filature du lin, du chanvre, peignage mécanique du lin.	Orale.	V.	170
		E			
ERSKINE BEVERIDGE..	Fabricant de tissus de lin à Dumferline.	Tissage du lin.......	Orale.	V.	155
EWART.............	Maire de Belfast, fabricant de fils et tissus de lin à Belfast (Irlande).	Filature du lin et du chanvre.	*Idem.*	V.	155
		F			
FABRE..............	Directeur de la *Société anonyme de la filature de lin d'Amiens.*	Filature du lin......	Orale.	V.	74
Idem...............	*Idem*......................	Note complémentaire.	Écrite.	V.	100

NOMS.	QUALITÉS.	SOMMAIRE DE LA DÉPOSITION.	NATURE de LA DÉPOSITION.	TOMAISON GÉNÉRALE.	PAGES.
FAIRWEATHER (James)	Négociant en lin et en toile à Dundee.	Fils et tissus de lin et de jute.	Orale.	V.	359
FERAY (E.)..........	Fabricant de fils et tissus de lin à Essonnes.	Filature et tissage du lin et du chanvre.	*Idem.*	V.	1
Idem................	*Idem*......................	Tissage du lin et du chanvre, linge de table, toiles damassées.	*Idem.*	V.	313
FRICHOT............	Directeur de la *Compagnie linière de Pont-Remy*.	Filature des lins de France et de Russie; étoupes d'Archangel, chanvre français.	*Idem.*	V.	74

G

NOMS.	QUALITÉS.	SOMMAIRE DE LA DÉPOSITION.	NATURE de LA DÉPOSITION.	TOMAISON GÉNÉRALE.	PAGES.
GARNIER (Charles)...	Fabricant de coutils à Laval, membre de la Chambre de commerce de cette ville.	Coutils pour pantalons.	Orale.	V.	372
GODARD............	Ancien juge au Tribunal de commerce de Paris; fabricant de toiles batistes et de linons à Valenciennes.	Toiles batistes; linons.	*Idem.*	V.	345
GRELLOU...........	Négociant en mercerie de fil à Paris..	Rubans de fil et rubans de fil et de coton mélangés.	*Idem.*	V.	408

H

NOMS.	QUALITÉS.	SOMMAIRE DE LA DÉPOSITION.	NATURE de LA DÉPOSITION.	TOMAISON GÉNÉRALE.	PAGES.
HERDMAN...........	Filateur à Belfast (Irlande)......	Filature du lin et du chanvre.	Orale.	V.	155
HOMON (Charles).....	Tisseur de lin et Président du Tribunal de commerce de Morlaix.	Filature et tissage du lin, du chanvre et du jute.	*Idem.*	V.	170

J

NOMS.	QUALITÉS.	SOMMAIRE DE LA DÉPOSITION.	NATURE de LA DÉPOSITION.	TOMAISON GÉNÉRALE.	PAGES.
JACQUEMET.	Tisseur de lin et de chanvre à Voiron.	Filature et tissage du lin, de chanvre et du jute.	Orale.	V.	170
JOUBERT (Ambroise)..	Filateur et tisseur de lin à Angers..	*Idem*...............	*Idem.*	V.	170

NOMS.	QUALITÉS.	SOMMAIRE DE LA DÉPOSITION.	NATURE de la déposition.	TOMAISON GÉNÉRALE.	PAGES.
		L			
LAINÉ-LAROCHE.....	Filateur, Président de la Chambre de commerce d'Angers.	Filature de chanvre...	Orale.	V.	123
LAMBERT...........	Filateur de lin et de jute à Saint-Jacques-lès-Lisieux.	Filature du lin......	*Idem.*	V.	1
LANIEL (Alexandre)....	Ancien manufacturier à Vimoutiers.	Renseignements sur la filature et le tissage du lin et le blanchiment des toiles.	*Idem.*	V.	244
Idem...............	*Idem*....................	Nomenclature des prix des diverses marques de fils de lin de la *Société linière de Bruxelles*, de 1841 à 1860.	*Idem.*	V.	260
LEFEBURE..........	Fabricant de dentelles à Paris....	Fabrique de dentelles noires et de point d'Alençon à Bayeux; fabrication de dentelles en Lorraine.	*Idem.*	V.	417
LEMAÎTRE-DEMEESTÈRE.	Fabricant de toile et de linge de table à Halluin.	Toile écrue, teinte, blanche; toile à matelas; linge de table ouvré et damassé.	*Idem.*	V.	313
LEROY.............	Président de la Chambre de commerce et du Conseil des prud'hommes à Mayenne.	Toile de coton; mouchoirs de coton blanc et de couleur.	*Idem.*	V.	372
LOYER (Charles)......	De la maison LAMBERT, LOYER et BOREAU, de Cholet, fabricants de mouchoirs en fil de lin et toiles légères.	Toiles légères; mouchoirs de fil; mouchoirs mélangés de fil et de coton.	*Idem.*	V.	402
		M			
MAHIEU-DELANGRE...	Filateur et tisseur à Armentières..	Filature et tissage; filature du lin et des étoupes; lins français, belge et russe.	*Idem.*	V.	123
MILLESCAMPS........	Manufacturier à Rollepot-lès-Frévent.	Filature et tissage du lin et du chanvre.	*Idem.*	V.	2

NOMS.	QUALITÉS.	SOMMAIRE DE LA DÉPOSITION.	NATURE de LA DÉPOSITION.	TOMAISON GÉNÉRALE.	PAGES.
MOREAU frères........	Fabricant de chemises à Paris.....	Chemiserie; exportation.	Orale.	V.	423
MOUTEL (E.).........	De la maison MOUTEL frères de Cholet, fabricants de mouchoirs en fil de lin et de toile légère.	Mouchoirs de fil et mouchoirs mélangés de fil et de coton.	*Idem.*	V.	402
MULHOLLAND.........	Fabricant de fils et de tissus de lin à Belfast.	Filature et tissage du lin; blanchiment des toiles.	*Idem.*	V.	155
P					
PESNEL.............	Fabricant de rubans de fil à Bernay.	Filature de lin; fabrication et blanchissage des toiles; rubans de fil, rubans de fil et de coton mélangés.	*Idem.*	V.	408
PIEDNOIR (Édouard). .	Fabricant de coutils à Laval, membre du Tribunal de commerce et de la Chambre de commerce de cette ville.	Filature du lin; tissus pur fil, tissus de fil et de coton, tissus de coton.	*Idem.*	V.	372
PILTER..............	Filateur à Lisieux.............	Filature des lins français et du jute de Calcutta.	*Idem.*	V.	123
POUCHAIN (Victor)....	Fabricant de toiles et de linge damassé à Armentières.	Toiles écrues, toiles blanches; linge de table; toiles damassées.	*Idem.*	V.	313
PREVOST............	Filateur de lin, membre de la Chambre de commerce de Pont-Audemer	Filature du lin......	*Idem.*	V.	295
R					
RICHARDSON (Jonathan).	Filateur à Lisburn, Membre du Parlement.	Filature du lin et du jute.	*Idem.*	V.	359
S					
SAINT aîné..........	Tisseur de lin et de jute à Flixécourt.	Tissage du jute et du lin.	*Idem.*	V.	170
SAINT jeune.........	*Idem*..........................	*Idem*..........	*Idem.*	V.	170

NOMS.	QUALITÉS.	SOMMAIRE DE LA DÉPOSITION.	NATURE de LA DÉPOSITION.	TOMAISON GÉNÉRALE.	PAGES.
SAINT-LÉGER (Victor)..	Filateur et fabricant de fils à coudre à Lille.	Renseignements sur les fils à coudre français.	Orale.	V.	106
SANSON jeune.........	Fabricant de coutils à Évreux....	Tissus de fil et de coton; tissus de coton.	*Idem.*	V.	387
SCRIVE (Désiré).......	Tisseur et filateur à Lille........	Filature du lin, du chanvre et de l'étoupe.	*Idem.*	V.	229
Idem................	*Idem*......................	Note complémentaire. Tissage du lin et du chanvre.	Écrite.	V.	243
SMALL (William)......	Négociant à Dundee...........	Fils et tissus de lin et jute.	Orale.	V.	359
STURROCK (Robert)...	Secrétaire de la Chambre de commerce de Dundee.	*Idem*.............	*Idem.*	V.	359
T					
TAILLANDIER........	Fabricant de coutil à Évreux.....	Tissus pur fil, fil et coton, et tissus de coton.	Orale.	V.	387
V					
VARIN............	Négociant en toiles à Paris.......	Renseignements sur les droits à établir sur les produits étrangers.	Orale.	V.	332
VERSTRAETE........	Filateur à Lille..............	Filature du lin et de l'étoupe.	*Idem.*	V.	106
Idem....	*Idem*......................	Note complémentaire. Filature et retordage du fil à coudre.	Écrite.	V.	119
VETILLART.........	Blanchisseur au Mans..........	Blanchissage de fils et de toile.	Orale.	V.	295
W					
WEINBERG..........	Fabricant de tissus de lin à Belfast.	Tissage du lin.......	Orale.	V.	155

TABLE

DE L'INDUSTRIE DES SOIES ET SOIERIES.

INDUSTRIE DES SOIES ET SOIERIES.

NOMS.	QUALITÉS.	SOMMAIRE DE LA DÉPOSITION.	NATURE de LA DÉPOSITION.	TOMAISON GÉNÉRALE.	PAGES.
		A			
ALIOTH et Cie........	Filateurs à Bâle................	Industrie de la soie en Suisse; filature de bourre de soie.	Écrite.	V.	794
ARLÈS-DUFOUR......	Ancien négociant en soies et en soieries, membre de la Chambre de commerce de Lyon.	Mémoire sur les droits protecteurs.	*Idem.*	V.	681
		B			
BABOUIN (Henry)......	Fabricant de tulles de soie unis à Lyon.	Tulles de soie unis et façonnés; dentelles de soie.	Orale.	V.	626
BARNETT (H.-C.)......	Manufacturier et finisseur à Nottingham, délégué de la Chambre de commerce de cette ville.	Tulles de soie unis et façonnés.	*Idem.*	V.	657
BARY-MÉRIAN (DE)....	Fabricant de rubans de soie à Guebwiller.	Fabrication et commerce des rubans de soie.	*Idem.*	V.	687
BELLON (J.)..........	De la maison BELLON frères et CONTY, fabricants d'étoffes de soies unies à Lyon.	Soieries unies, brochées et façonnées; velours, foulards, tissus de soie mélangée.	*Idem.*	V.	574
BINDSCHEDLER......	De la maison BINDSCHEDLER, LEGRAND et FALLOT, filateurs de bourre de soie à Thann.	Fil de bourre de soie; bonneterie; ganterie; cordons et lacets de soie et de bourre de soie.	*Idem.*	V.	480

NOMS	QUALITÉS.	SOMMAIRE DE LA DÉPOSITION.	NATURE de LA DÉPOSITION.	TOMAISON GÉNÉRALE.	PAGES.
BLACHE............	De la maison BLACHE et Cie, fabricants de velours à Lyon.	Rubans de velours de soie et rubans de soie avec trame de coton.	Orale.	V.	574
BLANC............	De la maison BLANC et Cie, fabricants de soieries à Faverges.	Teinture de soies et tissus de soie pure, unis, noir et de couleur; taffetas.	Écrite.	V.	699
BODEN............	Manufacturier à Derby..........	Tulles de soie unis et façonnés.	Orale.	V.	657
BOFFARD (B.) et Cie....	Fabricants de soies à Lyon.......	Soies à coudre, à broder et à dentelles.	Écrite.	V.	453
BOULEAU.	De la maison BOULEAU et PETHOTON, fabricants de dentelles à Paris.	Dentelles, tulles, gazes et crêpes de soie.	*Idem.*	V.	783
BRADBURY (W.)......	Manufacturier et finisseur à Nottingham, délégué de la Chambre de commerce de cette ville.	Tulles de soie unis et façonnés.	Orale.	V.	657
BROCKLEHURST (Th.-U.).	Manufacturier, Président et délégué de la Chambre de commerce de Macclesfield.	Soieries; tissus de soie mélangée, rubans.	*Idem.*	V.	672
BRUGNIÈRES (Ch.) et BARRAL.	Filateurs et mouliniers à Ganges..	Soies grèges et moulinées, et bonneterie de soie.	Écrite.	V.	501

C

NOMS	QUALITÉS.	SOMMAIRE DE LA DÉPOSITION.	NATURE de LA DÉPOSITION.	TOMAISON GÉNÉRALE.	PAGES.
CADEL fils aîné.......	Fabricant de soie à coudre à Nîmes.	Soies à coudre et teinture des soies.	Écrite.	V.	450
CHADWICK (J.)......	Manufacturier à Manchester, délégué de la Chambre de commerce de Manchester.	Tissus de soie mélangée; rubans.	Orale.	V.	672
CHAMBRE DE COMMERCE DE COVENTRY.	MM. les Délégués.............	*Idem*............	*Idem.*	V.	672
CHAMBRE DE COMMERCE DE LONDRES.	*Idem*......................	*Idem*............	*Idem.*	V.	672
CHAMBRE DE COMMERCE DE LYON.	M. le Président...............	Note sur le tarif des soieries.	Écrite.	V.	556
CHAMBRE DE COMMERCE DE MACCLESFIELD.	MM. les Délégués............	Tissus de soie mélangée; rubans.	Orale.	V.	672

NOMS.	QUALITÉS.	SOMMAIRE DE LA DÉPOSITION.	NATURE de LA DÉPOSITION.	TOMAISON GÉNÉRALE.	PAGES.
CHAMBRE DE COMMERCE DE MANCHESTER.	MM. les Délégués	Tissus de soie mélangée ; rubans.	Orale.	V.	672
CHAMBRE DE COMMERCE DE NOTTINGHAM.	*Idem*	Tulles de soie unis et façonnés.	*Idem.*	V.	657
CHAMPAGNE	De la maison CHAMPAGNE ROUGIER et Cie, fabricants de soieries façonnées et brochées à Lyon.	Soieries unies brochées et façonnées; velours, foulards tissus de soie mélangée.	*Idem.*	V.	574
CHANCEL frères	Peigneurs de déchets de soie à Briançon.	Peignage mécanique de la soie.	Écrite.	V.	405
CHAPERON	De la maison FANNY MARTIN, FRANKLIN et Cie de Chambéry.	Gazes et velours de Chambéry.	*Idem.*	V.	703
CHARDIN	Fabricant de soies à coudre et à broder à Paris.	Soies teintes à coudre et à broder.	Orale.	V.	416
CLARKE (Jeremiah)	Maire de Macclesfield, délégué de la Chambre de commerce de cette ville.	Tissus de soie mélangée; rubans.	*Idem.*	V	672
CLAVON jeune	Filateur de bourre de soie à Fourmies.	Fils et bourre de soie, bonneterie, ganterie, lacets et cordons de soie et de bourre de soie.	*Idem.*	V.	480
COLCOMBET (Aimé)	De la maison COLCOMBET FILS ET Cie, fabricants de rubans unis à Saint-Étienne.	Rubans de soie et de velours.	*Idem.*	V.	705
CONRAD frères	Fabricants de soies à coudre à Lyon.	Soie à coudre, à broder et à dentelles.	Écrite.	V.	453
CORSEL	Fileur et moulineur à Sumène	Filature et moulinage des soies.	*Idem.*	V.	451
COVENTRY (Chambre de commerce de).	MM. les Délégués	Tissus de soie mélangée; rubans.	Orale.	V.	672

D

NOMS.	QUALITÉS.	SOMMAIRE DE LA DÉPOSITION.	NATURE de LA DÉPOSITION.	TOMAISON GÉNÉRALE.	PAGES.
DAVID (A.)	De la maison J.-B. DAVID, fabricants de rubans de velours, de taffetas et de galons à Saint-Étienne.	Rubans de soies et de velours; taffetas et galons.	Orale.	V.	705
DAUDET (L.)	Fabricant de cravates et de foulards à Nîmes.	Foulards imprimés et cravates de soie en noir ou en couleur.	Écrite.	V.	775

NOMS.	QUALITÉS.	SOMMAIRE DE LA DÉPOSITION.	NATURE de LA DÉPOSITION.	TOMAISONS GÉNÉRALES.	PAGES.
DEFORGE. (A.).......	Fabricant de passementerie à Paris.	Passementerie pour ameublement et nouveautés; bourre de soie coton.	Écrite.	V.	537
DEGABRIEL..........	Fabricant de soie à coudre à Lyon.	Soie à coudre, à broder et à dentelle.	*Idem.*	V.	453
DELAY, LAFOND et BOUCHU.	*Idem*......................	*Idem*.............	*Idem.*	V.	453
DEVILLAIRE.........	Fabricant de chenille de soie à Paris.	Passementerie de soie pure ou mélangée; passementerie et dentelles d'or et d'argent; soies teintes.	Orale.	V.	518
D'HOSTEL...........	Fabricant de soies retorses à Paris.	Soies teintes à coudre et à broder.	*Idem.*	V.	446
DOBLER, WARNERY et MORLOT.	Filateurs de bourre de soie à Lyon.	Cardage et filature des bourres et déchets de soie.	Écrite.	V.	478
DOGUIN (Camille).....	De la maison DOGUIN et Cie de Paris, Lyon et Calais, fabricants de tulles de soie façonnés.	Tulles de soie et tulles de poils de chèvre; imitation de dentelles au fuseau.	Orale.	V.	455
DOLFUS-MOUSSY père.	Fabricant de tulles de soie façonnés à Lyon.	Tulles de soie unis ou façonnés, dentelles de soie; tulles bobin.	*Idem.*	V.	626
DOLFUS-MOUSSY fils...	*Idem*......................	*Idem*.............	*Idem.*	V.	626
DREYFUS (Frédéric)...	Fabricant de tulles de soie à Paris.	Tissus de bourre de soie pure ou mélangée.	Écrite.	V.	786
DURAND (Eugène).....	De la maison DURAND FRÈRES, filateurs de bourre de soie et fabricants de foulards à Lyon.	Préparation, peignage et filature de déchets de soie, foulards et crêpes de soie.	*Idem.*	V.	598
DURAND (Léon).......	Fabricant de fils de soie à coudre à Tours, membre de la Chambre de commerce de cette ville.	Soie à coudre écrues..	*Idem.*	V.	449
DURIEUX (J.)........	Fabricant de soie à coudre à Lyon.	Soies à coudre, à broder et à dentelles.	*Idem.*	V.	453
DUVAL (A.)..........	De la maison C. JANDIN et A. DUVAL, fabricants de foulards imprimés à Lyon.	Soieries unies, brochées ou façonnées; velours foulards; tissus de soie mélangée.	Orale.	V.	574

NOMS.	QUALITÉS.	SOMMAIRES DE LA DÉPOSITION.	NATURE de LA DÉPOSITION.	TOMAISONS GÉNÉRALE.	PAGES.
E					
ENNEMOND-RICHARD.	Moulinier et teinturier de soie, fabricant de lacets à Saint-Chamont membre de la Chambre de commerce de Saint-Étienne.	Lacets et cordons de soie et de bourre de soie.	Orale.	V.	511
F					
FABRICANTS DE LYON ET DE PARIS.	Fabricants de tissus de soie et de fantaisie.	Demande de l'entrée libre pour les fils de bourre de soie.	Écrite.	V.	591
FAY (Eugène).........	De la maison FAY, MARTIN, EUDE et VIEUGUÉ, fabricants de soiries à Tours, membre de la Chambre de commerce de cette ville.	Brocatelles à deux ou trois couleurs; damas; lampas à deux et trois couleurs; reps.	*Idem.*	V.	615
G					
GASCOU.............	Fabricant de toiles à bluter à Montauban.	Fabrication de toiles à bluter les farines, les poudres, etc.	Écrite.	V.	778
GÉRARD (H.).........	Fabricant de soie à coudre et à broder à Paris.	Soies teintes à coudre et à broder.	......	V.	446
GÉRENTET	De la maison GÉRENTET et COIGNET, fabricants de rubans grands façonnés à Saint-Étienne.	Rubans de soie et de velours.	Orale.	V.	705
GÉRIN (Auguste)......	De la maison PEYRET, GÉRIN et Cie, fabricants de rubans unis et façonnés à Saint-Étienne, Vice-Président de la Chambre de commerce de cette ville.	*Idem*...............	*Idem.*	V.	705
GERMAIN fils........	Fabricant de bonneterie de soie à Nîmes.	Gants, bonnets, mitons, gants fil et soie; gants, bonnets, mitons, gants en fleuret mi-soie.	Écrite.	V.	509
GERMAIN frères et Cie..	Fabricants de soies à coudre à Lyon.	Soies à coudre, à broder, à dentelles.	*Idem.*	V.	453
GLASSIER............	Fabricant de soies torses à Tours.	Soies torses dites de Tours; soies floches et cordonnet.	*Idem.*	V.	450

NOMS.	QUALITÉS.	SOMMAIRE DE LA DÉPOSITION.	NATURE de la DÉPOSITION.	TOMAISON GÉNÉRALE.	PAGES.
GRANDJON et FLAJOLLET.	Fabricants de soies à coudre à Lyon.	Soies à coudre, à broder, à dentelles.	Écrite.	V.	453
GRELLOU (Henri).....	Négociant en rubans à Paris......	Rubans de soie pure..	Orale.	V.	687
GUÉRIN (Samuel).....	Fabricant de lacets et cordons à Nîmes.	Lacets et cordons de soie.	*Idem.*	V.	503
GUIBOUT...........	Fabricant de passementerie d'or et d'argent à Paris.	Passementerie de soie pure ou mélangée, passementerie et dentelles d'or et d'argent.	*Idem.*	V.	518
GUINON.............	De la maison GUINON-MARNAS et BONNET, teinturiers à Lyon.	Teintures des soies; droits à établir sur les produits chimiques nécessaires à la teinture des soies.	*Idem.*	V.	469
Idem...............	*Idem*.....................	Note complémentaire.	Écrite.	V.	551

H

NOMS.	QUALITÉS.	SOMMAIRE DE LA DÉPOSITION.	NATURE de la DÉPOSITION.	TOMAISON GÉNÉRALE.	PAGES.
HAMELIN fils.........	Fabricant de soie à coudre à Paris.	Soies teintes à coudre et à broder.	Orale.	V.	464
HECKEL aîné.........	Fabricant d'étoffes de soie et de coton, à Lyon.	Dévidage, ourdissage et tissage; tissus de soie et coton.	Écrite.	V.	600
HERVIEU...........	Négociant en rubans à Paris.....	Fabrication et commerce des rubans de soie.	Orale.	V.	687
HETZEL et Cie........	Filateurs à Bâle..............	Filature de déchets de soie d'Italie, de France, du Levant et et de Chine.	Écrite.	V.	793
HEYMANN (L.).......	Manufacturier et finisseur à Nottingham, délégué de la Chambre de commerce de cette ville.	Tulles de soie unis et façonnés.	Orale.	V.	637
HOLDF' RTH (S.-D.)...	Filateur de fantaisies à Leeds....	Fils de bourre de soie; fantaisie.	*Idem.*	V.	605
Idem...............	*Idem*.....................	Renseignements sur la filature.	*Idem.*	V.	753
HORDÉ (Edmond).....	Fabricant de tissus de soie et laine à Amiens.	Tissus unis et brochés, laine et soie; nouveautés en schappe; fantaisie soie, laine et coton et pure laine.	*Idem.*	V.	757

NOMS.	QUALITÉS.	SOMMAIRE DE LA DÉPOSITION.	NATURE de LA DÉPOSITION.	TOMAISON GÉNÉRALE.	PAGES.
		I			
IDRIL.............	Fabricant de tulles bobin à Lyon..	Tulle bobin façonné dentelle.	Écrite.	V.	655
		J			
JARICOT et fils (Veuve).	Fabricants de soie à coudre à Lyon.	Soies à coudre, à broder et à dentelle.	Écrite.	V.	453
		L			
LANÇON (Adolphe)....	Fabricants d'étoffes de soie à Lyon.	Étoffes de soie pour ameublement et pour ornements d'église; articles du Levant; satins façonnés avec l'or fin; gazes brochées or, brocarts, etc.	Écrite.	V.	603
LANGEVIN..........	Filateur de bourre de soie à la Ferté-Aleps.	Bonneterie, ganterie, lacets et cordons en soie et bourre de soie.	Orale.	V.	480
LARCHER (Auguste)....	Fabricant de rubans façonnés à St-Étienne.	Rubans de soie et de velours.	*Idem.*	V.	705
LECAT.............	Fabricant de passementerie à Tours.	Note sur la fabrication de la passementerie de Tours.	Écrite.	V.	540
LEFEBURE..........	Fabricant de dentelle de soie à Bayeux et à Caen.	Tulles de soie unis et façonnés; dentelles de soie.	Orale.	V.	626
LEMOINE (G.).......	Fabricant de passementerie à Tours.	Note sur la fabrication de la passementerie de Tours.	Écrite.	V.	543
LEMOINE (Eugène).. ..	*Idem*......................	Passementerie pour ameublement et pour ornement d'église.	*Idem.*	V.	548
LEPOUTRE-PARENT...	Filateur de bourre de soie et fabricant de tissus à Roubaix.	Fils de bourre de soie; bonneterie; ganterie; lacets et cordons de soie et de bourre et soie.	Orale.	V.	480

NOMS.	QUALITÉS.	SOMMAIRE DE LA DÉPOSITION.	NATURE de LA DÉPOSITION.	TOMAISON GÉNÉRALE.	PAGES.
LONDRES (Chambre de commerce de).	MM. les Délégués.............	Tulles de soie mélangée; rubans.	Orale.	V.	672
LOUVET............	Maire du 2e arrondissement de Paris, fabricant de passementerie.	Passementerie en soie pure ou mélangée; passementerie et dentelles d'or et d'argent; soies teintes.	*Idem.*	V.	518
LYON (Chambre de commerce de)..........	M. le Président...............	Note sur le tarif des soieries.	Écrite.	V.	556
LYON..............	Fabricants de tissus de soie et de fantaisie.	Demande de l'entrée libre pour les fils de bourre de soie.	*Idem.*	V.	591

M

NOMS.	QUALITÉS.	SOMMAIRE DE LA DÉPOSITION.	NATURE de LA DÉPOSITION.	TOMAISON GÉNÉRALE.	PAGES.
MACCLESFIELD (Chambre de commerce de).	MM. les Délégués.............	Tissus de soie mélangée; rubans.	Orale.	V.	672
MALLET (Édouard)....	Fabricant de tulles de soie fantaisie à Calais, délégué de la Chambre de commerce de cette ville.	Tulles de soie unis et façonnés; dentelles de soie.	*Idem.*	V.	626
MANCHESTER (Chambre de commerce de).	MM. les Délégués.............	Tissus de soie mélangée; rubans.	*Idem.*	V.	672
MARON (Léon) et Cie....	Fabricant de soie à coudre à Lyon.	Soie à coudre, à broder et à dentelles.	Écrite.	V.	453
MARTIN (MM.).......	Fabricants de peluches à Tarare et à Metz.	Peluches en soie noire pour chapeaux; velours à trame de coton.	*Idem.*	V.	619
MASSING frères, HUBER et Cie.	Fabricants de peluches à Puttelange.	Peluches en soie noire pour chapeaux.	*Idem.*	V.	621
MATHEVON (A.)......	De la maison MATHEVON et BOUVARD, fabricants d'étoffes de soie pure et mélangée pour ameublement, à Lyon.	Soieries unies, brochées et façonnées; velours, foulards et tissus de soie mélangée.	Orale.	V.	574
MEYNARD-AUQUIER...	Fabricant de ganterie de soie à Nîmes.	Renseignements sur la fabrication de la ganterie de Nîmes.	Écrite.	V.	508
MICHEL............	Ancien teinturier à Lyon, membre de la Chambre de commerce de cette ville.	Renseignements sur la teinturerie de Lyon.	*Idem.*	V.	477

NOMS.	QUALITÉS.	SOMMAIRE DE LA DÉPOSITION.	NATURE de LA DÉPOSITION.	TOMAISON GÉNÉRALE.	PAGES.
MOLLET (Vulfran).....	Fabricant de tissus de soie mélangée à Amiens.	Tissus unis et façonnés en soie pure ou mélangée, et bourre de soie.	Orale.	V.	757
MONESTIER..........	Fabricant de soies unies à Avignon.	Teintures des soies; tissus de soie; lustrines, florences, marcelines et taffetas.	Écrite.	V.	773
MORIN (Théodore).....	Fabricant de passementerie à Beauvais.	Soies teintes; passementerie de soie pure ou mélangée; passementerie et dentelles d'or et d'argent.	*Idem.*	V.	518
MOURMANT (Julien)...	Fabricant de tissus laine et soie à Roubaix.	Tissus de soie pure ou mélangée; fantaisie et nouveauté.	*Idem.*	V.	757
N					
NOTTINGHAM (Chambre de commerce de).	MM. les Délégués..............	Tulles de soie unis et façonnés.	Orale.	V.	657
P					
PALLIER............	Fabricant de lacets et de cordons à Nîmes.	Lacets et cordons; coton, fleuret, soie, laine et poil de chèvre.	Écrite.	V.	506
PANNIER............	De la maison PANNIER et RAIMBERT, fabricants de passementeries à Paris.	Passementerie de soie pure ou mélangée; soies teintes; passementerie et dentelles d'or et d'argent.	Orale.	V.	518
PARIS..............	Fabricant de tissus de soie et fantaisies.	Demande de l'entrée libre pour les fils de bourre de soie.	Écrite.	V.	591
PELLETIER et Cie.....	Fabricants de soies à coudre à Lyon.	Soies à coudre, à broder et à dentelle.	*Idem.*	V.	453
PHILIPS (H.-R.).......	Secrétaire de l'*Association des fabricants de soieries* de Coventry, délégué de la Chambre de commerce de cette ville.	Tissus de soie mélangée; rubans.	Orale.	V.	672

NOMS.	QUALITÉS	SOMMAIRE DE LA DÉPOSITION.	NATURE de LA DÉPOSITION.	TOMAISON GÉNÉRALE.	PAGES.
PHILIP THIOLLIÈRE..	De la maison J.-M. PHILIP et Cie, fabricants de rubans, de velours taffetas et de satin à St-Étienne, membre de la Chambre de commerce de cette ville.	Rubans de soie, de velours, de satin; taffetas unis et façonnés.	Orale.	V.	705
PIATON............	De la maison PIATON, MICHEL et Cie, teinturiers à Lyon.	Teinture des soies; droits à établir sur les produits chimiques nécessaires à la teinture des soies.	*Idem.*	V.	469
Idem...............	*Idem*......................	Note complémentaire.	Écrite.	V.	551
PICOLLET fils et Cie....	Fabricant de soie à coudre à Lyon.	Soies à coudre, à broder et à dentelles.	*Idem.*	V.	453
PICQUEFEU..........	Fabricant de soies à coudre et à broder à Paris.	Soies teintes à coudre et à broder.	Orale.	V.	446
PILLET-LÉTURGEON..	De la maison PILLET et CROUÉ, fabricants de soieries à Tours.	Damas, reps, brocatelles et lampas.	Écrite.	V.	618
PILLET-MEAUGÉ.....	Fabricant de soieries façonnées à Tours.	Soiries pour ameublement et garnitures de voitures.	Orale.	V.	612
PONSON............	Fabricant d'étoffes de soie à Lyon..	Taffetas unis en noir et en couleur, velours unis; robes à dispositions; étoffes riches.	Écrite.	V.	597
PRELLER...........	Négociant et intéressé dans une filature de fantaisie à Bredfort.	Fils de bourre de soie; fantaisie.	Orale.	V.	605
Idem...............	*Idem*......................	Filature des soies....	*Idem.*	V.	752

R

NOMS.	QUALITÉS	SOMMAIRE DE LA DÉPOSITION.	NATURE de LA DÉPOSITION.	TOMAISON GÉNÉRALE.	PAGES.
RENARD aîné........	De la maison RENARD FRÈRES, teinturiers à Lyon.	Teinture des soies; droits à établir sur les produits chimiques nécessaires à la teinture des soies.	Orale.	V.	469
Idem...............	*Idem*......................	Note complémentaire.	Écrite.	V.	551
REVIL (Charles).....	Filateur de bourre de soie à Amilly.	Fil de bourre de soie; bonneterie, ganterie; lacets et cordons de soie et de bourre de soie.	Orale.	V.	480

NOMS.	QUALITÉS.	SOMMAIRE DE LA DÉPOSITION.	NATURE de LA DÉPOSITION.	TOMAISON GÉNÉRALE.	PAGES.
RINGWALD-BOELGER..	De la maison Marc BOELGER, filateur de bourre de soie à Bâle.	Industrie de la soie en Suisse ; filature de bourre de soie.	Orale.	V.	789
ROCHE...............	De la maison ROCHE et DIME, fabricant d'étoffes de soie et de coton à Lyon.	Châles de soie façonnés (tout soie); robes façonnées en velours.	Écrite.	V.	601
S					
SAGNIER-TEULON.....	Fabricant de tissus de soie à Nîmes.	Tissus de soie et de bourre de soie mêlés d'or et d'argent.	Écrite.	V.	778
SCHULTZ............	De la maison SCHULTZ frères et BÉRAUD, fabricants de soieries façonnées et brochées à Lyon.	Soieries unies, brochées et façonnées; velours, foulards, tissus de soie mélangée.	Orale.	V.	574
STONE (T.)...........	Manufacturier à Londres, délégué de la Chambre de commerce de cette ville.	Tissus de soie mélangée; rubans.	*Idem.*	V.	672
SYDDEL (B.)..........	Fabricant d'articles mélangés à Manchester, délégué de la Chambre de commerce de cette ville.	*Idem*................	*Idem.*	V.	672
T					
TABOURIER..........	De la maison George HOOPER, CARNOS et TABOURIER, fabricant de tissus de soie pure ou mélangée à Paris.	Tissus de soie pure, de soie et laine, de soie et bourre de soie, de soie et coton, de laine, de laine et bourre de soie et de coton et laine.	Orale.	V.	757
TEILLARD (C.-M.).....	Fabricant de soieries unies à Lyon.	Étoffes unies, taffetas et étoffes moirées.	Écrite.	V.	592
V					
VAILLANT............	Fabricant de rubans unis et façonnés à Saint-Étienne.	Rubans de soie et de velours.	Orale.	V.	705
VATIN jeune.........	Fabricant de gazes et baréges à Paris.	Gazes pure soie, baréges laine et soie, foulards soie et bourre de soie.	Écrite.	V.	781

NOMS.	QUALITÉS.	SOMMAIRE DE LA DÉPOSITION.	NATURE de LA DÉPOSITION.	TOMAISON GÉNÉRALE.	PAGES.
VAUCOUR (De)........	De la maison E. BARLET et Cie, fabricants de rubans unis et façonnés à Saint-Étienne.	Rubans de soie et de velours.	Orale.	V.	705
VAUGEOIS...........	Fabricant de passementeries d'or et d'argent à Paris.	Passementerie de soie pure ou mélangée; passementerie et dentelles d'or et d'argent.	*Idem.*	V.	518

W

NOMS.	QUALITÉS.	SOMMAIRE DE LA DÉPOSITION.	NATURE de LA DÉPOSITION.	TOMAISON GÉNÉRALE.	PAGES.
WARD (W.-G.)........	Manufacturier et finisseur à Nottingham, délégué de la Chambre de commerce de cette ville.	Tulles de soie façonnés et unis.	Orale.	V.	657
WATSON (L.)........	Filateur de fantaisie et fabricant de tissus à Rochdale.	Fils de bourre de soie; fantaisie.	*Idem.*	V.	605
WICKERS (W.).......	Manufacturier et finisseur à Nottingham, délégué de la Chambre de commerce de cette ville.	Tulles de soie façonnés et unis.	*Idem.*	V.	657
WINKWORTH........	Manufacturier, Président de l'*Association des fabricants de soie* de Manchester, délégué de la Chambre de commerce de cette ville.	Tissus de soie mélangés; rubans.	*Idem.*	V.	671

TABLE

DE L'INDUSTRIE DU CRIN.

INDUSTRIE DU CRIN.

NOMS.	QUALITÉS.	SOMMAIRE DE LA DÉPOSITION.	NATURE de LA DÉPOSITION.	TOMAISON GÉNÉRALE.	PAGES.
		B			
BOUCHERY du Cantal..	Négociant en crins bruts, etc. à Paris.	Crins bruts, soies de sanglier; production indigène et étrangère; droits d'entrée, etc.	Orale.	V.	799
		D			
DELACOUR..........	Fabricant d'étoffes de crins à Bouray et à Paris.	Étoffes de crin pour ameublement et wagons.	Orale.	V.	799
		L			
LOYER..............	Fabricant de crins frisés pour meubles à Paris.	Étoffes de crin pour ameublement.	Orale.	V.	799

TABLE

DE L'INDUSTRIE DU CAOUTCHOUC

ET DE LA GUTTA-PERCHA.

INDUSTRIE DU CAOUTCHOUC

ET DE LA GUTTA-PERCHA.

NOMS.	QUALITÉS.	SOMMAIRE DE LA DÉPOSITION.	NATURE de LA DÉPOSITION.	TOMAISON GÉNÉRALE.	PAGES.
		A			
AUBERT (Alexandre)...	Fabricant de caoutchouc à Paris...	Tissus de caoutchouc.	Orale.	V.	823
		B			
BIBLEY (Hugh).......	Délégué par la maison MACINTOSH ET Cie de Londres et Manchester.	Caoutchouc en feuilles; fils de caoutchouc; caoutchouc appliqué sur tissus; caoutchouc pour soupapes, serre-joints, tuyaux, bandes pour transmission; articles pour la marine, l'armée, l'agriculture, etc.	Orale.	V.	832 844
BRIQUET et PERRIER.	Fabricants de tissus de caoutchouc à Paris.	Tissus de caoutchouc recouvert de soie, de laine ou de coton.	Écrite.	V.	
		C			
CLAES-VANDENNEST..	Directeur de la *Compagnie franco-belge* à Saint-Denis.	Courroies en tissus de lin ou de coton combinés avec le caoutchouc; tuyaux, clapets, rondelles; articles pour l'industrie.	Écrite.	V.	834

NOMS.	QUALITÉS.	SOMMAIRE DE LA DÉPOSITION.	NATURE de LA DÉPOSITION.	TOMAISON GÉNÉRALE.	PAGES.
		G			
GUIBAL............	Fabricant de caoutchouc à Paris...	Tissus pour vêtements; tissus simples, tissus doubles.	Orale.	V.	823
Idem...............	*Idem*......................	Note complémentaire.	Écrite.	V.	838
		H			
HUTCHINSON-SCHMYTH et Cie.	Gérants de la *Compagnie nationale de caoutchouc souple* à Paris.	Application du caoutchouc sur étoffes pour vêtements; articles de carrosserie et articles divers.	Écrite.	V.	836
		L			
LÉPINE et DUCRÉ.....	Fabricants de caoutchouc à Paris..	Tissus [illegible]	Écrite.	V.	835

TABLE

DE L'INDUSTRIE DES HABILLEMENTS CONFECTIONNÉS.

INDUSTRIE

DES HABILLEMENTS CONFECTIONNÉS.

NOMS.	QUALITÉS.	SOMMAIRE DE LA DÉPOSITION.	NATURE de LA DÉPOSITION.	TOMAISONS GÉNÉRALES.	PAGES.
		C			
CHAIOU.............	Fabricant de vêtements confectionnés en gros à Paris.	Vêtements confectionnés en gros pour l'exportation.	Orale.	V.	851
COSTADAU...........	Fabricant de vêtements confectionnés pour dames à Paris.	Confections communes en draperie, soierie, cachemire d'Écosse et mérinos ; confections riches en draperie fine, soierie, velours, cachemire pur avec passementeries, dentelles, guipures et broderies.	*Idem.*	V.	851
		L			
LEMANN.............	Fabricant de vêtements confectionnés à Paris.	Vêtements de tous genres pour hommes et pour enfants.	Orale.	V.	851
LEVY (Jacob) et H. SIMON.	*Idem*.....................	Vêtements confectionnés en gros pour l'exportation.	*Idem.*	V.	851
		O			
OPIGEZ-GAGELIN.....	Fabricant de vêtements confectionnés à Paris.	Vêtements confectionnés pour dames.	Écrite.	V.	858

NOMS.	QUALITÉS.	SOMMAIRE DE LA DÉPOSITION.	NATURE de LA DÉPOSITION.	TOMAISON GÉNÉRALE.	PAGES.
		P			
PARISOT	Propriétaire de l'établissement de la *Belle-Jardinière*.	Confection et vente d'habillements en tous genres.	Écrite.	V.	857

TABLE

DE L'INDUSTRIE DES SUCRES RAFFINÉS.

INDUSTRIE DES SUCRES RAFFINÉS.

NOMS.	QUALITÉS.	SOMMAIRE DES DÉPOSITIONS.	NATURE de la déposition.	TOMAISON désignée.	PAGES.
		B			
BAVAIS-CLAESSENS....	Raffineur de sucre, à Anvers......	Sucres raffinés (industrie belge).	Orale.	VI.	56
BERNARD............	De la maison BERNARD FRÈRES, fabricants, raffineurs de sucre et distillateurs à Lille, Santos et Séclin (Nord), à Thenay (Loir-et-Cher) et à Plagny (Nièvre).	Sucres raffinés......	*Idem.*	VI.	27
		F			
FONTAINE...........	De la maison FONTAINE et JOANNÈS, raffineurs de sucres à Valenciennes.	Sucres raffinés......	Orale.	VI.	27
		G			
GOOD...............	Vice-Président de la chambre de commerce d'Anvers.	Sucres raffinés (industrie belge).	Orale.	VI.	56
GRANDVAL...........	Raffineur de sucre à Marseille....	Sucres raffinés......	*Idem.*	VI.	40
		L			
LEBAUDY............	Raffineur de sucre à La Villette...	Sucres raffinés......	Orale.	VI.	1
LE LASSEUR.........	L'un des chefs associés de la maison PÉRIER FRÈRES, raffineurs à Passy.	*Idem*...............	*Idem.*	VI.	1

NOMS.	QUALITÉS.	SOMMAIRE DE LA DÉPOSITION.	NATURE de LA DÉPOSITION.	TOMAISON GÉNÉRALE.	PAGES.
		P			
POUET.............	Raffineur de sucre à la Villette...	Sucres raffinés......	Orale.	VI.	1
		W			
WILSON............	Négociant en sucres à Nantes.....	Sucres raffinés......	Orale.	VI.	65

TABLE

DE L'INDUSTRIE DES PRODUITS ALCOOLIQUES.

INDUSTRIE DES PRODUITS ALCOOLIQUES.

NOMS.	QUALITÉS.	SOMMAIRE DE LA DÉPOSITION.	NATURE de LA DÉPOSITION.	TOMAISON GÉNÉRALE.	PAGES.
A					
ARNAUD (Marc).......	Banquier et négociant en cognacs à Saintes.	Note sur la distillation.	Écrite.	VI.	130
B					
BALD (John).........	Distillateur à Carrebridge, délégué par la Chambre de commerce d'Édimbourg et par les distillateurs de l'est de l'Écosse.	Distilleries du Royaume-Uni; produits alcooliques.	Orale.	VI.	156
BERTHON...........	Distillateur à Bische...........	Produits alcooliques..	*Idem.*	VI.	119
BIGO-TILLOY (Louis)..	Distillateur à Lille, section d'Esquermes.	*Idem*.............	*Idem.*	VI.	119
BOILLON...........	De la maison Abel Brisson, négociant en eaux-de-vie à Dijon.	Produits alcooliques; eaux-de-vie de Cognac, esprits de grains et trois-six.	*Idem.*	VI.	81
Idem...............	*Idem*.....................	Note complémentaire. Frais de transport cumulés avec les frais d'importation des trois-six anglais et prussiens.	Écrite.	VI.	104
C					
CLAUDON...........	Négociant en eaux-de-vie à Paris...	Eaux-de-vie de Cognac, esprits de grains et trois-six.	Orale.	VI.	81

NOMS.	QUALITÉS.	SOMMAIRE DE LA DÉPOSITION.	NATURE de LA DÉPOSITION.	TOMAISON GÉNÉRALE.	PAGES.
CLAUDON............	Négociant en eaux-de-vie à Paris...	Note complémentaire. Frais de transport cumulés avec les frais d'importation des trois-six anglais et prussiens.	Écrite.	VI.	104
CROZALS............	Négociant et distillateur à Béziers..	Note sur les produits alcooliques du midi de la France.	*Idem.*	VI.	115
		D			
DANEL (Louis)........	Distillateur à Salonne, près la Bassée (Nord).	Produits alcooliques..	Orale.	VI.	119
DELGUTTE..........	Distillateur à Marquette-lès-Lille (Nord).	*Idem*..............	*Idem.*	VI.	119
DU BOULLOY.........	Distillateur à Rouen...........	*Idem*..............	*Idem.*	VI.	119
DURET (Jules).......	Gérant de l'*Association générale des propriétés viticoles* à Cognac.	Eaux-de-vie de Cognac, esprits de grains, trois-six.	*Idem.*	VI.	81
		H			
HAIG (John).........	Distillateur à Seggie et à Cameron-bridge, délégué par la Chambre de commerce d'Édimbourg et par les distillateurs de l'est de l'Écosse.	Produits alcooliques du Royaume-Uni.	Orale.	VI.	156
HENNESSY..........	Négociant en eaux-de-vie à Cognac.	Eaux-de-vie de Cognac, esprits de grains, trois-six.	*Idem.*	VI.	81
		L			
LEBEAU.............	Négociant en eaux-de-vie à Boulogne-sur-Mer.	Eaux-de-vie de Cognac, esprits de grains, trois-six.	Orale.	VI.	81
		M			
MAC-FARLANE.......	De la maison MAC-FARLANE et Cie, distillateurs (usine de Port-Dundas) à Glascow.	Produits alcooliques du Royaume-Uni.	Orale.	VI.	156

NOMS.	QUALITÉS.	SOMMAIRE DE LA DÉPOSITION.	NATURE de LA DÉPOSITION.	LIVRAISONS GÉNÉRALES.	PAGES.
MAIRE..............	Fabricant de produits chimiques et distillateur au Lazareth, près Strasbourg.	Phlegmes, produits chimiques, acétates, acides acétiques, distillation de la pomme de terre.	Écrite.	VI.	155
MARTELL...........	Négociant en eaux-de-vie à Cognac.	Eaux-de-vie de Cognac, esprits de grains, trois-six.	Orale.	VI.	81
MATENAS............	Distillateur à Rouen............	Eaux-de-vie de grains.	*Idem.*	VI.	119
MEINHARD-ROBINOW.	De la maison ROBINOW et MARJORIBANKS, négociants-exportateurs d'esprits à Glascow, délégué par la Chambre de commerce de cette ville.	Produits alcooliques du Royaume-Uni.	*Idem.*	VI.	156
MICHAUX............	Distillateur à Bonnières..........	Distillation des grains et rectification des alcools.	*Idem.*	VI.	119
MICHEL (P.).........	Distillateur à la Rochelle.........	Note sur la distillation de la Charente et sur le droit de protection à établir.	Écrite.	VI.	106
MOUSTIER (Abel).....	Distillateur à Saint-Jean-d'Angely et président du Tribunal de commerce de cette ville.	Eaux-de-vie de vin...	*Idem.*	VI.	113

R

ROBERT DE MASSY...	Distillateur à Rocourt, près Saint-Quentin.	Fabrication et exportation des alcools.	Orale.	VI.	119
ROBINOW...........	Voir MEINHARD-ROBINOW.				

V

VERDIER (Philippe)...	Négociant en eaux-de-vie à Paris...	Eaux-de-vie de Cognac, esprits de grains, trois-six.	Orale.	VI.	81

TABLE

DE L'INDUSTRIE DES PRODUITS CHIMIQUES.

INDUSTRIE DES PRODUITS CHIMIQUES.

NOMS.	QUALITÉS.	SOMMAIRE DE LA DÉPOSITION.	NATURE de la déposition.	TOMAISON générale.	PAGES.
		A			
AGARD............	Fabricant de produits chimiques à Marseille.	Produits chimiques...	Orale.	VI.	241
ALLHUSEN (Christian).	Négociant et fabricant d'alcalis, membre de la Chambre de commerce de Newcastle.	Sel de soude caustique et non caustique; bicarbonate et cristaux de soude; chlorure de chaux et chlorate de potasse.	*Idem.*	VI.	438
ARMET............	Fabricant de sulfate de quinine et de bleu d'outremer à Paris.	Sulfate de quinine, bleu d'outremer, vermillon; acide oxalique.	*Idem.*	VI.	395
ARNAVON..........	Fabricant de savon à Marseille....	Savons bleu pâle, marbré, et savon blanc liquide.	Écrite.	VI.	362
		B			
BALARD...........	Membre de l'Institut, représentant devant le Conseil Supérieur la maison CAZALIS de Montpellier.	Acide sulfurique; alun et acide tartrique.	Orale.	VI.	334
BALIAT...........	De la maison BALIAT et BOUGIVILLÉ fabricant de produits chimiques à Paris.	Acide oxalique......	*idem.*	VI.	395
BÉRARD...........	Doyen de la Faculté de médecine à Montpellier.	Acides sulfuriques et nitrique; alun; sulfates d'ammoniaque, d'alumine et de cuivre; sel d'étain; soufre; sublimé.	*Idem.*	VI.	173

NOMS.	QUALITÉS.	SOMMAIRE DE LA DÉPOSITION.	NATURE de LA DÉPOSITION.	TOMAISON GÉNÉRALE.	PAGES.
BEZANÇON..........	Fabricant de céruse à Ivry-sur-Seine.	Céruse à l'huile.....	Orale.	VI.	283
BOUTAREL.........	Teinturier à Clichy-la-Garenne....	Matières tinctoriales..	*Idem.*	VI.	454

C

NOMS.	QUALITÉS.	SOMMAIRE DE LA DÉPOSITION.	NATURE de LA DÉPOSITION.	TOMAISON GÉNÉRALE.	PAGES.
CALLEY-SAINT-PAUL..	Député au Corps législatif, fabricant de produits chimiques à Dieuze.	Acides sulfurique, muriatique, nitrique; sulfate de soude; soude brute; soude salée; soude caustique; chlorure de chaux, de calcium; sel de soude, d'étain; cristaux de soude.	Orale.	VI.	173
CHOUILLOU.........	Représentant la maison MAZE, fabricant de produits chimiques à Lescure, près Rouen.	Produits chimiques divers.	*Idem.*	VI.	306
COGNIET...........	De la maison COGNIET et MARÉCHAL fabricants de paraffine à Paris.	Blanc de baleine; paraffine, huile à graisser les machines.	*Idem.*	VI.	338
COIGNET...........	Fabricant de gélatine, de phosphore ordinaire et amorphe à Lyon.	Phosphore ordinaire et amorphe; colles fortes; gélatines; noir animal; suif d'os.	*Idem.*	VI.	256
COTTIN............	Fabricant de savons de toilette (parfumerie de la *Société hygiénique*) à Paris.	Parfumerie fine.....	*Idem.*	VI.	338
COURNERIE	De la maison COURNERIE FILS et Cie, fabricants de produits tirés des soudes de varech à Cherbourg.	Chlorure de sodium; muriate et sulfate de potasse; iode brut; iodure de plomb; brôme et bromure de potassium.	*Idem.*	VI.	173
COUTURIER, LAUTH et Cie.	Fabricant d'allumettes chimiques à Sarreguemines.	Allumettes chimiques.	Écrite.	VI.	332
COWEN (Joseph)......	Manufacturier, membre de la Chambre du commerce de Newcastle.	Fabrication des produits chimiques en Angleterre.	Orale.	VI.	438

D

NOMS.	QUALITÉS.	SOMMAIRE DE LA DÉPOSITION.	NATURE de LA DÉPOSITION.	TOMAISON GÉNÉRALE.	PAGES.
DANIEL............	De la maison ACHILLE DANIEL et Cie, fabricants de produits chimiques à Marseille.	Acide sulfurique et hydrochlorique; soude brute; sulfate de sels et cristaux de soude; chlorure de chaux.	Orale.	VI.	173

NOMS.	QUALITÉS.	SOMMAIRE DE LA DÉPOSITION.	NATURE de LA DÉPOSITION.	TOMAISON GÉNÉRALE.	PAGES.
DELACRETAZ et CLOUET.	Fabricant de produits chimiques au Havre.	Chromates jaunes et rouges de potasse.	Écrite.	VI.	326
		F			
FALK (Herman).......	Fabricant de sel à Norwich.......	Sel de soude anglais..	Orale.	VI.	438
FAULQUIER CADET et Cie.	Fabricants d'acide stéarique, de bougies et de savons à Montpellier.	Fonte des suifs en branches; fabrication de l'acide stéarique, de la bougie et des cierges; savon d'oléine; chandelle de suif; blanchisserie de cire de miel.	Écrite.	VI.	374
FOURCADE (A.).......	Fabricant de produits chimiques à l'usine de Javel, près Grenelle.	Acides sulfurique et muriatique; sel, cristaux et bi-carbonate de soude; sulfate de soude cristallisé; sel d'Epsom; chlorate de potasse; gélatine fine et colle forte.	*Idem.*	VI.	173
Idem...............	*Idem*..........................	Détails sur les prix de fabrication.	*Idem.*	VI.	306
		G			
GAUTHIER-BOUCHARD.	Fabricant de céruse à Lille.......	Produits chimiques; blanc de zinc; détails sur les prix de transport.	Orale.	VI.	283
GAYET..	De la maison GAYET et GORDISON, fabricants de produits chimiques à Marseille.	Acides sulfurique et hydrochlorique; soude brute; sulfate de soude et chlorure de chaux.	*Idem.*	VI.	173
GILLIBRAND.........	Secrétaire général de la *Société générale des mines et fonderies de zinc de la Vieille-Montagne* à Paris.	Oxyde de zinc dit *blanc de zinc*: son emploi pour les travaux de peinture.	*Idem.*	VI.	283
		H			
HADFIELD (William)..	Secrétaire de la Chambre de commerce de Norwich.	Fabrication du sel en Angleterre.	Orale.	VI.	438

NOMS.	QUALITÉS.	SOMMAIRE DE LA DÉPOSITION.	NATURE de LA DÉPOSITION.	TOMAISON GÉNÉRALE.	PAGES.
HENROZ............	Directeur de la fabrique de produits chimiques de Floreffe.	Acide sulfurique, sulfate de soude, acide chlorhydrique, carbonate de soude.	Orale.	VI.	419
HURIEZ............	Fabricant d'alun et de sulfate de fer à Chailvet et à Urcel.	Alun et sulfate de fer.	*Idem.*	VI.	432
J					
JENGENWALD.......	Président de la Chambre de commerce de Strasbourg.	Fabrication de garancine.	Écrite.	VI.	330
K					
KULHMANN (Frédéric).	Fabricant de produits chimiques à Lille et Président de la Chambre de commerce de cette ville.	Acides sulfurique, muriatique, nitrique; sel d'étain; sel, cristaux et sulfate de soude; chlorure de chaux et de baryum silicate, muriate et carbonate de potasse, sulfate artificiel de baryte en pâte.	Orale.	VI.	173
Idem...............	*Idem*......................	Renseignements sur les produits alcalins, la soude, le carbonate de soude et ses dérivés, et sur les produits concernant l'acide muriatique, le chlore, le chlore de chaux et sur la protection à leur accorder.	*Idem.*	VI.	306
L					
LACROIX (A.)........	Représentant de la *Société de Saint-Gobain, Chauny et Cirey.*	Acides sulfurique, muriatique et nitrique, soude brute, sulfate, cristaux et bicarbonate de soude, chlorure de chaux et chlorate de potasse.	Orale.	VI.	173

NOMS.	QUALITÉS.	SOMMAIRE DE LA DÉPOSITION.	NATURE de LA DÉPOSITION.	TOMAISON générale.	PAGES.
LAMING fils..........	Fabricant de produits chimiques à Paris.	Acide oxaliques, sels d'oseille et produits ammoniacaux.	Orale.	VI.	395
Idem..............	*Idem*....................	Note complémentaire.	Écrite.	VI.	417
LANGE-DESMOULINS.	Fabricant de vermillon à Paris....	Fabrication du vermillon.	Orale.	VI.	395
L'ARNAVON	(*Voyez* ARNAVON.)				
LECLAIRE	Entrepreneur de peinture à Paris..	Emploi du blanc de zinc dans les travaux de peinture.	*Idem*.	VI.	283
LEFEBVRE (Théodore).	Fabricant de céruse à Paris......	Fabrication de la céruse	*Idem*.	VI.	283
LEGRAND..	Fabricant de savons à Paris......	Renseignements sur la fabrication des savons.	Écrite.	VI.	370

M

NOMS.	QUALITÉS.	SOMMAIRE DE LA DÉPOSITION.	NATURE de LA DÉPOSITION.	TOMAISON générale.	PAGES.
MAGNAN............	Fabricant de produits chimiques à Marseille.	Acides sulfurique et muriatique; sel, cristaux et sulfate de soude, soude savonnière, chlorure de chaux.	Orale.	VI.	173
MALÉTRA (Léon).....	Fabricant de produits chimiques au Petit-Quevilly.	Sel, cristaux, sulfate de soude, acide muriatique, chlorure de chaux.	*Idem*.	VI.	178
Idem..............	*Idem*....................	Renseignements sur les prix de transport.	*Idem*.	VI.	306
MALLET............	Directeur des produits chimiques à la *Compagnie Parisienne du gaz* à Paris.	Produits ammoniacaux, alcali volatil, sulfate, hydrochlorate et carbonate d'ammoniaque.	*Idem*.	VI.	378
Idem..............	*Idem*....................	Note complémentaire.	Écrite.	VI.	393
MAZE...............	Fabricant de produits chimiques à Lescure, près Rouen.	Renseignements sur la protection à accorder aux produits chimiques.	Orale.	VI.	173
MEISSONNIER (Charles)	Fabricant d'extrait de bois de teinture à Paris.	*Idem*...............	*Idem*.	VI.	378
MÉNIER............	Fabricant de produits chimiques à Noisiel et à Paris.	*Idem*...............	Écrite.	VI.	323

NOMS.	QUALITÉS.	SOMMAIRE DE LA DÉPOSITION.	NATURE de la déposition.	TOMAISON générale.	PAGES.
MERLE............	Fabricant de produits chimiques à Alais.	Produits à base de soude et chlore, sels à base de soude et de potasse extraits des eaux mères des salines; aluminium, aluminate de soude et dérivés.	Orale.	VI.	241
MICHAUD..........	Fabricant de savon à La Villette...	Savons de ménage et de parfumerie.	*Idem.*	VI.	338
MILLY (DE)........	Fabricant de savons et de bougie à Paris.	Renseignements sur la fabrication du savon.	*Idem.*	VI.	338
MOINIER..........	*Idem*........................	Renseignements sur la fabrication du savon et de la bougie.	*Idem.*	VI.	338
MUSPRAT (Edmond)..	Représentant de l'*Association des fabricants d'alcalis* du Lanscashire.	Sels de soude caustique et non caustique, cristaux et bicarbonate de soude, chlorure de chaux et carbonate de potasse.	*Idem.*	VI.	438

O

NOMS.	QUALITÉS.	SOMMAIRE DE LA DÉPOSITION.	NATURE de la déposition.	TOMAISON générale.	PAGES.
ORSAT............	Fabricant de céruse à Clichy-la-Garenne.	Céruse minium, mine orange blanc d'argent et potée d'étain.	Orale.	VI.	283

P

NOMS.	QUALITÉS.	SOMMAIRE DE LA DÉPOSITION.	NATURE de la déposition.	TOMAISON générale.	PAGES.
PARANQUE.........	Fabricant de savons à Marseille...	Renseignements sur la fabrication des savons	Orale.	VI.	338
PERRET (Jean-Baptiste).	De la maison PERRET ET FILS, fabricants de produits chimiques à Lyon.	Acides sulfurique, muriatique et nitrique; sulfates de fer, de cuivre, de soude; sulfate mixte de cuivre, fer et zinc; cristaux et carbonate de soude; chlorure de chaux.	*Idem.*	VI.	395
PIVER............	Fabricant de savons à Paris......	Savons de toilette....	*Idem.*	VI.	338
PRAT.............	Fabricant de produits chimiques à Rassuen.	Produits chimiques...	*Idem.*	VI.	173

NOMS.	QUALITÉS.	SOMMAIRE DE LA DÉPOSITION.	NATURE de LA DÉPOSITION.	TOMAISON GÉNÉRALE.	PAGES.
PRAT..............	Fabricant de produits chimiques à Marseille.	Renseignements sur les sulfates de soude provenant des eaux de la mer.	Orale.	VI.	300

R

NOMS.	QUALITÉS.	SOMMAIRE DE LA DÉPOSITION.	NATURE de LA DÉPOSITION.	TOMAISON GÉNÉRALE.	PAGES.
RENOUARD.........	Directeur de la *Compagnie des salines du midi.*	Soude et sel de soude..	Orale.	VI.	241
RIESS..............	Fabricant de gélatine à Dieuze....	Gélatine et phosphate de chaux.	Écrite.	VI.	331
RISLER (Camille).....	Représentant de CH. KESTNER, fabricant de produits chimiques à Thann.	Acides acétique, nitrique, sulfurique, tartrique, chlorhydrique, pyroligneux; soude brute, sel, sulfate, cristaux, arseniate, bicarbonate, silicate, stannate de soude; sel d'étain; muriate de potasse, nitrate de plomb, sulfate de zinc, pyrolignite de fer et de plomb.	Orale.	VI.	256
ROHART fils.........	Chimiste manufacturier à Batignolles.	Renseignements sur la fabrication des engrais pour l'agriculture.	......	VI.	256

S

NOMS.	QUALITÉS.	SOMMAIRE DE LA DÉPOSITION.	NATURE de LA DÉPOSITION.	TOMAISON GÉNÉRALE.	PAGES.
SCHATTENMANN.....	Fabricant d'alun et de vitriol à Bouxwiller.	Alun, sulfate de fer, sulfate de fer et de cuivre dit *Vitriol de Salzbourg*.	Orale.	VI.	256

T

NOMS.	QUALITÉS.	SOMMAIRE DE LA DÉPOSITION.	NATURE de LA DÉPOSITION.	TOMAISON GÉNÉRALE.	PAGES.
THÉROULDE........	Fabricant de produits chimiques à Granville.	Iode, sulfate et muriate de potasse, etc. Observations sur la libre entrée des soudes de varech.	Orale.	VI.	378

NOMS.	QUALITÉS.	SOMMAIRE DE LA DÉPOSITION.	NATURE DE LA DÉPOSITION.	TOMAISON GÉNÉRALE.	PAGES.
TISSIER	Fabricant de produits chimiques au Conquet.	Iode, sulfate et muriate de potasse, etc.	Orale.	VI.	378

V

VERDET............	Président de la Chambre de commerce d'Avignon.	Note sur la culture de la garance.	Écrite.	VI.	466

W

WEIL..............	Fabricant de savons à Strasbourg..	Savons marbrés et blancs.	Orale.	V.	338

TABLE

DE L'INDUSTRIE DES VERRERIES.

VERRERIES.

NOMS.	QUALITÉS.	SOMMAIRE DE LA DÉPOSITION.	NATURE de LA DÉPOSITION.	TOMAISON GÉNÉRALE.	PAGES.
A					
ALLHUSEN	Propriétaire de verrerie et membre de la Chambre de commerce de Newcastle.	Renseignements sur les verreries en Angleterre.	Écrite.	VI.	629
B					
BERLIOZ............	Directeur de la manufacture de Montluçon.	Glaces pour vitrage et étamage.	Orale.	VI.	516
BOSSU (Eugène)......	Administrateur de la fabrique de cristaux de Saint-Louis.	Cristaux en tous genres; taille, gravure, dorure, peinture et garniture du cristal.	*Idem.*	VI.	546
C					
CHEVAUDIER DE VALDRÔME.	Député au Corps législatif, administrateur délégué de la *Compagnie de Saint-Gobain, Chauny et Cirey.*	Glaces coulées de toute espèce; dalles en verre pour l'éclairage des sous-sols et des navires; verres moulés pour les phares.	Orale.	VI.	516
COMPAGNIE DE SAINT-GOBAIN, CHAUNY ET CIREY.	Note complémentaire...........	Note sur les droits à établir.	Écrite.	VI.	545
D					
DELHAY............	Fabricant de verres à vitres à Aniches.	Verres à vitres......	Orale.	VI.	546
DESPRET...........	Directeur de la fabrique de glaces de Jeumont.	Glaces coulées.......	Écrite.	VI.	543

NOMS.	QUALITÉS.	SOMMAIRE DE LA DÉPOSITION.	NATURE de LA DÉPOSITION.	TOMAISON GÉNÉRALE.	PAGES.
F					
FAIN	Secrétaire du conseil d'administration de la *Compagnie de Saint-Gobain, Chauny et Cirey.*	Verreries, glaces....	Orale.	VI.	516
G					
GODART	Administrateur de la fabrique de cristaux de Baccarat.	Cristaux de tous genres; taille, gravure, dorure, peinture et garniture du cristal.	Orale.	VI.	546
GODARD-DESMARET..	Député au Corps législatif, propriétaire de la verrerie de Trélon.	Observation sur la gobeleterie.	Écrite.	VI.	630
GRANDIN	Administrateur délégué de la manufacture de Montluçon.	Verreries, glaces....	Orale.	VI.	516
H					
HOUTART-COSSÉE...	Fabricant de verreries et glaces à Sainte-Marie-d'Oignies, membre de la Chambre de commerce de Charleroi.	Cristaux et verres blancs, verres à vitres, glaces, bouteilles, etc.	Orale.	VI.	483
HOUTART-ROULLIER.	Fabricant de bouteilles, Conseiller provincial et ancien membre de la Chambre de commerce de Charleroi.	Fabrication des bouteilles.	*Idem.*	VI.	483
L					
LAMBERT fils (Casimir).	Fabricant de verres à vitres, membre de la Chambre de commerce de Charleroi.	Cristaux et verres blancs, verres à vitres, glaces, bouteilles.	Orale.	VI.	483
LELIÈVRE..........	Fabricant de cristaux au Val-Saint-Rambert, près Liége.	Cristal et verre blanc.	*Idem.*	VI.	483

NOMS.	QUALITÉS.	SOMMAIRE DE LA DÉPOSITION.	NATURE de LA DÉPOSITION.	TOMAISON GÉNÉRALE.	PAGES.
M					
MAËS	Fabricant de cristaux à Clichy-la-Garenne.	Articles de fantaisie; cristaux minces, dits *façon mousseline*; verreries et émaux colorés; rassortiments..	Orale.	VI.	546
P					
PATOUX	Fabricant de verreries à Aniches...	Verres à vitres......	......	VI.	475
R					
RAABE	Directeur des *Verreries de la Loire et du Rhône* à Rive-de-Gier.	Bouteilles, verres à vitres; gobeleterie unie, taillée et dorée; verres à vitres de couleur.	Orale.	VI.	546
RENARD	Fabricant de verres à vitres à Fresnes.	Verres à vitres et bouteilles.	*Idem.*	VI.	546
S					
SAINT-GOBAIN (Compagnie de).	Note complémentaire........	Note sur les droits à établir.	Écrite.	VI.	545
SCHWICH	Gérant de la *Cristallerie lyonnaise*..	Cristal	*Idem.*	VI.	623
SURLOPPE	Directeur du dépôt de la fabrique de Saint-Louis, à Paris.	Cristaux en tous genres; taille, gravure, dorure, peinture et garniture du cristal.	Orale.	VI.	546
V					
VIOLAINE (Paul DE)..	Fabricant de bouteilles à Vauxrot, près Soissons.	Bouteilles à champagne.	Orale.	VI.	546

35.

NOMS.	QUALITÉS.	SOMMAIRE DE LA DÉPOSITION.	NATURE de LA DÉPOSITION.	TOMAISON GÉNÉRALE.	PAGES.
		W			
WALTER-BERGER et Cie.	Fabricants de verres de montres et de lunettes à Goetzembruck.	Verres de montres et verres de lunettes.	Écrite.	VI.	627

TABLE

DE L'INDUSTRIE CÉRAMIQUE.

PRODUITS CÉRAMIQUES.

NOMS.	QUALITÉS.	SOMMAIRE DE LA DÉPOSITION.	NATURE de LA DÉPOSITION.	TOMAISON GÉNÉRALE.	PAGES.
		A			
ALLUAUD aîné.......	Fabricant de porcelaines à Limoges.	Porcelaine dure; services de table, garnitures de toilette et vases d'ornement.	Écrite.	VI.	709
		B			
BOCH.............	Fabricant de porcelaines, faïences et poteries à Kéramis, près Saint-Waast.	Porcelaines, poteries et grès fins de Belgique.	Orale.	VI.	718
BOULENGER........	Fabricant de faïences fines à Choisy-le-Roi.	Faïences fines.......	*Idem.*	VI.	645
		C			
COPELAND (W.-L.-N.).	De la maison W. T. COPELAND, manufacturier à Stoke-sur-Trent.	Poteries anglaises....	Orale.	VI.	732
COWEN (J.).........	Délégué pour la Chambre de commerce de Newcastle.	Poterie, briques et cornues réfractaires, tuyaux et drains, jarres, bouteilles, vaisseaux à évaporation.	Écrite.	VI.	732
		D			
DUMÉRIL (Constant)..	Fabricant de pipes à Saint-Omer..	Pipes à fumer de toutes couleurs et de tous dessins, émaillées ou décorées.	Écrite.	VI.	690

NOMS.	QUALITÉS.	SOMMAIRE DE LA DÉPOSITION.	NATURE de LA DÉPOSITION.	TOMAISON GÉNÉRALE.	PAGES.
		E			
EDWARDS..........	Manufacturier à Burslem........	Poteries anglaises....	Écrite.	VI.	732
		F			
FIOLET............	Fabricant de pipes à Saint-Omer..	Pipes de terre et briques réfractaires.	Écrite.	VI.	692
		G			
GEIGER (Le B^on de)....	Député au Corps législatif, fabricant de porcelaines dites anglaises à Sarreguemines.	Observations générales sur la fabrication en France et en Angleterre.	Orale.	VI.	645
GEOFFROY..........	Fabricant de faïences fines à Gien.	Faïences fines françaises.	*Idem.*	VI.	645
GIBUS..............	Fabricant de porcelaines à Limoges.	Porcelaine dure blanche et décorée.	*Idem.*	VI.	695
GOSSE..............	Fabricant de porcelaines à Bayeux..	Ustensiles de ménage et ustensiles de chimie en porcelaine dure allant au feu.	Écrite.	VI.	716
GUÉRIN.............	De la maison KELLER et GUÉRIN, fabricants de faïences fines à Lunéville.	Faïences fines françaises.	Orale.	VI.	645
		H			
HACHE..............	De la maison HACHE et PÉPIN-LEHALLEUR, fabricants de porcelaines à Vierzon.	Services de table, de toilette, à thé; articles pour limonadiers; pièces télégraphiques.	Orale.	VI.	695
HOLLINS (N.-D.).....	Manufacturier, Président de la Chambre de commerce des poteries du Staffordshire.	Poteries anglaises....	*Idem.*	VI.	732
HUARD (Le B^on d').....	Fabricant de faïences à Longwy...	Faïence dite *cailloutage.*	*Idem.*	VI.	645

NOMS.	QUALITÉS.	SOMMAIRE DE LA DÉPOSITION.	NATURE de LA DÉPOSITION.	TOMAISON GÉNÉRALE.	PAGES.
		M			
MILLIET (Gratien).....	De la maison LEBŒUF, MILLIET, et Cie, fabricants de porcelaines opaques à Creil et à Montereau.	Faïence fine à émail dur dite *porcelaine opaque*, blanche, imprimée et peinte; porcelaine tendre et boutons.	Orale.	VI.	645
		P			
PILLIVUYT...........	Fabricant de porcelaine à Mehun, Foecy et Noirlac.	Porcelaine blanche dure allant au feu; articles de ménage, de fantaisie, pour la pharmacie, la chimie et la parfumerie; pièces télégraphiques; porcelaine peinte et décorée.	Écrite.	VI.	707
PINDAR.............	Manufacturier à Burslem.........	Poteries anglaises....	Orale.	VI.	732
POUYAT.............	Fabricant de porcelaines à Limoges et ancien Président du Tribunal de commerce de cette ville.	Porcelaine fine dure, services de table, cabarets, articles courants et riches.	Écrite.	VI.	713
		S			
SAGLIER............	Entrepositaire de porcelaines et de poteries anglaises à Paris.	Renseignements sur l'exportation des marchandises françaises et l'importation des marchandises anglaises.	Orale.	VI.	722
SALMON.............	Fabricant de poteries de grès à St-Ouen.	Poteries communes de grès.	*Idem.*	VI.	688
		U			
ULOTH..............	De la maison W. T. COPELAND, manufacturier à Stoke-sur-Trent.	Poteries anglaises....	Orale.	VI.	732

NOMS.	QUALITÉS.	SOMMAIRE DE LA DÉPOSITION.	NATURE de LA DÉPOSITION.	TOMAISON GÉNÉRALE.	PAGES.
		V			
VIEILLARD........	Fabricant de porcelaine opaque à Bordeaux.	Observations sur les frais de fabrication à Bordeaux	Orale.	VI.	645

TABLE

DE L'INDUSTRIE DE LA TABLETTERIE.

TABLETTERIE.

NOMS.	QUALITÉS.	SOMMAIRE DE LA DÉPOSITION.	NATURE de LA DÉPOSITION.	TOMAISON générale.	PAGES.
		B			
BARBIER..............	Fabricant de tabletterie à Beaumont-sur-Oise.	Renseignements sur la protection à établir.	Orale.	VI.	805
BLARD................	Sculpteur en ivoire à Dieppe......	Ouvrages de sculpture en ivoire; demande de suppression des droits.	*Idem.*	VI.	805
		F			
FAUVELLE-DELEBARRE..	Fabricant de peignes à Paris......	Peignes d'écaille.....	Orale.	VI.	805
		P			
POISSON.............	Fabricant de tabletterie à Paris....	Tabletterie fine......	Orale	VI.	805
		R			
RENARD.............	Ancien délégué de l'industrie parisienne à l'Exposition de Londres.	Demande de suppression des droits de protection.	Orale.	VI.	805

NOMS.	QUALITÉS.	SOMMAIRE DE LA DÉPOSITION.	NATURE de LA DÉPOSITION.	TOMAISON GÉNÉRALE.	PAGES.
		T			
TAHAN..............	Fabricant de nécessaires à Paris...	Demande de suppression des droits de protection.	Orale.	VI.	8o5
THIENNET...........	De la maison THIENNET et PINGEON, fabricants de peignes et articles de fantaisie à Paris.	Tabatières en écaille, souvenirs, couvertures pour livres de prières.	O le.	VI.	8o5

TABLE

DE L'INDUSTRIE DES CUIRS ET PEAUX.

CUIRS ET PEAUX.

NOMS.	QUALITÉS.	SOMMAIRE DE LA DÉPOSITION.	NATURE de LA DÉPOSITION.	TOMAISON GÉNÉRALE.	PAGES.
		A			
ARTHUS (Frédéric)....	De la maison HOUETTE et Cie, fabricants de cuirs vernis à Paris.	Tannage, corroyage et vernissage des peaux de veaux, vaches, chevaux, moutons et chèvres.	Orale.	VI.	745
ALEXANDRE.........	Fabricant de gants à Paris.......	Peaux de chevreaux mégissées, et gants fabriqués avec ces peaux.	Écrite.	VI.	781
		B			
BAYVET............	Fabricant de maroquins à Choisy-le-Roi.	Maroquin de couleur..	Orale.	VI.	789
Idem...............	*Idem*.....................	Note complémentaire sur l'exportation.	Écrite.	VI.	799
BERRIER...........	Associé de la maison Vve XAVIER JOUVIN, fabricant de gants à Grenoble.	Ganterie fine (chevreau).	*Idem*.	VI.	784
BERTHAULT.........	Fabricant de parchemins à Issoudun.	Parchemins pour tous les usages.	Orale.	VI.	789
		C			
CLERMONT (DE).....	Négociant en cuirs à Paris.......	Importation des produits étrangers et exportation de maroquins fabriqués en cuir pour chapellerie.	Orale.	VI.	745

NOMS.	QUALITÉS.	SOMMAIRE DE LA DÉPOSITION.	NATURE de LA DÉPOSITION.	TOMAISON GÉNÉRALE.	PAGES.
		D			
DÉLÉGUÉS DE LA GANTERIE DE GRENOBLE.	Note sur la fabrication des gants...	Gants de chevreau et d'agneau.	Écrite.	VI.	785
DOYON.............	De la maison JOUVIN et Cie, fabricants de gants à Paris.	Mégisserie des peaux de chevreau et confection des gants.	Orale.	VI.	780
DUPUIS (Sylvain)......	Fabricant de chaussures à vis à Paris.	Chaussures à vis pour hommes et pour femmes.	*Idem.*	VI.	787
DURAND.............	De la maison DURAND frères, fabricants de cuirs à Paris.	Cuirs pour semelles, peaux de veau pour corroierie, tiges, bottillons, clarences, avant-pieds, guêtres pour l'armée; peaux de veau tannées à l'écorce.	*Idem.*	VI.	745
		G			
GAILLARD...........	Fabricant de gants à Grenoble.....	Gants de chevreau et d'agneau.	Orale.	VI.	780
GRENOBLE...........	Délégué de la ganterie de.........	Note sur la fabrication des gants de chevreau et d'agneau.	Écrite.	VI.	785
		H			
HERRENS-SCHMIDT...	Négociant à Strasbourg..........	Cuirs à semelles; exportation en Angleterre, en Allemagne et en Amérique. (Note lue par M. de Clermont.)	Écrite.	VI.	754

NOMS.	QUALITÉS.	SOMMAIRE DE LA DÉPOSITION.	NATURE de LA DÉPOSITION.	TOMAISON GÉNÉRALE.	PAGES.
J					
JOUVIN..............	Fabricant de gants à Grenoble......	Peaux de chevreau pour gants.	Écrite.	VI.	783
JOUVIN (Hippolyte)....	*Idem*..........................	Gants de chevreau et d'agneau.	*Idem*.	VI.	785
JOUVIN (Vve Xavier) et Cie.	Fabricant de gants à Paris et à Grenoble.	Ganterie fine de chevreau.	*Idem*.	VI.	784
M					
MASSEZ.	Fabricant de cuirs et de chaussures à Paris.	Tannage des veaux à vernir; mégisserie des peaux de mouton pour doublure et chaussure pour dames.	Orale.	VI.	787
O					
OGEREAU...........	Corroyeur à Paris.............	Fabrication de veaux cirés.	Orale.	VI.	745
ORBAN-DUMONT......	Tanneur à Stavelot, près Spa.....	Peaux tannées exotiques de l'Amérique du Sud.	*Idem*.	VI.	774
P					
PLUMMER..........	Fabricant à Pont-Audemer.......	Tannerie, corroierie et articles de sellerie. (Note luc par M. Lavollée.)	Écrite.	VI.	758
R					
ROUVEURE (Régis)....	Mégissier à Annonay...........	Peaux d'agneau et de chevreau mégissées.	Orale.	VI.	745

NOMS.	QUALITÉS.	SOMMAIRE DE LA DÉPOSITION.	NATURE de LA DÉPOSITION.	TOMAISON GÉNÉRALE.	PAGES.
		S			
SOYER.............	Tanneur à Paris...............	Tannerie, corroierie et articles de sellerie.	Orale.	VI.	745

TABLE

DE L'INDUSTRIE DE LA CARROSSERIE.

CARROSSERIE.

NOMS.	QUALITÉS.	SOMMAIRE DE LA DÉPOSITION.	NATURE de LA DÉPOSITION.	TOMAISON GÉNÉRALE.	PAGES.
		B			
BELVALETTE........	Fabricant de voitures à Paris.....	Carrosserie; voitures suspendues, garnies ou peintes; exportation.	Orale.	VI.	821
BINDER.............	*Idem*........................	*Idem*.............	*Idem.*	VI.	822
		C			
CHAMBRÉ (Le major)..	Délégué des fabricants de voitures de Londres.	Observations sur la carrosserie anglaise.	Orale.	VI.	834
		E			
ERLER.............	Fabricant de voitures à Paris.....	Observations sur la carrosserie française et la carrosserie anglaise. (Note lue par M. Lavollée.)	Écrite.	VI.	832
		H			
HOOPER (George).....	Carrossier à Londres	Renseignements sur la fabrication de la carrosserie anglaise.	Orale.	VI.	834

NOMS.	QUALITÉS.	SOMMAIRE DE LA DÉPOSITION.	NATURE de LA DÉPOSITION.	TOMAISON GÉNÉRALE.	PAGES.
P					
POITRASSON........	Fabricant de voitures à Paris.....	Carrosserie ; voitures suspendues, garnies ou peintes; exportation.	Orale.	VI.	821
R					
ROBINSON..........	Carrossier à Londres...........	Renseignements sur la carrosserie anglaise.	Orale.	VI.	834
S					
SILK (Robert)........	Carrossier à Londres...........	Renseignements sur la carrosserie anglaise.	Orale.	VI.	834

TABLE

DE L'INDUSTRIE DES BÂTIMENTS DE MER

ET EMBARCATIONS.

BÂTIMENTS DE MER ET EMBARCATIONS.

NOMS.	QUALITÉS ET DEMEURES.	SOMMAIRE DE LA DÉPOSITION.	NATURE de LA DÉPOSITION.	TOMAISON GÉNÉRALE.	PAGES.
		A			
ARMAN (Lucien)......	Député au Corps législatif et constructeur maritime à Bordeaux.	Construction des navires en bois et fer; observations sur les droits à établir à l'importation des navires étrangers; méthode adoptée pour calculer la capacité d'un navire en France, en Angleterre et aux États-Unis.	Orale.	VI.	845
		B			
BABIN	Constructeur maritime à Nantes...	Constructions de navires en bois et de navires en fer; renseignements sur l'importation des bâtiments étrangers.	Orale.	VI.	845
BICHON.............	De la maison BICHON frères, constructeurs maritimes à Lormont, port de Bordeaux.	Construction de navires en bois et de navires en fer; observations sur les droits à établir à l'importation des navires étrangers.	*Idem.*	VI.	845
BIENVENU..........	Constructeur de navires à Cherbourg	Construction de trois-mâts, bricks, goëlettes, bisquines, sloops; observations sur les droits à établir à l'importation des navires étrangers.	*Idem.*	VI.	895

NOMS.	QUALITÉS.	SOMMAIRE DE LA DÉPOSITION.	NATURE de LA DÉPOSITION.	TOMAISON GÉNÉRALE.	PAGES.
		C			
COQUAIS............	Constructeur de navires à Fécamp.	Construction de navires long-courriers ; observations sur les droits à établir à l'importation des navires étrangers.	Orale.	VI.	895
		D			
DERYCKE (Benjamin)..	Constructeur de navires à Dunkerque.	Observations sur les prix de fabrication de navires en France.	Orale.	VI.	895
DURAND frères.......	Constructeurs de navires à Granville	Construction de navires en bois ; demande d'établissement d'un droit fixe à l'importation des navires étrangers.	Écrite.	VI.	920
		G			
GOYETCHE.........	Directeur de la *Compagnie générale maritime*.	Demande de l'établissement d'un droit à la valeur sur les bâtiments en bois et d'un droit au poids sur les bâtiments en fer.	Écrite.	VI.	889
GUIBERT...........	Constructeur maritime à Nantes...	Construction de navires en bois et en fer.	Orale.	VI.	845
		L			
LAUGA (P.) et DESCANDRE jeune.	Constructeurs de navires à Bayonne.	Renseignements sur les approvisionnements ; demande de l'établissement du droit sur navires étrangers par tonneau de jauge.	Écrite.	VI.	892
LEFEBVRE..........	Constructeur de navires à Dunkerque.	Observations sur l'introduction des navires en fer de la dernière classe.	Orale.	VI.	895

NOMS.	QUALITÉS.	SOMMAIRE DE LA DÉPOSITION.	NATURE de LA DÉPOSITION.	TOMAISON GÉNÉRALE.	PAGES.
LEMIRE (A.).........	Négociant et constructeur de navires à Rouen.	Droit à fixer sur les navires en fer à un taux supérieur à celui à fixer sur les navires en bois.	Écrite.	VI.	925
LENORMAND.........	Constructeur de navires à St-Malo..	Renseignements sur la construction des navires en bois et en fer.	Orale.	VI.	895
M					
MALO (Gaspard).......	Constructeur de navires à Dunkerque.	Travaux exécutés dans le port de Dunkerque; constructions neuves; bâtiments français et étrangers à voiles et à vapeur; radoub; droit différentiel à fixer pour les bâtiments en fer et les bâtiments en bois.	Orale.	VI.	895
MICHEL (Jules).......	Constructeur de navires à Cette....	Proportion dans le travail des chantiers des constructions neuves et des radoubs; droit proposé; prix de revient des constructions navales en France et en Angleterre.	Écrite.	VI.	926
N					
NORMAND..........	Constructeur maritime au Havre...	Considérations générales; tonnage des constructions faites de 1850 à 1859; main-d'œuvre; prix de revient des constructions navales en France et en Angleterre; proportion dans le travail des chantiers des constructions neuves et radoubs; droits proposés.	Orale.	VI.	845

NOMS.	QUALITÉS.	SOMMAIRE DE LA DÉPOSITION.	NATURE de LA DÉPOSITION.	TOMAISON GÉNÉRALE.	PAGES.
		S			
SUATRE............	Constructeur de navires à Abbeville.	Construction de navires en bois ; caboteurs.	Orale.	VI.	895

www.ingramcontent.com/pod-product-compliance
Lightning Source LLC
Chambersburg PA
CBHW071627270326
41928CB00010B/1815

* 9 7 8 2 0 1 3 5 1 0 8 1 3 *